Teoria das Mídias Digitais

Dados Internacionais de Catalogação na Publicação (CIP)
(Câmara Brasileira do Livro, SP, Brasil)

Martino, Luís Mauro Sá
  Teoria das Mídias Digitais : linguagens, ambientes, redes / Luís Mauro Sá Martino. 2. ed. – Petrópolis, RJ : Vozes, 2015.

  Bibliografia.

  7ª reimpressão, 2024.

  ISBN 978-85-326-4740-5

  1. Ciberespaço 2. Meios de comunicação 3. Mídias digitais 4. Redes sociais I. Título.

14-00005   CDD-302.230285

Índices para catálogo sistemático:
1. Mídias digitais : Comunicação : Sociologia
    302.230285

Luís Mauro Sá Martino

Teoria das Mídias Digitais

LINGUAGENS, AMBIENTES, REDES

Petrópolis

© 2014, Editora Vozes Ltda.
Rua Frei Luís, 100
25689-900 Petrópolis, RJ
www.vozes.com.br
Brasil

Todos os direitos reservados. Nenhuma parte desta obra poderá ser reproduzida ou transmitida por qualquer forma e/ou quaisquer meios (eletrônico ou mecânico, incluindo fotocópia e gravação) ou arquivada em qualquer sistema ou banco de dados sem permissão escrita da editora.

Conselho editorial	Produção editorial
Diretor	Aline L.R. de Barros
Volney J. Berkenbrock	Jailson Scota
	Marcelo Telles
Editores	Mirela de Oliveira
Aline dos Santos Carneiro	Natália França
Edrian Josué Pasini	Otaviano M. Cunha
Marilac Loraine Oleniki	Priscilla A.F. Alves
Welder Lancieri Marchini	Rafael de Oliveira
	Samuel Rezende
Conselheiros	Vanessa Luz
Elói Dionísio Piva	Verônica M. Guedes
Francisco Morás	
Gilberto Gonçalves Garcia	
Ludovico Garmus	
Teobaldo Heidemann	

Secretário executivo
Leonardo A.R.T. dos Santos

Editoração: Maria da Conceição B. de Sousa
Diagramação: Sheilandre Desenv. Gráfico
Capa: Érico Lebedenco

ISBN 978-85-326-4740-5

Este livro foi composto e impresso pela Editora Vozes Ltda.

*Para meu filho Lucas,
que, como todas as crianças de sua geração,
nasceu praticando estas teorias.*

Sumário

Introdução, 9

I. Conceitos básicos, 19
1. *Cyber*, o conceito de Norbert Wiener, 21
2. *Bits* de informação e mídias digitais, 24
3. Cibercultura, tecnologia e inteligência: Pierre Lévy, 27
4. A cultura da convergência de Henry Jenkins, 34
5. Michael Heim: a filosofia do mundo virtual conectado, 40
6. Howard Rheingold e o conceito de comunidade virtual, 44
7. Cibercultura e Estudos Culturais: Pryan Nayar, 49

II. Redes sociais, 55
1. Alguns conceitos iniciais, 55
2. O estudo pioneiro de J.A. Barnes, 60
3. A estrutura sem centro: as arquiteturas de redes de Paul Baran, 64
4. A força dos laços fracos: a Teoria das Redes de Mark Granovetter, 68
5. Capital social e poder no modelo de combinatório de rede de Mercklé, 72
6. A capacidade das conexões em rede: o experimento de Sacks e Graves, 76
7. Como as redes crescem: a perspectiva de Albert-László Barabási, 79

III. Mídias digitais, espaço público e democracia, 83
1. As políticas do virtual, 85
2. A Esfera Pública e a internet, 90
3. A política da sociedade em rede: Manuel Castells, 99
4. Da Esfera Pública às esferas públicas: Peter Dahlgren, 108
5. A Esfera Pública conectada de Yochai Benkler, 112
6. Os limites da Esfera Pública virtual: Zizi Papacharissi, 116

IV. Ambientes: a vida conectada, 121
  1 A Teoria da Solidão Conectada de Sherry Turkle, 123
  2 A cultura digital nas relações cotidianas: Lee Siegel, 127
  3 A Teoria da Proximidade Eletrônica de Human e Lane, 130
  4 A sós com todo mundo: a vida a dois nas pesquisas de Christine Linke, 133
  5 "E se Romeu e Julieta tivessem *smartphones?*": a proposta de Wellman, 137
  6 A força das conexões em grupo: Clay Shirky, 143

V. Cultura: as formas das mídias digitais, 149
  1 *Games*, narrativas conectadas, 151
  2 Da audiência ativa à audiência produtiva: a cultura dos fãs e do *fandom*, 157
  3 *Reality* TV e mídias digitais, 163
  4 *Blogs*, entre o público e o privado, 169
  5 Celebridades, microcelebridades, webcelebridades, 173
  6 Memes e virais, replicações e cultura, 177

VI. A Teoria do Meio: dos meios às mensagens, 183
  1 Teoria do Meio, 185
  2 Harold Innis: a história dos meios como história da cultura, 188
  3 McLuhan: a vida eletrônica em uma aldeia global, 193
  4 Ambiente, canal, linguagem: as mídias para Joshua Meyrowitz, 199
  5 A conexão corpo-tecnologia: Derrick de Kerckhove, 204

VII. Linguagens: O que as mídias digitais têm a dizer?, 209
  1 As linguagens das mídias digitais em Lev Manovich, 211
  2 A Teoria da Remediação de Bolter e Grusin, 221
  3 Interfaces: ver, ouvir, sentir a linguagem digital, 226
  4 Ler as linguagens digitais: um caminho da *media literacy*, 230

VIII. Mediação e mediatização da sociedade, 233
  1 Mediações & mediatização: explorando o terreno conceitual, 235
  2 A Teoria da Mediatização de Stig Hjarvard, 239
  3 A vida mediada: Sonia Livingstone e "a mediação de tudo", 243
  4 Bem-vindo a Mediapolis, 247

IX. A crítica das práticas, uma trilha de 3.000 anos, 250
  1 Platão e os limites da tecnologia de comunicação, 253
  2 Rastros, vigilância, controles: entre o público e o privado, 256
  3 O simulacro do real antes do virtual, 260
  4 O culto do amador: a perspectiva apocalíptica de Andrew Keen, 264
  5 Dominique Wolton e os limites da comunicação na internet, 268

Conexões finais, 271

Referências, 273

Introdução

Em um texto de 2001, o pesquisador canadense Barry Wellman[1] notou um curioso paradoxo: quando deixam de chamar a atenção e se tornam triviais, as mídias se tornam realmente importantes. Se sua articulação com o cotidiano atinge um nível muito alto, a própria vida se transforma. Não por conta da mídia em si, mas pelas relações humanas ligadas a elas.

Este não é um livro sobre tecnologias, máquinas ou aplicativos. É sobre as relações entre seres humanos conectados por mídias digitais, em um processo responsável por alterar o que se entende por política, arte, economia, cultura. E também a maneira como o ser humano entende a si mesmo, seus relacionamentos, problemas e limitações. As mídias digitais, e o ambiente criado a partir de suas conexões, estão articulados com a vida humana – no que ela tem de mais sublime e mais complexo.

É quase um exercício de imaginação pensar o cotidiano sem a presença das mídias digitais. Das atividades mais simples, como marcar um jantar com amigos, aos complexos meandros da política internacional, boa parte da vida humana está ligada às relações articuladas com mídias digitais. Elas estão ali, trocando uma quantidade quase infinita de dados a todo instante, e em geral é só quando falham que voltamos a percebê-las.

---

1. WELLMAN, B. "Physical Place and Cyberplace: the rise of personalized networking". *International Journal of Urban and Regional Research*, vol. 25 (2), jun./2001.

Como lembra Terry Flew[2], é importante procurar um equilíbrio entre duas posições extremas quando se fala em mídias digitais, o "hype" e o "contra-hype", referindo-se ao entusiasmo excessivo, bem como à desconfiança generalizada, com as mídias digitais e a internet. Há evidências disponíveis para sustentar qualquer posição.

As mídias digitais permitiram inúmeras formas de relacionamentos humanos, mas é possível questionar até que ponto essa interferência não foi negativa; a expansão do número de usuários não tem precedentes, mas a "barreira digital" entre conectados e desconectados continua; a "exclusão digital" é um problema de origens e consequências econômicas, políticas e sociais, embora formas de integração das mais variadas procurem diminuir esse impacto.

Pensar as mídias digitais exige um trabalho constante de autoanálise para evitar a tentação do "ano zero", no sentido de pensar que tudo mudou, assim como a perspectiva de que tudo continua igual, apenas em outro ambiente. Seres humanos continuam sendo seres humanos, em toda sua paradoxal complexidade, mas conectados de uma maneira diferente a partir das mídias digitais. Até onde se pode ir, elas não são melhores ou piores do que os indivíduos, comunidades e sociedades que as criaram e usam.

O que são mídias digitais?

Como inúmeras outras perguntas teóricas, há uma quantidade considerável de respostas disponíveis, nem sempre dialogando entre si. Como lembram Chandler e Munday em sua obra de referência[3], o termo "mídias digitais" é às vezes intercambiado com "nova mídia", "novas mídias", "novas tecnologias" e expressões derivadas. De algum modo, essas expressões procuram estabelecer uma diferença entre os chamados "meios de comunicação de massa" ou "mídias analógicas", como a televisão, o cinema, o rádio, jornais e revistas impressos, dos meios eletrônicos.

As mídias analógicas, em linhas gerais, tinham uma base material: em um disco de vinil, o som era gravado em pequenos sulcos sobre uma superfície de vinil e, quando uma agulha passava sobre esses sulcos, o som era

---

2. FLEW, T. *New media*: an introduction. Oxford: OUP, 2008.

3. CHANDLER, D. & MUNDAY, R. *Dictionary of Media and Communication*. Oxford: OUP, 2010.

reproduzido. Da mesma maneira, na fotografia e no cinema, uma película fixava, a partir de reações químicas, a luz que chegava através da lente de uma câmera. No caso do rádio e da televisão, ondas produzidas a partir de meios físicos eram lançadas no ar e captadas por antenas.

Nas mídias digitais, esse suporte físico praticamente desaparece, e os dados são convertidos em sequências numéricas ou de dígitos – de onde *digital* – interpretados por um processador capaz de realizar cálculos de extrema complexidade em frações de segundo, o computador. Assim, em uma mídia digital, todos os dados, sejam eles sons, imagens, letras ou qualquer outro elemento são, na verdade, sequências de números. Essa característica permite o compartilhamento, armazenamento e conversão de dados.

Dados transformados em sequências de números interpretados por um computador: uma das características principais das mídias digitais. Essa transformação, por sua vez, gera uma série de características específicas, inexistentes nos meios analógicos e que, ao longo do tempo, vem se caracterizando como conceitos-chave, como destaca Flew, desses meios. Vale a pena, a partir de sua proposta, destacar alguns deles:

Alguns conceitos-chave para as mídias digitais

Conceito	Definição inicial
Barreira digital	Diferenças de acesso às tecnologias e mídias digitais, bem como à cultura desenvolvida nesses ambientes, vinculadas a problemas sociais e econômicos.
Ciberespaço	Espaço de interação criado no fluxo de dados digitais em redes de computadores; *virtual* por não ser localizável no espaço, mas *real* em suas ações e efeitos.
Convergência	Integração entre computadores, meios de comunicação e redes digitais, bem como de produtos, serviços e meios na internet.
Cultura participatória	Potencialidade de qualquer indivíduo se tornar um produtor de cultura, seja recriando conteúdos já existentes, seja produzindo conteúdos inéditos.
Inteligência coletiva	Possibilidade aberta pelas tecnologias de rede de aumentar o conhecimento produzido de maneira social e coletiva.
Interatividade	Interferência e interação entre usuários, ou usuários, programas e conteúdos, em diferentes níveis e formas, nos sistemas de comunicação digital em rede.

Conceito	Definição inicial
Interface	A operação das mídias digitais acontece a partir de pontos de contato "amigáveis" entre dispositivos e usuários, moldados a partir de referências culturais anteriores.
Segurança e vigilância	Possibilidade de identificação de dados gerados nas mídias digitais em rede, ultrapassando os limites público/particular e redefinindo a noção de "privacidade".
Ubiquidade	Presença, em todos os lugares, de mídias digitais conectadas em rede, estabelecendo conexões em qualquer espaço e tempo.
Velocidade	A rapidez de conexão de dados nas mídias digitais se articula com a aceleração de inúmeras atividades, processos e acontecimentos na vida cotidiana.
Virtualidade	Dados das mídias digitais existem de maneira independente de ambientes físicos, podendo se desenvolver livres, a princípio, de qualquer barreira desse tipo.

FONTE: Elaborado principalmente a partir de Flew (2008), combinado com Gane e Beer (2008), Abercrombie e Longhurst (2008) e Chandler e Munday (2010).

Mídias digitais e internet

A possibilidade de compartilhar dados na forma de dígitos combinada com a integração de processadores em redes de alta velocidade estabeleceu as condições, ao longo do século XX, para o desenvolvimento de uma teia de conexões descentralizadas que veio a se tornar a internet. Originalmente desenvolvida como parte de uma rede de operações militares norte-americanas durante os anos de 1950 e 1960, no período da chamada "Guerra Fria", o sistema passou pouco a pouco para uso comum, primeiramente nas universidades e, em seguida, para o público em geral.

Em 1991, Tim Berners-Lee e seus colegas no Centro Europeu de Pesquisas Nucleares desenvolvem a "World Wide Web", iniciando a criação das páginas e *sites* – até então, o compartilhamento de dados era feito primordialmente a partir de outras formas de comunicação em rede como as *BBS* ("Board Bulletin System", ou, em tradução livre, listas de mensagens) e *e-mails*.

A expansão de redes sociais e formas de produção colaborativa a partir do início dos anos de 2000 (se bem que sua origem se misture à da internet em si) levou a um tipo mais denso de conexões na chamada Web 2.0, termo cunhado por Tim O'Reilly[4] em 2005 para definir o alto grau de interati-

---

4. O'REILLY, T. *What is Web 2.0?* [Disponível em http://oreilly.com/pub/a/web2/archive/what-is-web-20.html?page=1].

vidade, colaboração e produção/uso/consumo de conteúdos pelos próprios usuários. Em oposição ao caráter "fixo" da Web 1.0, que operava ao redor sobretudo de "páginas" com elementos relativamente estáveis, como *blogs*, navegadores, transposição de conteúdos *offline* para o digital, a Web 2.0 se apresentava como uma plataforma dinâmica, em constante transformação gerada pelas interações entre usuários. As redes sociais, o *Google* e as produções colaborativas seriam exemplos desse cenário. Embora o termo não seja objeto de consenso – veja-se, por exemplo, as discussões de Keen[5] –, seu uso logo se disseminou para além das pesquisas acadêmicas.

A pré-história da internet está fartamente documentada, mas, para estabelecer arbitrariamente um ponto de partida, seria possível dizer que, no Brasil, é por volta de 1994-1995 que a rede começa a ganhar espaço no cotidiano. A possibilidade de aquisição de computadores por parcelas cada vez maiores da população contribuiu para o crescimento do uso da rede no país.

Vale lembrar que até os anos de 1990 computadores pessoais eram, por assim dizer, praticamente inacessíveis à maior parte da população – um problema que atrai atenção nas pesquisas com o nome de "barreira digital", isto é, a diferença de oportunidades e possibilidades de acesso às tecnologias digitais e aos seus ambientes culturais.

A partir de 1995, de maneira cada vez mais rápida, as mídias digitais e a internet passam a fazer parte do cotidiano, espalhando-se não apenas no uso de computadores, mas também, em um segundo momento, em celulares, *smartphones* e outros equipamentos. O cotidiano se conecta, e com ele a necessidade de se pensar, em termos teóricos e conceituais, o que significam as mídias digitais.

A exploração das teorias

A partir da segunda metade do século XX, pesquisadores dos mais diversos ramos desenvolvem explicações para entender as mídias digitais e suas relações com o cotidiano. Há uma considerável variedade de teorias e conceitos, com referenciais baseados em áreas do saber que vão da Filosofia às Neurociências, sob pontos de vista mais luminosos ou mais sombrios. A lista de teorias das mídias digitais, cada uma delas tratando de aspectos específicos do problema, é considerável.

---

5. KEEN, A. *The cult of the amateur*. Londres: NB Publishers, 2008.

Não é por acaso que tantos conceitos e teorias tenham sido desenvolvidos. Na prática, isso pode ser entendido como decorrente da complexidade das relações entre mídias digitais e sociedade. Cada teoria, nesse sentido, procura explicar um pequeno grupo de fatos – em alguns casos, um único fato.

O objetivo do livro é apresentar algumas das principais teorias das mídias digitais, resultado do trabalho de pesquisadores que, desde meados do século XX, começaram a construir as ideias, conceitos e pontos de vista que resultariam no estudo das mídias digitais.

Assim como no caso das Teorias da Comunicação, não parece existir muito consenso a respeito de quais autores, conceitos e ideias formam as teorias que explicam as mídias digitais. Assim, longe da pretensão de esgotar todo o campo teórico, o livro procurou escolher as teorias a partir de dois critérios – a importância dos *conceitos* e dos *objetos de estudo*.

Em primeiro lugar, a importância do conceito nos estudos de comunicação e mídias digitais. Noções como "ciberespaço", "cibercultura", "convergência" e afins, em uso por períodos de tempo iguais ou superiores a dez anos, sugerem que esses conceitos têm algo de interessante para se pensar.

Segundo, teorias sobre assuntos específicos, como *games*, virais, a cultura dos fãs e o problema das interfaces. Se o primeiro critério se guia pela relevância dos conceitos, este aqui leva em consideração a importância dos objetos de pesquisa.

A proposta aqui é "apresentar", não criticar ou discutir – existem excelentes trabalhos, de pesquisadores brasileiros e estrangeiros, debatendo as ideias e temas expostos aqui. Não se trata de resumir ou discutir, mas mostrar as questões a partir do ponto de vista de cada autor, evitando a repetição de "segundo o autor" ou "de acordo com o autor".

Os capítulos podem ser lidos de maneira independente. Sempre que possível, ao final, foram colocadas sugestões com essas leituras, às vezes críticas, para quem tiver interesse em pesquisar mais sobre o assunto. A proposta é aproximar os conceitos apresentados da vida cotidiana. No caso das mídias digitais, parece haver um problema: Como dar exemplos se o cenário da internet e das interações cotidianas muda a cada minuto?

A dinâmica conceitual das mídias digitais

Para evitar isso, partindo do exemplo de outros livros sobre o assunto, foram evitadas sempre que possível menções diretas a *sites* ou redes sociais específicas. Afinal, de certa forma, é possível dizer que uma das qualidades de uma teoria é justamente explicar o que há de abstrato para além dos dados concretos.

Em outras palavras, estudos específicos a respeito de aplicativos, *sites*, ambientes definidos ou modalidades particulares de uso ficavam datados em questão de anos, senão meses. Outros, no entanto, que trabalhavam esses mesmos assuntos em um nível mais geral pareciam ganhar algum sentido de maior permanência. Um estudo exclusivamente voltado para uma rede social, por exemplo, corre um sério risco de ficar datado quando, e se, essa rede deixar de ser usada. Por conta disso, os exemplos foram tirados do cotidiano, de filmes, músicas e livros e, claro, também de *sites*, programas e dispositivos diversos.

Do mesmo modo, não foram incluídos estudos específicos sobre jornalismo digital, publicidade *online* ou relações públicas e comunicação corporativa nas redes sociais conectadas na medida em que, de um lado, esses temas podem ser olhados a partir de várias teorias e, por outro, cada um deles merece (e vem recebendo) trabalhos próprios.

Estão no livro autores que não tratam especificamente de mídias digitais, mas fizeram estudos a respeito dos problemas da mídia – entendida no sentido específico de "meio de comunicação" – em relação com o ser humano e com a sociedade. Isso dá espaço, por exemplo, para trazer algumas ideias de Platão a respeito de uma tecnologia, a escrita, para uma discussão contemporânea.

Os autores abordados, em sua maior parte, são estrangeiros. Isso não se deve à falta de pesquisas brasileiras sobre o tema, mas, ao contrário, à quantidade de estudos produzidos. Seria necessário um livro exclusivamente dedicado aos pesquisadores brasileiros para dar conta do pensamento da área.

Por conta da pluralidade das próprias mídias digitais, as teorias utilizadas para entendê-las também se caracterizam pela diversidade. O livro procura mostrar esses pontos de vista sem confrontá-los: o objetivo não é discutir as vantagens e limitações de cada um, mas apresentar algumas de suas características.

Vale lembrar que teorias, em geral, são explicações parciais de alguns aspectos da realidade. Cada uma delas lida com um aspecto diferente da realidade e procura oferecer uma explicação válida para *esse* elemento. Quase nenhuma teoria, na atualidade, se arriscaria a oferecer uma explicação geral e completa sobre um assunto – daí que, em geral, vale a pena analisar de perto teorias ou ideias que prometem explicar, com um único conceito, toda a complexidade do mundo real.

Com o risco de cair em certo esquematismo, vale indicar um breve roteiro dos principais temas, autores e ideias relacionados às mídias digitais:

Alguns eixos temáticos na Teoria das Mídias Digitais na comunicação

Visão de mídia e/ou internet	Contexto	Tecnologias principais	Âmbito	Metodologias	Referenciais próximos	Alguns autores
Agente de mudança	Toronto (Canadá), 1950s.	Escrita; Comunicação de massa	Macro (histórico)	Estudos de caso; Análise histórica	Filosofia da História	Innis; Ong; Havelock; McLuhan
Ambiente & Linguagem	Estados Unidos, 1980s.; Toronto, 2000s.	Escrita; Comunicação de massa, computador	Macro (sóciohistórico)	Teoria dos Sistemas; Análise de enquadramento	Psicologia Social; Ciências cognitivas	Wiener; Meyrowitz; Johnson; Manovich; De Kerckhove
Mediador de relações pessoais	Estados Unidos; Europa, América Latina, 1990s.	Computador; *Smartphones*; *Tablets*; Inteligência Artificial	Micro (interpessoal)	Estudos de caso	Psicologia; Política	Turkle; Baym; Papacharisi; Wellman
Formação de identidade & culturas	Estados Unidos; Europa; América Latina, 1990s.	Computadores	Micro/macro (Individual/Social)	Estudos de caso; Análise cultural	Análise de discurso; *Media Studies*	Haraway; Lévy; Turkle; Siegel; Jenkins; Deuzer
Redes sociais	Estados Unidos, 1960; Estados Unidos, Europa, América Latina, 2000	Redes de computador; *Smartphones*; *Tablets*	Micro/macro (Individual/Social)	Análise lógico-matemática; Análise relacional e de discurso	Matemática; Ciências Sociais	Barnes; Baran; Granovetter; Benkler; Castells
Espaço de tensão política, hegemonia e resistência	Europa, 1990; América Latina, 2000	Redes de computadores; *Smartphones*; *Tablets*	Macro (Social/Político)	Crítica política; Análise cultural; Estudos culturais	Teoria Crítica; Materialismo histórico	Castells; Nayar; Dalhgren; Wolton; Keen; Canclini; Sarlo

FONTES: Lima, 1983, 2001; Gane e Beer, 2008; Flew, 2008; Nayar, 2010; Rüdiger, 2011.

A tabela, longe de ser completa, dá uma ideia da pluralidade de temas, perspectivas e abordagens possíveis para se pensar as mídias digitais. Cada autor, em geral, se dedica a estudar um aspecto do problema, e constrói suas teorias e conceitos a partir daí. Isso significa que, embora quase todos trabalhem a questão das mídias digitais, *o que* cada um estuda e *como* isso é feito varia ao infinito.

A ideia é contribuir na construção de um breve roteiro para entender fragmentos de um caminho trilhado pela nossa espécie que, saindo das cavernas, atualmente se aventura a inventar inteligências. Alguns dos percursos a explorar aqui.

Diálogos de origem

O livro é resultado de quase seis anos de trabalho, desde a concepção inicial até sua conclusão. A imersão no assunto havia começado ainda em 2008, durante um ano passado na Inglaterra como pesquisador-bolsista na Universidade de East Anglia. Durante a escrita do livro *Teoria da Comunicação*, lançado em 2009, foi possível notar que um mapeamento das teorias relacionadas à cibercultura, cultura digital, internet ou mídias digitais ocuparia outro livro – e escrevê-lo imediatamente se tornou uma ideia. No entanto, o trabalho foi interrompido pela escrita de outros dois livros: *Comunicação e identidade*, editado pela Paulus em 2009, e *The Mediatization of Religion*, publicado pela editora inglesa Ashgate em 2013.

* * *

O incentivo final para escrevê-lo nasceu em julho de 2011, em um diálogo com Lídio Peretti, editor da Vozes, em uma livraria da Rua Haddock Lobo, em São Paulo. Estávamos falando sobre projetos, quando comentei:

– Sabe, Lídio, gostaria de ler um livro com as teorias da internet e das mídias digitais.

– Por que não escreve um?

* * *

Dois fatores foram decisivos para que ele pudesse ser escrito.

O espaço da sala de aula e os trabalhos de pesquisa ao lado de alunos, amigos e colegas foi fundamental para que este livro tomasse forma. Dar o nome de todos a quem devo um "obrigado" ocuparia muitas páginas, por isso deixo aqui um agradecimento geral, mas não menos sincero, aos colegas, alunos e pesquisadores com quem é possível dialogar não só sobre comunicação, mas também sobre a vida, o universo e tudo o mais.

Na Universidade de East Anglia, onde este livro foi começado e concluído, aos professores John Street e Lee Marsden, da Escola de Estudos Políticos, Sociais e Internacionais, e Sannah Inthorn, da Escola de Filme e Mídia, pelo apoio e incentivo ao longo destes anos, bem como ao Dr. Nicholas Wright pelos diálogos. E, na pastoral universitária, onde passei alguns dos mais bem-humorados momentos daquele ano, à Professora Marion Houssart, da pastoral católica, ao Rev. Neil Walker, da Igreja Batista, e ao Rev. Darren Thorton, anglicano. *Thank you.*

Ao pessoal da Editora Vozes, todos que contribuíram para que este trabalho fosse planejado, escrito e transformado em um livro.

Os amigos Renata de Albuquerque, Thais Arantes, Ricardo Senise, Daniel Barembein, Mário Ciccone, José Oswaldo Q. Barbosa, Fábio Camarneiro e Giuliana Bastos têm sido fundamentais desde o tempo em que o acesso à internet era por telefone, via modem. Isso deve dizer alguma coisa sobre nossa idade.

Aos meus pais, Antonio Carlos e Vera Lúcia, pelo apoio incondicional durante toda a trajetória e que compartilharam, de perto e de longe, os lugares aonde isso aconteceu.

E à Anna Carolina e ao Lucas, por me darem sempre vontade de voltar para casa.

Norwich, inverno de 2014

◎ *Para começar os estudos*

FELINTO, E. "Sem mapas para esses territórios: a cibercultura como campo de conhecimento". In: FREIRE FILHO, J. & HERSCHMANN, M. (orgs.). *Novos rumos da cultura midiática*. Rio de Janeiro: Mauad X, 2007.

LEÃO, L. "Mapas e territórios: explorando os labirintos da informação no ciberespaço". In: BRASIL, A. et al. *Cultura em fluxo*: Novas mediações em rede. Belo Horizonte: PUC-MG, 2004.

RÜDIGER, F. *As teorias da cibercultura*. Porto Alegre: Sulina, 2011.

I.
Conceitos básicos

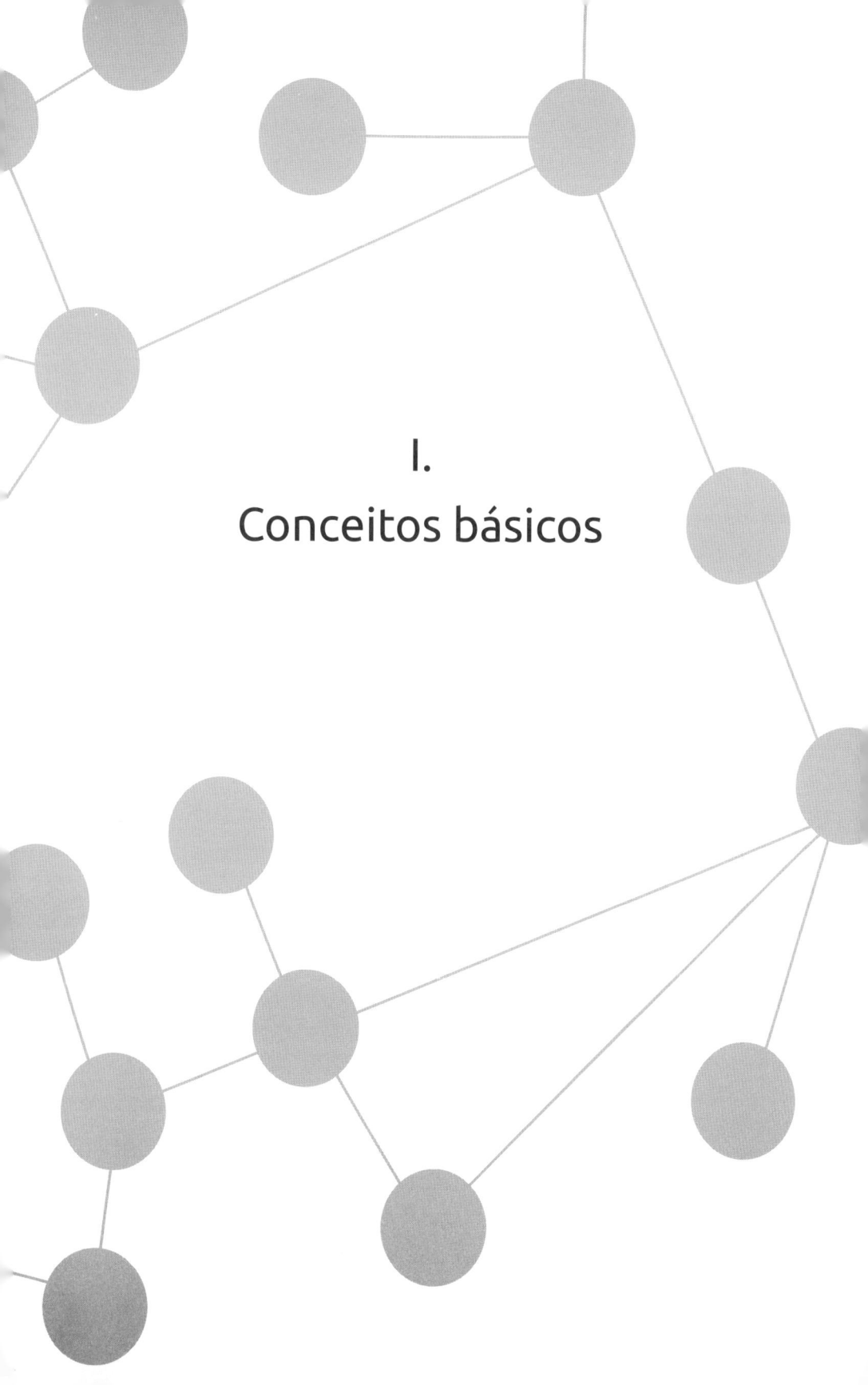

1
Cyber, o conceito de Norbert Wiener

O prefixo "ciber" é uma daquelas expressões quase mágicas que, agregada a outras palavras, imediatamente muda seu valor, geralmente atribuindo um sentido novo e contemporâneo (mesmo que a expressão seja de 1948). Estar conectado ao ciberespaço, local da cibercultura, a partir de um cibercafé, elaborar diversos tipos de cibertextos ou interagir com obras de ciberarte, descobrir técnicas para a construção de ciborgs. Foram seis palavras com "ciber" na última frase, e a lista poderia ser bem maior.

De maneira às vezes um pouco vaga, o sentido de "ciber", desde o advento da internet e das mídias digitais, é atrelado a ambientes e tecnologias. "Ciber-alguma-coisa" parece implicar a conexão em rede, o digital e o espaço de ligação entre computadores. E há um sentido nisso: a noção original de *cybernetics*, "cibernética", foi uma elaboração teórica da relação entre informação, comunicação e controle em sistemas específicos.

A palavra e a definição foram propostas pela primeira vez pelo matemático radicado norte-americano Norbert Wiener em seu livro *Cybernetics*, de 1948. A palavra "cibernética" vem do grego *kibernos*, "controle". A palavra "governo", aliás, vem de uma tradução latina um pouco oblíqua de *kibernos*. A cibernética é a área do saber que se dedica a estudar as relações entre informação e controle em um sistema.

A base é uma concepção instrumental de informação: são dados que alimentam um sistema e permitem a tomada de decisões que, por sua vez, vão retroagir sobre esse sistema alterando potencialmente seu funcionamento, e assim por diante. A cibernética procura compreender como a informação pode ser usada para entender e prever os acontecimentos dentro de um sistema.

Em termos bastante gerais, um sistema pode ser definido como um conjunto delimitado de elementos em interação. Ao digitar um texto, o computador usa um sistema com milhares de peças interagindo para que palavras sejam escritas na tela. Mas a interação com a máquina também gera, em outra instância, um sistema – no fundo, dois processadores de informação, o *chip* do computador e o cérebro do usuário, estão interagindo em um sistema cérebro-*chip*.

O funcionamento de qualquer sitema depende, em boa medida, da interação entre as partes, que precisam, a cada momento, *saber o que fazer*. Daí o papel fundamental da informação como unidade básica na cibernética. A troca de informações entre os elementos de um sistema é o motor a partir do qual todas as atitudes se organizam. Quanto mais for possível prever ou controlar as informações, maior será o controle do funcionamento do sistema e prever o que vai acontecer. O processo, portanto, depende das informações em circulação.

Não por acaso, Wiener batizou essa nova área do saber de "cibernética": o controle do sistema é derivado o tempo todo da retroalimentação de informações.

Uma das noções fundamentais da cibernética é a ideia de retroalimentação ou, como é de uso mais comum, *feedback*. A noção de *feedback* refere-se ao fluxo contínuo de informações e respostas trocadas entre os elementos de um sistema na coordenação de suas ações. Isso não se aplica apenas a elementos eletrônicos: aonde quer que exista um sistema, sua organização dependerá da qualidade do *feedback* trocado entre seus componentes.

O ato de andar, para usar um exemplo do próprio Wiener, pode ser pensado como um problema cibernético. A *vontade* de dar alguns passos, transmitida pelo cérebro, coloca em ação todo o sistema locomotor que, para seu perfeito funcionamento, precisa reportar todas as informações para receber do sistema nervoso central novas instruções.

Se visto em câmera lenta, o processo seria uma constante troca de informações, com o cérebro interagindo com os tecidos em uma retroalimentação constante: a ordem cerebral "retrair músculo x" gera a resposta "músculo x retraído, que faço agora?" Isso, por sua vez, gera uma nova ordem, "distender músculo y", acompanhado de outro *feedback*, "distendido, que fazer agora?", e outros comandos: "utilizar olhos para conferir chão; acionar labirinto auditivo para se certificar de que estamos de cabeça para cima", e assim por diante.

Wiener foi um dos primeiros a parecer sugerir uma equivalência entre o processamento de informações pelo cérebro humano e por computadores, no sentido de que, nos dois casos, há uma entrada (*input*) e saída (output) de dados intermediados por sucessivos *feedbacks*.

Quando se digita uma palavra no *Google* ou em uma rede social e imediatamente aparecem anúncios relacionados ao que está escrito, o domínio é da cibernética: um *input* foi decodificado e gerou um *feedback* que, por sua vez, tende a gerar novas ações – colocar os anúncios na tela.

Wiener talvez não tivesse plena ideia do alcance de sua criação, mas intuía o caráter decisivo que a cibernética teria na elaboração de sistemas de informação – uma das pedras fundamentais da tecnologia e, de certo modo, da cultura dos séculos XX e XXI.

◎ *Para ter um* feedback

EPISTEIN, I. *Cibernética e comunicação*. São Paulo: Cultrix, 1973.

WIENER, N. *Cibernética e sociedade*. São Paulo: Cultrix, 1975.

2

Bits de informação e mídias digitais

Um dos conceitos principais para se compreender as mídias digitais é a noção de *informação*. Embora no uso cotidiano essa palavra seja usada às vezes como sinônimo de "comunicação" ou mesmo de "conhecimento", no estudo das mídias ela tem um significado específico. Em linhas gerais, uma informação pode ser entendida como qualquer dado novo que aparece em um sistema. Um aluno novo, ao chegar em uma sala de aula, poderia ser entendido como "informação" na medida em que agrega algo novo, sua presença, a um sistema já estabelecido, a sala. Uma informação, portanto, está vinculada, entre outras coisas, à noção de algo novo, pelo menos em relação a uma situação já existente. Ao ser inserido em um sistema, esse dado ou informação tende a gerar um *feedback* específico.

No entanto, a noção de informação vai além disso. Trata-se de *qualquer* dado novo, por mais simples ou pequeno que seja. Cada letra deste texto, por exemplo, poderia ser entendida como uma unidade mínima de informação que, ao se juntarem, vão formando sistemas que ganham em complexidade – frases, parágrafos, capítulos, o livro. No entanto, cada simples letra já tem, em si, uma carga de informação.

Ao se comer alguma coisa, por exemplo, os sentidos são inundados por informações. A textura da comida, sua temperatura, o sabor, o tamanho do pedaço, e assim por diante. Além de introduzirem dados novos no sistema – o corpo, no caso – as informações também são cruciais para que o organismo decida o que fazer: se o cérebro é informado, por exemplo, que a comida é muito dura, vai orientar uma resposta no sentido de "morder mais forte".

Informações são elementos fundamentais para a tomada de decisões. Elas mostram, dentro de um conjunto de situações possíveis, qual é a situação atual. Em termos simples, elas transformam *probabilidades* em *certezas*. Processar uma informação, nesse sentido, é entender seu conteúdo e tomar uma decisão a partir disso.

Adaptando um exemplo dado por Umberto Eco, em seu livro *Obra aberta*, é possível ilustrar o funcionamento de um sistema de informação.

Imagine-se, por exemplo, uma represa. O responsável por ela precisa saber quando abrir as comportas para o escoamento da água e quando mantê-las fechadas. Para isso, instala um dispositivo – uma boia ligada a uma lâmpada elétrica. Quando a água atinge um certo nível, a boia sobe e a lâmpada acende. Para o responsável pela represa, isso significa o estabelecimento de um *código* para interpretar as informações. "Lâmpada apagada" significa "tudo bem", enquanto seu acendimento significa "água em nível crítico".

O código dessa informação tem apenas duas variáveis – sim ou não, correspondendo a "lâmpada acesa" e "lâmpada apagada".

Se o controlador da represa quiser uma informação intermediária precisará de uma segunda lâmpada e um novo código. Duas lâmpadas apagadas, nível bom; uma lâmpada acesa, nível médio; duas acesas, nível crítico. A vantagem, no caso, é que um sistema mais complexo tende a dar informações mais precisas: o controlador, usando várias lâmpadas e combinações entre elas, saberá exatamente em que nível está a água.

Cada lâmpada, no entanto, só pode dar um tipo de informação. Está acesa ou apagada. Aparentemente, no centro de um sistema de informação está um código binário. É a combinação dessas unidades binárias (as várias lâmpadas, no exemplo) que criam informações mais complexas. Cada uma dessas unidades de informação que implicam uma escolha é chamada de "dígito binário". No original inglês, *binary digit*, ou simplesmente *bit*, a menor unidade geradora de informações e escolhas em um sistema.

A informação contida em um *bit* é, geralmente, um simples "sim" ou "não". A partir de uma escolha feita, cada uma das outras escolhas binárias representa outro *bit*, isto é, outra possibilidade de informação. A velocidade dessas informações, ou seja, a capacidade de decidir se um *bit* está dizendo "sim" ou "não" define qual será o tempo de *feedback*.

Quem já usou um computador com pouca capacidade de processamento, por estar com problemas ou ser antigo, sabe bem disso: você aperta uma tecla e demora uma eternidade até a letra aparecer na tela. Apenas para ilustrar, poderíamos dizer que o processador está verificando cada um dos *bits* relacionados a essa tecla e calculando o resultado. Pensando dessa maneira, computadores poderiam ser considerados um ramo do mesmo tronco que gerou as máquinas de calcular: trata-se de sistemas nos quais um processador, manual ou digital, recebe *inputs* vindos do exterior, como apertar uma tecla ou deslizar o dedo sobre uma tela, calcula os *bits* referentes e envia um sinal com o resultado, o *output*. Máquinas de calcular extremamente rápidas, capazes de lidar com unidades mínimas de informação para decidir o que fazer com elas. A história do computador, de alguma forma, passa por essa definição.

Até que, literalmente, eles foram conectados.

◎ *Além dos zeros e uns*

ECO, U. *Obra aberta*. São Paulo: Perspectiva, 1997.

PIGNATARI, D. *Informação, linguagem, comunicação*. São Paulo: Perspectiva, 1967.

3

Cibercultura, tecnologia e inteligência: Pierre Lévy

Escrevendo em 1996 sobre como seria a educação nos próximos anos, Pierre Lévy afirmou que "a internet ameaça o atual sistema de ensino". Pensando na realidade francesa, destacava que o modelo de transmissão de conhecimento baseado em uma relação professor-aluno passaria por várias mudanças. Naquele momento, a ideia de alunos usando mídias digitais em aula parecia ficção científica – em muitos lugares ainda é. No entanto, a expansão, irregular e limitada, do acesso aos equipamentos e conexões se tornou um desafio à realidade. A proposição de Lévy não era uma percepção isolada, mas parte do crescimento de um tipo de relacionamento humano que ele denomina *cibercultura*.

Em linhas gerais, o termo designa a reunião de relações sociais, das produções artísticas, intelectuais e éticas dos seres humanos que se articulam em redes interconectadas de computadores, isto é, no ciberespaço. Trata-se de um fluxo contínuo de ideias, práticas, representações, textos e ações que ocorrem entre pessoas conectadas por um computador – ou algum dispositivo semelhante – a outros computadores.

A cibercultura mantém relações com o que acontece nos ambientes *offline*, mas, ao mesmo tempo, apresenta uma série de especificidades. Certamente as relações sociais, as ideias e as práticas que circulam nas redes de computadores existem também no mundo desconectado, mas a ligação via máquina imprime características específicas a essas práticas.

Dessa maneira, a cibercultura não é um marco zero na cultura da humanidade, mas traz uma série de particularidades por acontecerem em um espaço conectado por computadores. Em outras palavras, é a cultura – entendida em um sentido bastante amplo como a produção humana, seja material, simbólica, intelectual – que acontece no ciberespaço.

Isso não significa dizer que, na cibercultura, a tecnologia *determina* as ações humanas. Para Lévy, as tecnologias criam as condições de algumas práticas. O que separa a "cultura" da "*ciber*cultura" é a estrutura técnico-operacional desta última: a cibercultura, a princípio, refere-se ao conjunto de práticas levadas a cabo por pessoas conectadas a uma rede de computadores.

O resultado é uma série considerável de ações e práticas que não aconteceriam, por conta da ausência de um aparato tecnológico adequado, em outros momentos ou lugares.

Posso tentar encontrar um amigo que não vejo há muitos anos perguntando por ele na escola onde estudamos ou no bairro onde ele morava. No entanto, a dimensão tecnológica – o ciberespaço – cria as condições para que retomemos o contato sem deslocamento físico. A cibercultura é a transposição para um espaço conectado das culturas humanas em sua complexidade e diversidade.

Nesse sentido, pensando em um fundamento filosófico da cibercultura, Lévy a define como sendo um "universal sem totalidade".

A palavra "universal" refere-se ao conjunto complexo e caótico das produções da mente humana que podem ser encontradas nas redes de computadores. É um retrato do imaginário humano – desorganizado, no qual os pontos não se encaixam perfeitamente –, de onde a "ausência de totalidade" ou de unidade: a cibercultura se caracteriza pela multiplicidade, pela fragmentação e desorganização.

Não há um elemento unificador, como uma teoria política ou uma crença religiosa, que dê uma forma ou organize todos os elementos presentes na cibercultura. Falta, portanto, algo externo para estabelecer seus fundamentos, de onde a falta de uma "totalidade", isto é, um elemento comum a todas as produções.

As transformações da tecnologia permitem um acesso cada vez maior às redes de computadores. Quanto mais o ciberespaço se expande, maior o número de indivíduos e grupos conectados gerando e trocando informações, saberes e conhecimentos. Além disso, cria as condições, na cibercultura, para que novos saberes sejam desenvolvidos – aplicativos, *sites*, programas, e assim por diante.

A aceleração das mudanças técnicas, como processadores mais poderosos e baratos, leva o processo de volta ao início, multiplicando sua velocidade.

Daí a sensação, diante da cibercultura, de mudança constante e a perspectiva de que se está sempre atrasado em relação ao espaço aonde se está.

Lévy destaca quatro elementos como sendo os responsáveis, em sua articulação, pela cibercultura – o ciberespaço, o virtual, as comunidades virtuais e a inteligência coletiva.

O ciberespaço

Ao que tudo indica, a palavra "ciberespaço" foi usada pela primeira vez no livro *Neuromancer*, de William Gibson, publicado em 1984. Referia-se a um espaço imaterial ao qual seres humanos eram conectados através de aparelhos eletrônicos. Essa definição inicial ainda guarda alguma semelhança com o conceito desenvolvido por Lévy.

O ciberespaço é a interconexão digital entre computadores ligados em rede. É um espaço que existe *entre* os computadores, quando há uma conexão entre eles que permite aos usuários trocarem dados. É criado a partir de vínculos, e não se confunde com a estrutura física – os cabos, as máquinas, os dispositivos sem fio – que permite essa conexão.

Uma das características do ciberespaço é sua arquitetura aberta, isto é, a capacidade de crescer indefinidamente. É fluido, em constante movimento – dados são acrescentados e desaparecem, conexões são criadas e desfeitas em um fluxo constante.

Cada pessoa com acesso à internet faz parte do ciberespaço quando troca informações, compartilha dados, publica alguma informação, enfim, *usa* essa infraestrutura técnica. Embora seja possível estabelecer algumas distinções mais sutis, pode-se dizer que, ao se conectar à internet, o indivíduo está presente no ciberespaço.

Assim como nos espaços reais nem todas as pessoas são igualmente ativas, engajadas em questões políticas ou em conversas, no ciberespaço as conexões não são iguais. Mas assim como é impossível acordar sem estar imerso em um ambiente físico qualquer, com o qual obrigatoriamente se estabelecem relações, é difícil estar no ciberespaço sem um mínimo de conexões.

Por outro lado, a expressão "estar no ciberespaço" pode levar a metáfora geográfica um pouco longe demais. "Estar lá", no caso, significa ter a possibilidade de navegar entre documentos, páginas, textos e informações diversas. Isso implica que o ciberespaço não "está lá" até que se converta em algum tipo de interface em uma tela, seja de um computador, *tablet* ou celular; ao mesmo tempo, cada computador é parte de um conjunto maior de elementos, formando uma espécie de "computador único", no qual o número de trocas tende potencialmente ao infinito.

Levy destaca quatro componentes na estrutura do ciberespaço:

- Memórias com informações e programas a serem compartilhados pelas pessoas conectadas.

- Programas, instruções a respeito do que deve ser feito pelo computador.

- Interfaces, que permitem interação e acesso aos dados do ciberespaço; para "estar lá" sem ser um programa é preciso ver na tela os dados dos computadores.

- Codificação digital, isto é, transformação de todos esses elementos em fórmulas matemáticas que permitem sua manipulação por computadores e seu armazenamento em memórias.

A digitalização é uma condição *sine qua non* da existência no ciberespaço. Para ser compartilhada, qualquer coisa é transformada em sequências de 0s e 1s nos processos de digitalização – ao se escanear uma imagem, por exemplo, as cores e formas são transformadas em instruções binárias que permitem ao computador calcular exatamente o brilho e a cor de cada pedaço da imagem.

Uma vez digitais, dados ganham uma qualidade – tornam-se *virtuais*.

O virtual

O termo "espaço virtual" ou apenas "virtual" é empregado muitas vezes como oposto ao "real", como se aquilo que é "virtual" não tivesse existência. Lévy considera que o "virtual" é parte integrante do "real", não se opõe a ele. O contrário de "virtual", nesse sentido, é "atual", no sentido de algo que está acontecendo neste momento. Vale a pena examinar um pouco mais de perto essa definição.

No ciberespaço todas as informações e dados existem, mas não são acessados ao mesmo tempo. Estão lá, nas memórias de computadores e servidores. Existem como algo que *pode ser*, algo *virtual*, e vão se tornar um *ato* quando forem acessados e se transformarem em figuras, imagens, textos e sons na tela. Os dados do ciberespaço são todos virtuais até que se transformem naquilo que devem ser.

O mundo virtual do ciberespaço, portanto, não se opõe ao que seria um mundo "real", das coisas desconectadas. Ao contrário, a noção de cibercultura leva em consideração que essas duas dimensões se articulam. A expressão "mundo virtual" pode se opor a "mundo físico", mas não a "mundo real". O mundo virtual existe enquanto possibilidade, e se torna *visível* quando acessado, o que não significa que ele não seja real.

Os dados que constituem o ciberespaço permitem não apenas a duplicação de situações do mundo físico, mas também sua transformação. Um simulador de voo, por exemplo, pode calcular e duplicar elementos presentes na natureza, mas poderia calcular situações específicas além das condições climáticas da Terra. Dessa maneira, o espaço virtual é uma região potencialmente sem limites – mas nem por isso menos real.

A inteligência coletiva

O vínculo entre diversas competências, ideias e conhecimentos, articulado na interação virtual entre indivíduos no ciberespaço, é chamado por Lévy de "inteligência coletiva". Caracteriza-se, de saída, pela diversidade qualitativa entre seus componentes e pela expansão contínua por conta da articulação e troca constantes que o transformam e adaptam a novos contextos.

As comunidades do ciberespaço constituem-se na troca constante de conhecimentos que circulam, são modificados, reconstruídos, aumentados e editados de acordo com as demandas específicas de uma determinada situação.

Dessa maneira, sem perder a inteligência individual, todas as pessoas podem, potencialmente, contribuir com algum elemento para a constituição de um conjunto de saberes que, sem pertencerem especificamente a ninguém, estão à disposição de todos para serem usados e transformados.

Vale não perder de vista que a inteligência coletiva existe no ciberespaço como um aglomerado de saberes virtuais – isto é, existem em potência, prontos para se transformarem em ato quando necessário. Assim, uma inteligência coletiva não é de maneira alguma uma inteligência "total", e menos ainda totalitária, como se poderia imaginar em ficções científicas mais sombrias, mas um aglomerado de saberes potencialmente à disposição de quem precisar se servir deles. E, como na ética das comunidades virtuais, a inteligência coletiva parte do princípio da reciprocidade – o conhecimento de um indivíduo poderá sempre ser útil para outra pessoa.

E, da mesma maneira que relações pessoais são pautadas por algum tipo de ética e/ou princípio moral, sejam eles de qual natureza forem, também as comunidades virtuais se fundam a partir das práticas consideradas corretas entre seus membros – uma das suas principais características é a auto-organização e o estabelecimento de regras próprias fundadas nos deveres e direitos de seus participantes. Para Lévy, pautam-se em uma ética da reciprocidade: a obtenção de informações deve ser retribuída com o acréscimo de informações e dados, bem como do respeito aos outros participantes. É no exame das comunidades virtuais que se pode notar as dimensões humanas da cibercultura – se é possível jogar com as palavras, a dimensão "cultura", no sentido das práticas sociais, que se estabelecem nesses espaços, em uma ética da reciprocidade.

A noção de "inteligência", neste caso, não se confunde com "formação" nem com "erudição", mas com a dinâmica da transformação dos saberes dentro das práticas e relações humanas. A inteligência coletiva, ao que parece, indica que o valor de um conhecimento depende do contexto no qual se está.

Se alguém está com dúvidas sobre o sentido da vida, a resposta pode vir de um grande pensador – um livro de Sartre ou Schopenhauer pode facilmente resolver a questão (ou piorar as coisas). Quem está com dúvidas sobre como instalar uma tomada, um vídeo no YouTube tende a solucionar o caso. Cada conhecimento é valorizado dentro de seu contexto específico, sem necessariamente implicar na desqualificação dos outros.

Com isso, há uma equiparação entre os diversos tipos de saberes dentro de uma sociedade, divididos não mais de antemão em categorias distintas ("cultura universitária x cultura popular", "escola x mercado"), mas recuperados em sua unidade para serem utilizados quando necessário – a necessidade, no contexto, é a medida do valor –, princípio exposto por Lévy e Michael Autier em seu livro *As árvores de conhecimento*.

Não faltam críticas a Pierre Lévy, sobretudo por sua alegada falta de perspectiva crítica em relação aos problemas sociais e econômicos que, de alguma maneira, estão sempre próximos das discussões a respeito do ambiente *online*. Pensado algumas vezes como alguém "otimista", talvez não aponte para uma felicidade generalizada com os dispositivos, mas, de fato, parece apostar nas possibilidades de uma tecnologia na interação entre seres humanos e da criação entre eles.

◎ *Para se conectar*

BICUDO, M.A.V. & ROSA, M. *Realidade e cibermundo*. Canoas: Ulbra, 2008.

LEMOS, A. *Cibercultura*. Porto Alegre: Sulina, 2002.

LÉVY, P. *O que é o virtual*. São Paulo: Ed. 34, 2003.

_____ . *Cibercultura*. São Paulo: Ed. 34, 1999.

4
A cultura da convergência de Henry Jenkins

Em meados de 2010, o *site* de vídeos *Vimeo* lançou um desafio público na internet. A ideia era refilmar integralmente *Star Wars*, de George Lucas, estreado em 1977. O filme seria feito pelos próprios internautas, no estilo que quisessem, no formato que achassem melhor. Os autores, de qualquer parte do mundo, deveriam enviar sua versão que, na montagem final, usaria no máximo quinze segundos de cada um dos filmes. O resultado é o longa *Star Wars Uncut*, feito a partir da interação entre fãs anônimos.

Para realizar esse filme, além de saber operar programas de edição de vídeo ou equipamentos para filmagem ou animação, era preciso um nível complexo de interação entre os fãs – era preciso que os autores, sem se conhecerem entre si, estivessem em sintonia a respeito de como filmar.

Essa relação entre pessoas que não se conhecem, mas dividem as mesmas referências, recriando as mensagens da mídia (e tornando-se, elas mesmas, produtoras) e compartilhando ideias espalhadas entre vários meios de comunicação em várias plataformas é um dos elementos do que Henry Jenkins denomina *cultura da convergência*.

***

Não se trata, é bom explicar logo de saída, da reunião de várias funções em um único aparelho. Essa é apenas uma das dimensões, talvez nem mesmo a mais importante, do que acontece.

A convegência cultural acontece na interação entre indivíduos que, ao compartilharem mensagens, ideias, valores e mensagens, acrescentam suas próprias contribuições a isso, transformando-os e lançando-os de volta nas redes. Não é porque um telefone tem dezenas de funções além de fazer chamadas que se poderia falar em "convergência": ela acontece, de fato, no momento em que referências culturais de origens diversas, às vezes contraditórias, se reúnem por conta de uma pessoa ou de um grupo social – fãs, por exemplo.

A ênfase na dimensão tecnológica é chamada por Jenkins de "falácia da caixa-preta", imaginando, como exemplo, que no futuro um único dispositivo – a "caixa-preta" – ocuparia o lugar de todos os outros, substituindo televisão, computador, telefone, câmera, e assim por diante. Se, por um lado, existem aparelhos que agregam funções anteriormente feitas por dispositivos diferentes, por outro lado isso não é o que caracteriza a cultura da convergência. É apenas um de seus aspectos.

A convergência é um processo cultural que acontece na mente dos indivíduos na medida em que podem ser estabelecidas conexões entre os elementos da cultura da mídia, isto é, das mensagens que circulam nos meios de comunicação, e a realidade cotidiana. Em seu nível mais simples, quando alguém vê uma pessoa na rua e a acha parecida com algum personagem de uma série de TV, é um momento de convergência – a associação da mensagem da TV com uma pessoa real em um processo que ocorre em minha mente.

A convergência, portanto, não existe exclusivamente por conta das tecnologias – embora tenham importância para isso. A tecnologia cria as possibilidades, mas depende de um outro fator para ganhar um tom mais próximo da produção humana – sua dimensão *cultural*.

Culturas

Qualquer divisão da cultura em "níveis", no sentido de pensar "alta cultura" ou "cultura letrada" em oposição a uma "cultura popular" ou "cultura de massa" perde sua razão de ser no conceito de "Cultura da Convergência" na medida em que essas separações ("alta", "média", "baixa", "popularesca") não se sustentam historicamente – o que era "popularesco" há trinta anos pode se tornar *cult* agora, séries de TV e filmes são adaptados de clássicos da literatura, e assim por diante. Para a cultura da convergência, a noção de "cultura" é dinâmica e plural, com traços de várias culturas se recombinando e modificando a cada instante.

Outra premissa importante, além da questão tecnológica e cultural, é o fato dos indivíduos estarem acostumados à *linguagem* dos meios digitais, ou seja, a maneira particular de codificar a mensagem naquele meio. No início de uma conversa telefônica, ao atender a uma chamada, deve-se dizer "alô", "pronto", "quem fala?" ou expressões semelhantes. Já a abertura de um programa de televisão implica algum tipo de apresentação, seja uma produção gráfica, seja uma música. No cinema, as técnicas de corte e edição são familiares do público.

A linguagem dos meios de comunicação, seus códigos e modelos de produção são referências compartilhadas pelos indivíduos e grupos, abrindo espaço para formas de criação.

***

A ideia de "meios de comunicação" na cultura da convergência é bastante abrangente, e se refere desde as mídias de massa, como o cinema e a televisão, até as mídias digitais e as interações do ciberespaço. A convergência não significa que um meio novo destrua ou invalide um meio antigo, mas entende que ambos se modificam mutuamente em uma *intersecção* da qual emergem novos significados.

Assistir a uma novela ou a um jogo de futebol pela televisão, por exemplo, é estar diante de uma mídia de massa, vendo algo planejado de acordo com os parâmetros da indústria cultural. No entanto, quando o indivíduo compartilha nas redes digitais seus comentários a respeito do que vê, a experiência de ver televisão é alterada – aliás, deixa de ser, em termos mais estritos, um ato de apenas "ver" televisão, mas trata-se, sobretudo, de discutir e reimaginar a mensagem, que será recriada e compartilhada com outras pessoas.

Dessa maneira, a noção de convergência parte do princípio de que as diferentes mídias tendem a ser agregadas e ressignificadas na experiência dos indivíduos, gerando novas articulações na maneira como esses fenômenos são vivenciados.

Os processos de convergência são dinâmicos, e acontecem no momento em que o indivíduo recria, em sua vida cotidiana, as mensagens e as experiências em conjunto com as mensagens que chegam da mídia – e que ele, por sua vez, pode "re-criar". A cultura da convergência representa uma alteração, aliás, na maneira como o indivíduo é visto no processo de comunicação.

É destacada uma outra concepção do processo de comunicação: embora a indústria cultural continue existindo e produzindo mensagens dentro de uma lógica empresarial, os receptores tornam-se capazes de elaborar/reelaborar suas próprias mensagens, compartilhando os códigos da cultura da mídia, mas também reinterpretando e recriando esses elementos conforme é possível elaborar a partir de mídias digitais. O receptor se torna, na Cultura da Convergência, alguém produtivo, que não apenas vai reinterpretar as mensagens da mídia conforme seus códigos culturais, mas também vai *reconstruir* essas mensagens e lançá-las de volta ao espaço público pela via dos meios digitais.

* * *

Uma das premissas mais importantes do conceito de Cultura da Convergência diz respeito à possibilidade de cada indivíduo ser potencialmente um produtor de mensagens. Neste ponto, o fato das tecnologias digitais estarem presentes no cotidiano facilita o trabalho de criação (ou recriação) por indivíduos fora do circuito da indústria cultural. Esses produtos assumem uma enorme quantidade de formas, desde a edição de um trecho de algum filme hollywoodiano com outra trilha sonora, até a criação autônoma de vídeos, áudios e textos.

Uma característica dessa produção que se afina com a noção de convergência é o fato de muitas delas, mesmo caseiras, buscarem de alguma maneira *emular* a cultura dos meios de comunicação – o estilo de telejornais, de programas de rádio ou *shows* de entretenimento é sempre um modelo possível para a elaboração das mensagens pelo público. A audiência produtiva da cultura da convergência não deixa de se basear nos códigos que viu, ouviu e leu a vida toda, temperados com suas próprias ideias e concepções, quando criam suas próprias produções.

Com alguns programas simples de edição de vídeo, uma pessoa pode reconstruir uma cena de novela em seu computador, colocar a trilha sonora que julgar mais adequada e dar significados diferentes do que o autor da novela e a emissora de TV imaginaram. Ao colocar essa sua produção disponível no ambiente digital, compartilha com outras pessoas essa sua reelaboração, alterando o circuito emissor-receptor.

Certamente isso não significa necessariamente que receptores produtivos anônimos e a indústria cultural estejam em pé de igualdade.

A recepção é uma atividade que se desenvolve em rede, na produção de conteúdos, discussões, troca de ideias e engajamento com as práticas relacionadas ao que se gosta – eventos reunindo fãs de filmes ou séries de TV, por exemplo, costumam mostrar que o processo de recepção criativa segue por caminhos dificilmente imaginados pelas empresas de comunicação. Em uma cultura da convergência, não só as divisões entre formas de produção e recepção da cultura mudam, mas a própria maneira de contar histórias encontra outros caminhos.

Narrativas transmídia

Para o público geral, *Matrix* é um filme. Quem gosta um pouco mais, sabe que se trata de uma trilogia de filmes – *Matrix*, *Matrix Reloaded* e *Matrix Revolutions*. Os fãs, no entanto, sabem que esses filmes são apenas uma parte do *iceberg* de todas as narrativas que compõem esse universo: além deles, há um grupo de curta-metragens de animação, feitos por cineastas de várias parte do mundo, chamado *Animatrix*, além do game *Enter the Matrix* e de diversas informações espalhadas pelo *site* oficial do filme e, segundo alguns, nos extras dos DVDs.

Cada um desses itens não é apenas uma repetição da história dos filmes; ao contrário, cada um deles acrescenta dados importantes à narrativa cinematográfica, explicando detalhes sobre o que aconteceu antes dos filmes ou entre alguns dos episódios. Essa maneira de contar uma história em várias plataformas, passando por cinema, televisão, internet e *games* é um dos principais elementos conceituais da cultura da convergência, a ideia de narrativa transmídia.

Em linhas gerais, uma narrativa transmídia é uma história que se desdobra em várias plataformas e formatos, cada uma delas trabalhando em sua própria linguagem e acrescentando elementos novos ao conjunto da história. No caso de *Matrix*, por exemplo, cada mídia apresenta sua própria contribuição ao desenvolvimento da história.

Sob outra perspectiva, narrativas transmídia são também uma maneira de atrair consumidores de diversos nichos para os produtos oferecidos. Por outro lado, o atrativo da narrativa transmídia é proporcionar, a públicos diferentes, maneiras específicas de viver as narrativas para além do que é apresentado no cinema ou na televisão.

Embora essa narrativa horizontal não deixe de ser ancorada em estratégias comerciais, seu sucesso se deve também à ação dos fãs e do público interessado que, trocando informações, ideias e especulações a respeito do que gostam, alimentam essa rede de narrativas. As empresas não teriam o que oferecer se não houvesse uma demanda alimentada diligentemente pelos fãs em fóruns, listas de discussão e comunidades virtuais dedicadas a descobrir detalhes e conjecturar sobre seus filmes e livros preferidos.

O sucesso das narrativas transmídia dependem do engajamento do público com os produtos. Além disso, da perspectiva de que esse público também é capaz de criar e recriar suas próprias versões da história, além de se envolverem com toda a chamada "cultura material" decorrente dessas produções – é fácil encontrar, em lojas físicas ou virtuais, cópias dos óculos de Neo, dos paletós de Smith, de *Matrix*, sabres de luz de *Star Wars* ou varinhas mágicas das histórias da série *Harry Potter*.

Para além das convergências, no mundo dos fãs.

◎ *Leituras convergentes*

CANCLINI, N.G. *Culturas híbridas*. São Paulo: Edusp, 1997.

JENKINS, H. *Cultura da convergência*. São Paulo: Aleph, 2010.

SANTAELLA, L. *Por que as comunicações e as artes estão convergindo?* São Paulo: Paulus, 2005.

5

Michael Heim: a filosofia do mundo virtual conectado

No desenho animado *Wall-e*, lançado pela Pixar em 2008, em um futuro distante, seres humanos praticamente perderam sua capacidade de se comunicar sem o auxílio de mídias digitais. Em uma cena, duas pessoas sentadas lado a lado estão usando uma rede social para conversar, mesmo estando a poucos centímetros uma da outra. Diante das telas, experimentam um tipo de interação integralmente digital. O pensamento, acoplado à tecnologia digital, é alterado em sua essência.

Essa é uma das propostas de Michael Heim em *A metafísica da realidade virtual*, no qual procura construir uma ontologia das mídias digitais. As palavras "metafísica" e "ontologia" talvez não sejam as mais atraentes em um texto, e um buscar definir os dois termos só é possível deixando claro, desde o início, que se trata de uma tentativa necessariamente incompleta.

Heim está interessado em encontrar os aspectos das mídias digitais e do ciberespaço que vão além dos aplicativos, das máquinas e tecnologias. Seu objetivo é elaborar uma metafísica do digital e do virtual, procurando entender o que acontece com os seres humanos inseridos nesse ambiente. Trata-se de pensar como as qualidades essenciais das mídias digitais e do espaço virtual, isto é, sua *metafísica*, altera a essência do ser humano, sua *ontologia*.

A resposta de Heim é direta: "computadores estruturam nosso ambiente mental". A relação dos seres humanos com o conhecimento do mundo ao seu redor se transforma completamente quando é intermediada pelas mídias digitais. As percepções, os relacionamentos e a própria atividade mental operam a partir de uma contínua intersecção com o digital. Por conta disso, nosso pensamento, assim como nosso relacionamento com a realidade e com outros seres humanos, são, ao menos parcialmente, adaptados à lógica das mídias digitais.

Isso não significa um presságio apocalíptico.

A conexão com a tela

Ao que parece, a mente humana tem uma enorme plasticidade, capacidade de se adaptar ao ambiente cognitivo no qual está inserida. Nosso processar informações e dar sentido a elas está ligado ao modo como essas informações chegam até nós – o ambiente cognitivo diz respeito aos modos de circulação de dados em uma determinada época.

Antes da escrita o conhecimento era oral, transmitido de geração a geração. A escrita permitiu aos seres humanos armazenarem informações em outro local além de seu cérebro, em uma espécie de HD externo escrito. A invenção da prensa mecânica por Gutemberg aumentou progressivamente a quantidade de informações em circulação dos séculos XV ao XX, e as mídias digitais, no século XXI, tornam esse crescimento exponencial.

Vale aqui um exemplo. Durante séculos o texto manuscrito foi o primeiro e principal instrumento de comunicação primária de ideias. No manuscrito, ou mesmo nas máquinas de escrever, não tinha nenhuma mobilidade: uma vez escrito no papel, não permitia correções. Corrigir significava escrever tudo outra vez. A solução era fazer um planejamento prévio do que seria escrito, um rascunho, antes de passar para qualquer versão definitiva.

O pensamento, nesse processo, tinha de amadurecer as ideias e conexões, a reflexão tomava tempo, e colocar os caracteres no papel era a última etapa de uma trilha entre a ideia, sua elaboração e sua escrita. Diante de uma tela em branco, experimentamos uma velocidade do pensamento diferente da que seria possível diante de uma folha de papel. A rapidez do toque, a sensibilidade das teclas e a velocidade do processador que coloca nossos pensamentos diretamente diante dos olhos eliminam a necessidade de um planejamento anterior, quase frase a frase, do que seria escrito. De seres gráficos, passamos a seres digitais.

A possibilidade de escrever diretamente usando um programa no computador alterou esse circuito. Na tela, o texto pode ser alterado o tempo todo. O planejamento anterior muda por conta da possibilidade de ver os pensamentos aparecerem na tela quase no momento de sua formulação. O único impedimento é a velocidade dos dedos no teclado. Não houvesse essa barreira física, a tela poderia ser inundada de caracteres e pensamentos diretamente vindos do cérebro.

Tempo, espaço e informações

Para sobreviver, a mente humana se adapta a essas mudanças de ambiente cognitivo para dar sentido ao volume de informações com o qual precisa lidar – essa é uma das mudanças ontológicas. Uma dimensão disso é a sensação contemporânea de compressão do tempo.

A quantidade de informações atual demanda um tempo adicional para selecionar, mesmo em um nível superficial, o que merece atenção – trabalhamos, diz Heim, em um "pântano intelectual" decorrente do acúmulo de informações que chegam.

Como essas informações vêm de todos os lugares – telas espalhadas em transportes públicos, computadores, avisos, *outdoors* – e são muito numerosas, a mente tem muito mais trabalho e gasta muito mais tempo. Como o dia continua tendo apenas 24 horas, o resultado é a sensação de que o tempo está passando mais rápido.

Um efeito mais profundo é o que Heim denomina "erosão da capacidade de dar significado".

Máquinas lidam com informações; seres humanos, com o significado dessas informações. No entanto, na medida em que a torrente de dados é cada vez maior, o resultado é um predomínio da informação sobre o significado – boa parte das informações que as pessoas recebem todos os dias, em aplicativos, *e-mails* e redes sociais não significam absolutamente nada. Não vão além da superfície da informação.

A capacidade de prestar atenção nas coisas, bem como o tempo em que a mente consegue ficar concentrada em algo, diminui. Como resultado, uma ansiedade constante por novas informações: "queremos acesso a tudo *agora*, instantânea e simultaneamente", escreve Heim. Se, no início do século XX, a resposta a uma carta poderia demorar semanas, no início do século XXI uma mensagem que não seja respondida instantaneamente pode gerar preocupação.

Isso leva a um ousado paralelo de Heim.

A cibercaverna de Platão

A proposta é pensar uma equivalência entre o ciberespaço e a chamada "Alegoria da Caverna", de Platão. Na parte VII de seu livro *A república*, Platão propõe uma imagem para explicar a relação dos seres humanos com o conhecimento.

Alguns homens estão presos em uma caverna desde seu nascimento. Estão de costas para a entrada da caverna, seguros por correntes que os forçam a olhar para o fundo da caverna, e tudo o que conseguem ver são as sombras projetadas pelas pessoas que passam entre a luz do sol e a entrada do lugar. Supondo que um dos prisioneiros subitamente se soltasse e conseguisse sair, ao chegar lá fora seria ofuscado pela luz, mas, aos poucos, conseguiria distinguir o que estava olhando e finalmente veria a realidade das coisas em vez de meras sombras. (Isto não chega sequer a um pálido resumo: nada substitui a beleza do texto original de Platão).

A metáfora proposta por Heim é uma atualização moderna dessa alegoria para explicar o ciberespaço. Em sua definição, o ciberespaço é o lugar no qual a mente, libertada da caverna do corpo físico e de suas limitações, entra em um mundo de pura representação – pode haver uma pitada de ironia ao considerar que a representação digital do ciberespaço, para a pessoa conectada, torna-se a realidade.

A conexão com as interfaces é tão comum, explica Heim, que só nos damos conta de sua presença quando uma delas falha e a intermediação digital com a realidade física é interrompida.

No entanto, se no mito da caverna de Platão havia uma perspectiva do momento da liberdade, no ciberespaço o sentido é diferente. A presença das interfaces em todos os lugares torna possível estar no ciberespaço em qualquer lugar, de maneira que a representação e a realidade física se completam o tempo todo.

A metafísica proposta por Heim mostra como a tecnologia acoplada ao ser pode levá-lo a lugares distantes, mas o tom geral é mais de diagnóstico do que de um prognóstico para o futuro. Analisa como as mídias digitais e o ciberespaço alteraram a relação do pensamento humano com o ambiente ao seu redor, abrindo também fronteiras para conhecimentos até então ignorados. Um balanço dos problemas ontológicos em tempos digitais.

◎ *Leitura relacionada*

SIBILIA, P. "Clique aqui para apagar más lembranças – A digitalização do cérebro em busca da felicidade". In: COUTINHO, E.G.; FREIRE FILHO, J. & PAIVA, R. (orgs.). *Mídia e poder*. Rio de Janeiro: Mauad X, 2008.

6
Howard Rheingold e o conceito de "comunidade virtual"

Há mais ou menos uns vinte mil anos seres humanos decidiram que viver junto era mais interessante do que enfrentar os perigos da vida – animais, a natureza, tribos inimigas – sozinhos. Essa decisão teve um efeito colateral inesperado: para viver juntos, seres humanos precisam definir quem faz o que, estipular objetivos comuns e decidir quais são os interesses em disputa. Em outras palavras, precisaram se organizar a partir das condições materiais de vida existentes.

De lá para cá, pouca coisa mudou em alguns aspectos: da família às cidades, clubes, associações e instituições, seres humanos se reúnem em comunidades, agrupamentos de pessoas que têm ao menos alguns traços em comum. A raiz da palavra "comunidades" é a mesma de "comum" e de "comunicação", pensada como "aquilo que pode ser compartilhado".

A internet e as mídias digitais abriram espaços de interação em comunidade até então desconhecidos, aumentando as possibilidades de estabelecimento de laços entre seres humanos. Um dos primeiros trabalhos sobre o tema dos relacionamentos *online* foi escrito por Howard Rheingold em 1994, intitulado *A comunidade virtual*.

Embora esse ano tenha sido um dos marcos da liberação comercial da internet, comunidades virtuais existiam desde os anos de 1980, e o trabalho de Rheingold é uma espécie de balanço preliminar das promessas, possibilidades e limites desse fenômeno. Embora suas pesquisas se refiram às características das comunidades virtuais daquele momento, algumas ideias são úteis para se pensar algumas características dos desenvolvimentos posteriores das redes sociais.

Comunidades virtuais, nas palavras de Rheingold, são uma "teia de relações pessoais" presentes no ciberespaço, formadas quando pessoas mantêm conversas sobre assuntos comuns durante um período de tempo relativamente longo. Como qualquer comunidade humana, associações virtuais se constroem a partir de laços de interesse na troca de informações. A diferença principal, no caso, está no fato desses vínculos serem formados e mantidos a partir de um computador.

Agrupamentos sociais construídos a partir de relações interpessoais mediadas por uma tela digital na qual estão informações sobre o grupo, as comunidades virtuais ganham força não por conta da tecnologia, mas pelas intenções, vontades, afetos e conhecimentos compartilhados – interação humana é o ponto de partida e a razão de ser das comunidades virtuais.

Uma característica das comunidades virtuais é a eliminação das fronteiras do espaço entre seus participantes. Comunidades humanas no espaço físico eram geralmente limitadas pelas distâncias: as dificuldades de movimentação existentes até meados do século XIX permitiam uma associação quase direta entre o lugar e seus habitantes. As relações de família, clãs, grupos, e mesmo cidades e países eram constituídas, entre outros elementos, pelas facilidades e dificuldades de contato entre as pessoas. Não por acaso a distância e a impossibilidade de contato eram um fator relevante na constituição do "outro".

Humano, demasiado humano

Na comunidades virtuais, por sua vez, são estabelecidas outras relações de tempo e de espaço. Estar na mesma comunidade de outra pessoa não significa de proximidade de lugar físico, na medida em que isso acontece no ciberespaço, entendido por Rheingold como um espaço conceitual estabelecido a partir de relações humanas, na troca de ideias, valores e informações mediadas por meios digitais.

No ciberespaço, em vez de vozes e gestos, a interação acontece a partir de pixels em uma tela e sons eletronicamente compartilhados. Isso não torna a comunicação entre as pessoas menos autêntica se comparada com uma interação face a face. Comunidades virtuais não são melhores ou piores do que os agrupamentos humanos no espaço físico.

Embora a forma de ligação entre os indivíduos seja diferente, seres humanos transpõem para as comunidades virtuais seus desejos, vontades e aspirações, das mais sublimes às mais perversas. Suas características específicas – distâncias relativas, proximidades digitais, anonimato – podem criar um terreno fértil para o desenvolvimento das qualidades e problemas que já existem nos indivíduos e na sociedade.

Uma pessoa não se torna necessariamente racista ou homofóbica na internet, mas racistas e homófobos podem se aproveitar da arquitetura das comunidades virtuais para encontrar quem compartilhe de sua visão da realidade.

Identidade e vínculos virtuais

A tecnologia permite encontrar interlocutores virtuais com mais facilidade do que poderia ocorrer nos espaços físicos. A facilidade de se conectar não encontra páreo no mundo físico – em um ônibus, por exemplo, você pode estar ao lado de um fã de sua série preferida e nenhum dos dois jamais saberá disso.

A escolha direta de interlocutores com quem se divide interesses comuns parece ser uma das principais características das comunidades virtuais. Uma pessoa que fisicamente vive em um ambiente com o qual não tem nada em comum tem a possibilidade de encontrar interlocutores quando essas fronteiras são eliminadas na comunicação mediada por computador.

Para Rheingold, a eliminação dos espaços físicos implica igualmente a possibilidade de construção/reconstrução de identidades, característica das comunidades virtuais.

A participação em uma comunidade depende de uma identidade compatível com a comunidade à qual se pertence ou se quer integrar. Isso permite iniciar todo um processo de invenção virtual de si mesmo, algo consideravelmente difícil de fazer no mundo real – afinal, é possível disfarçar algumas características pessoais, mas não todas.

Rheingold vai ainda mais longe ao afirmar que a comunicação mediada por computador dissolve as fronteiras da identidade. "A gramática da realidade virtual", explica, "envolve a criação de novas sintaxes da identidade", transformada em algo múltiplo e fluido, no qual verdadeiro e falso são difíceis de estabelecer por completo. A questão da autenticidade de ser alguém, destaca, está sempre em jogo quando se fala em comunidades virtuais.

A economia da dádiva

Dentre os princípios básicos para o estabelecimento de interações entre indivíduos dentro de uma comunidade virtual estão as noções de troca e interesse. O interesse em um assunto ou um determinado tema é em geral um dos primeiros fatores responsáveis por levar uma pessoa a fazer parte de um agrupamento; no entanto, dentro de uma comunidade virtual, o grau de participação e engajamento de um indivíduo tem como base o que poderia ser entendido como uma economia baseada na troca – no caso, de informações.

"Participar", nesse sentido, significa oferecer e buscar informações a respeito de vários assuntos. O princípio é de distribuição desigual e coletiva de informações. Cada pessoa deve estar disposta a compartilhar com outras as informações que tem, esperando que, quando precisar, igualmente deve encontrar indivíduos com as informações de que precisa.

A circulação de bens nas comunidades virtuais está pautada, segundo Rheingold, na troca e no compartilhamento, oferecendo possibilidades de interação humana diferentes da economia pautada na produção, no consumo e no lucro. Não por acaso, ele denomina isso de "economia da dádiva" (*gift economy*).

Essa reciprocidade, como denomina o autor, é quase um princípio ético na economia das comunidades virtuais. É esperado que os participantes contribuam com informações para deixar o conhecimento, uma mercadoria preciosa na sociedade contemporânea, à disposição do coletivo.

Nesse sentido, a circulação de informações gratuitas nas comunidades virtuais oferece a possibilidade de se pensar em alternativas de distribuição de conhecimento sem necessariamente atrelá-lo a algum tipo de poder econômico.

Há um imediato reflexo político.

Na medida em que comunidades virtuais organizam-se em torno de interesses comuns, é possível igualmente esperar algum tipo de mobilização em defesa desse núcleo compartilhado de temas. Não se trata, de saída, de considerar as comunidades virtuais como um espaço necessariamente apto à ação política, mas de levar em consideração o potencial de mobilização nas comunidades.

Nas comunidades virtuais há imensos fluxos de informação entre os participantes – qualidade compartilhada pelas redes sociais. A possibilidade de formação de espaços de debate, troca de opiniões e eventualmente de tomada de decisões não pode ser negligenciada na medida em que indica, também, o potencial de ação das comunidades virtuais no mundo real.

Embora tenham sido formuladas em uma época em que as tecnologias de interação resumiam-se muitas vezes à troca de textos, algumas das intuições de Rheingold a respeito das comunidades virtuais mostraram-se elementos conceituais aptos a analisar formações sociais posteriores nas mídias digitais. Em que pese um certo otimismo a respeito das possibilidades da internet, esboça-se aí uma paisagem teórica que permitirá compreender alguns aspectos essenciais das redes digitais.

◎ *Para ler*

COSTA, R. "Por um novo conceito de comunidade: redes sociais, comunidades pessoais, inteligências coletivas". In: AUTOUN, H. (orgs.). *Web 2.0*. Rio de Janeiro: Mauad X, 2008.

RHEINGOLD, H. *A comunidade virtual*. Lisboa: Gradiva, 1997.

7
Cibercultura e estudos culturais: Pryan Nayar

Uma perspectiva mais radical na busca de integrar a cibercultura em processos políticos, históricos e sociais é feita por Pramod K. Nayar. Embora o título de uma de suas principais obras seja *An introduction to new media and cybercultures*, vale a pena não se deixar enganar pelo "introduction": não se trata de uma exposição de conceitos, mas um estudo para entender a cibercultura no contexto de um cotidiano marcado por tensões, dinâmicas e conflitos.

Nayar busca uma aproximação com a cibercultura a partir dos chamados Estudos Culturais britânicos. Essa perspectiva, formulada por vários autores desde os anos de 1950 – entre eles Raymond Williams, Richard Hoggart, Edward P. Thompson e Stuart Hall – procura entender a cultura como um espaço de disputas entre discursos e representações sociais.

Em linhas bastante gerais, os Estudos Culturais partem da premissa de que as práticas cotidianas fazem parte da cultura dos indivíduos, grupos e classes sociais, e são elementos fundamentais para constituir a identidade das pessoas e das comunidades, a maneira como se cria uma imagem para si mesmos e para os outros.

Identidades não existem naturalmente, mas são constituídas nas relações sociais. Na medida em que essas relações são desiguais, marcadas por intervalos de poder, a construção das identidades culturais está ligada a uma lógica de tensões, dinâmicas e disputas pelo direito de ser quem se é no espaço social.

Até a popularização da internet, por exemplo, ser um *nerd* ou um *geek* era motivo de piada. Quando, no entanto, alguns deles começaram a atingir postos-chave no comando de empresas e ganhar representações positivas na cultura, o termo ganhou outro valor.

Assumir uma identidade cultural, nessa perspectiva, é um ato político, e Nayar procura justamente entender de que maneira as estruturas do ciberespaço e das mídias digitais interferem nesse processo.

A tecnologia em si já é um fator de ação política: longe de ser apenas uma ferramenta técnica, as mídias existem dentro de um contexto social e histórico do qual não podem ser separadas. Dominar as tecnologias digitais, ter acesso não só à internet, mas também conhecer seus códigos e espaços está vinculado às formações do poder contemporâneo. As tecnologias são criadas dentro de contextos culturais específicos, mas, uma vez elaboradas, interferem igualmente nesse contexto. Nas palavras do autor, "enquanto as culturas determinam quais formas de tecnologia serão desenvolvidas, essas tecnologias, por seu turno, dão forma à cultura".

Vários fatores interagem o tempo todo na formação das identidades culturais. A política, a religião, questões de classe social, gênero, etnia e faixa etária estão entre os principais elementos vinculados à cultura, relacionando-se de maneira às vezes conflitante entre si.

Nayar entende as ciberculturas dentro dessa perspectiva. Decorre disso, aliás, seu uso do plural: não existe, a seu ver, *uma* cibercultura, mas *várias* ciberculturas. As culturas humanas, com suas características, dinâmicas, conflitos e paradoxos, migram para o ciberespaço, o que implica transformações contínuas, a ponto de se tornarem irreconhecíveis para seus correlatos no mundo físico. Isso leva diretamente a uma noção de "cibercultura" pensada nos termos dos Estudos Culturais, como um espaço dinâmico de tensões e conflitos de representação.

Cibercultura e consumo no ciberespaço

Ciberculturas, explica, são uma "formação ligada e enquadrada em contextos e condições materiais". Essas condições "geram, informam e mesmo governam a natureza do ciberespaço, sua produção, expansão e ampliação". Em termos mais técnicos, o ciberespaço é produzido na interação entre as pessoas a partir da mediação de tecnologias multimídia como celulares, computadores e outros dispositivos. A cibercultura é um "ambiente eletrônico" para o qual convergem as diversas mídias e os elementos produzidos por e através delas.

No entanto, há um substrato comum a várias ciberculturas: são culturas de consumo. Fazer parte da cibercultura é participar, com mais ou menos força, do consumo.

Há demandas econômicas, tecnológicas e sociais para se fazer parte dele, atrelando-o igualmente às condições materiais necessárias para tanto. Em sua concepção mais simples, estar no ciberespaço e contribuir com sua formação exige pelo menos o acesso a algum dispositivo de conexão, como um computador, um celular ou um *tablet*. Isso não é gratuito: mesmo quando oferecido por governos ou empresas, essas tecnologias têm um custo a ser pago por alguém, seja na forma de publicidade, seja na obtenção de dados do usuário – e dados pessoais são uma mercadoria valiosa na economia do ciberespaço.

As conexões acontecem a partir de programas e aplicativos, em muitos casos, desenvolvidos por grandes corporações com alto custo de produção, repassado de alguma maneira ao consumidor. Uma vez conectado, é difícil encontrar espaços virtuais que não tenham sido loteados pela publicidade, com propagandas, *banners* e outros tipos de anúncio.

Textos, *games*, livros, filmes e todo o tipo de produção cultural, mesmo no contexto da cibercultura, estão potencialmente sujeitos à comercialização – participar das ciberculturas implica ter algum tipo de acesso a esses materiais, o que em alguns casos, muitas vezes, significa comprá-los e, portanto, fazer girar os espaços de consumo.

Nayar vê nisso uma atualização de um dos principais paradoxos do consumo – em meio a uma crescente padronização, uma busca contínua pela individualidade. A possibilidade de personalizar uma tecnologia insiste na ilusão da individualidade, ainda que compartilhada por outros milhares de usuários dos mesmos dispositivos e padrões.

Os contextos do ciberespaço

O ciberespaço é uma *produção* e, portanto, não está livre da interferência das condições materiais nas quais ele é produzido. É necessário pensar, nesse sentido, como o ciberespaço e as ciberculturas se desenvolvem como parte de um contexto político e econômico de globalização, tecnologias de informação e transformações tanto no mundo do trabalho quanto na esfera política – Nayar usa o termo "tecnocapitalismo".

A internet, criada no contexto político da Guerra Fria, tornou-se um dos principais espaços econômicos. Isso precisa ser levado em conta quando se pensa nas formações culturais do ciberespaço – qual é a identidade (individual, política, corporativa, estatal) de quem participa da produção do ciberespaço? De que maneira são feitas as divisões de poder? Mais ainda, quem *não* participa das ciberculturas, levando em conta que o acesso não é universal e, mesmo que fosse, isso não é uma garantia de participação?

Ao mesmo tempo, deve-se levar em conta as formas de conflito e resistência *dentro* do ciberespaço, como lugar de afirmação de discursos de identidades muitas vezes colocadas em segundo plano no espaço físico. O ciberespaço não apenas é um lugar para a exposição de vozes minoritárias, mas também da constituição de identidades próprias – várias ciberculturas, como *cyberpunks*, por exemplo, descendem diretamente das características e condições de interação pessoal e comunitária existentes no ciberespaço.

Assim, se a formação do ciberespaço acontece dentro de um contexto de globalização e hegemonia econômica, por outro lado sua própria arquitetura abre espaços de resistência, diálogo e contra-hegemonia a partir da afirmação de grupos e identidades.

Nayar desafia a compreender as dinâmicas do ciberespaço a partir de suas condições materiais de produção e funcionamento. O destaque para o elemento material das mídias digitais busca pensar a cibercultura como dois processos entrelaçados, a constituição da *tecnologia* como resultante de políticas de produção, em primeiro lugar, e as práticas culturais como elemento político, de outro.

◎ Indo além

BRITTO, R.A. *Cibercultura*: sob o olhar dos estudos culturais. São Paulo: Paulinas, 2009.

II.
Redes sociais

II

Redes sociais

1
Alguns conceitos iniciais

Redes sociais podem ser entendidas como um tipo de relação entre seres humanos pautada pela flexibilidade de sua estrutura e pela dinâmica entre seus participantes. Apesar de relativamente antiga nas ciências humanas, a ideia de rede ganhou mais força quando a tecnologia auxiliou a construção de redes sociais conectadas pela internet, definidas pela interação via mídias digitais.

Entre outros elementos, redes são definidas por seu caráter horizontal, desprovido de uma hierarquia rígida.

Ao longo da história vários tipos de organização social foram desenvolvidas, cada uma delas fundada sobre um tipo específico de vínculo ou laço, isto é, o elemento que forma a base da convivência. Na família ou com os amigos, por exemplo, o vínculo principal é o afeto, enquanto nas religiões um dos laços principais é a fé compartilhada entre os adeptos, e nas empresas vínculos se pautam no desejo comum de sucesso.

Nas redes, por sua vez, os laços tendem a ser menos rígidos. Em geral, são formados a partir de interesses, temas e valores compartilhados, mas sem a força das instituições e com uma dinâmica de interação específica.

Embora seja geralmente utilizada para falar de agrupamentos sociais *online*, a noção de "redes sociais" é um conceito desenvolvido pelas Ciências Sociais para explicar alguns tipos de relação entre pessoas. O uso da noção de "redes sociais" no ambiente da internet significa transpor um modelo de análise social para o espaço virtual, o que requer algumas mudanças no conceito.

O primeiro problema é a definição de um nome. Nesse sentido, vários autores desenvolvem sua maneira de compreender e nomear o fenômeno – "redes sociais *online*", "redes sociais digitais", "redes sociais conectadas", e assim por diante. Discutir em detalhes a razão de cada escolha estaria além dos objetivos e do tamanho deste livro – os termos, com os riscos que isso tem, serão usados como equivalentes apenas para evitar repetição, não como sinônimos.

Características básicas de uma rede social

O estabelecimento de relações nos espaços virtuais está ligado, em muitos casos, à lógica de ação das redes sociais e, por isso mesmo, vale a pena explorar brevemente o significado do que se entende por *dinâmica* e *flexibilidade* dentro desse contexto.

A *dinâmica* entre seus participantes refere-se à forma de interação entre eles. Pode ser entendida como o movimento existente em uma rede, como a quantidade e o tipo de conexões estabelecidas entre os participantes, por exemplo, ou o fluxo de pessoas que entra e deixa a rede.

Cada rede social tem sua própria dinâmica, e isso está ligado de alguma maneira à própria arquitetura da tecnologia sobre a qual é construída a interação social. As listas de *e-mail*, um dos exemplos mais antigos de redes, têm uma dinâmica consideravelmente diferente, geralmente mais lenta, do que conexões instantâneas em redes sociais via celular. Mas não só a velocidade caracteriza a dinâmica de uma rede. O tamanho da mensagem trocada, por exemplo, depende do tipo e dos participantes de cada rede – para manter um exemplo, em uma lista de *e-mails* as mensagens tendem a ser mais longas e mais profundas do que em *sites* de redes sociais.

Isso leva ao segundo ponto.

Nas redes sociais, os vínculos entre os indivíduos tendem a ser fluidos, rápidos, estabelecidos conforme a necessidade em um momento e desmanchado no instante seguinte. A noção de *flexibilidade* das redes sociais refere-se a essa característica dos laços existentes em uma rede – os vínculos criados podem ser transformados a qualquer momento, de acordo com sua dinâmica e com as características dos participantes.

Ao contrário de outros agrupamentos humanos, nos quais existem vínculos duradouros, fundamentados em valores mais ou menos compartilhados, nas redes não existe necessariamente a obrigação de ter um ritmo específico de atividades, assim como não se exigem ligações exclusivas. A flexibilidade de uma rede refere-se também à sua capacidade de mudar de tamanho conforme ganha ou perde participantes em sua dinâmica.

Apenas a título de comparação, instituições sociais como a família, o trabalho ou a religião tendem a ser mais rígidas para com seus membros do que redes sociais – não se casa todos os dias, por exemplo, nem se muda de religião a toda hora. Nas redes, por seu turno, conexões são criadas, mantidas e/ou abandonadas a qualquer instante, sem maiores problemas.

A estrutura relacional das redes

Em termos de estrutura, uma rede é formada por *atores* que, por sua vez, se ligam em *nós*. Essa divisão não precisa ser levada às últimas consequências: em algumas situações, por exemplo, os atores podem servir como os nós de formação de redes sociais. Um *blog*, por exemplo, é ao mesmo tempo um ator dentro das redes formadas por *blogs* semelhantes e, ao mesmo tempo, um nó que abriga as interações sociais nos comentários de cada *post*. Os atores não precisam necessariamente ser humanos: uma empresa pode ser considerada um "ator" em determinada rede – a palavra "ator", no âmbito das redes, está ligada à "ação".

Uma das principais características das redes sociais é seu caráter *relacional*. Em uma rede, as relações entre os participantes dão o tom de seu funcionamento mais do que as características específicas de cada um.

Jogando um pouco com as palavras, trata-se não de uma relação apenas entre indivíduos, mas de uma relação entre *relações*, isto é, uma perspectiva mútua e recíproca sobre a maneira como as pessoas interagem. Em outras palavras, não interessa apenas como dois indivíduos se relacionam, mas também a maneira como essa interação interfere nas outras – daí a perspectiva de uma *relação* entre *relações*. Em uma família, por exemplo, a relação pai-mãe interfere diretamente na relação pai-filho, ainda que as características individuais sejam diferentes em cada uma.

Estrutura de relações entre redes sociais mostrando a relação entre os elementos (linha contínua) e entre as próprias relações (linha pontilhada)

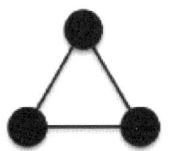

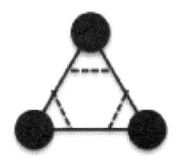

KADUSHIN, C. *Understanding social networks*. Oxford: Oxford University Press, 2012.
RECUERO, R. *Redes sociais na internet*. Porto Alegre: Sulina, 2011.
SANTAELLA, L. & LEMOS, R. *Redes sociais digitais*. São Paulo: Paulus, 2010.

Nos *sites* de redes sociais, a possibilidade de acompanhar as interações entre os perfis é um dos elementos responsáveis por pautar outras relações e atitudes. Saber, via redes sociais, que um conhecido se interessou por um tema do qual também se gosta pode auxiliar em uma maior aproximação; por outro lado, interagir com o ex-relacionamento afetivo, por exemplo, pode provocar efeitos desastrosos no relacionamento atual.

Dessa maneira, o princípio de uma rede social é a natureza relacional de sua composição, definida por vínculos fluidos, flexíveis, e pelas várias dinâmicas dessas relações.

Articulações entre redes sociais e mídias digitais

O termo "redes sociais" cobre um vasto espectro de agrupamentos sociais *online* dedicados a todo o tipo de atividade. Na medida em que as redes se caracterizam pela existência de laços firmados a partir de interesses comuns, é possível verificar a formação de todo tipo de agrupamento para troca de informações, ideias e materiais, gerando não apenas uma interação entre os participantes no sentido de compartilhar conhecimentos, mas também o engajamento em questões políticas, sociais e culturais. O poder de mobilização exponencial das redes sociais as torna um fator relevante para se pensar elementos da vida fora da internet.

Aliás, a possibilidade de participar das redes *online* a partir de dispositivos portáteis, como celulares e *tablets*, de alguma maneira permite a transposição contínua das barreiras entre "mundo físico" e "mundo *online*", em um grau de complementaridade entre as interações nas redes sociais digitais e àquelas desenvolvidas *offline*. Na medida em que as ações nas redes sociais *online* e na vida cotidiana se articulam de maneira cada vez mais próxima, os fatores políticos, sociais e econômicos podem ganhar em relevância.

Afinal, quem participa das redes *online* são seres humanos ligados às redes do mundo desconectado, e as interferências entre os dois ambientes, até certo ponto, são inevitáveis. Assim como o mundo real é levado para as redes sociais digitais, as discussões *online* têm o potencial de gerar atitudes e ações no mundo físico.

Isso leva a pensar, entre outros elementos, no poder político das redes sociais – a partir de um ponto de vista otimista, a arquitetura horizontal das redes permite aos participantes passarem por cima de barreiras institucionais e mesmo governamentais na troca de informações; por outro lado, é possível pensar também até que ponto as redes sociais, de fato, são usadas para fins políticos e democráticos mais do que para saber quem mudou o *status* do perfil de "solteiro" para "casado".

O caráter relacional do conceito de redes sociais, tal como desenvolvido pela Antropologia e pela Sociologia, permite uma compreensão das formas de interação social existentes a partir das conexões entre indivíduos ligados por um computador ou por algo parecido. E, sobretudo, permite compreender algumas características e limites dessas conexões, da profundidade das relações interpessoais à superficialidade de alguns *sites* de relacionamentos. Vale a pena, nesse sentido, explorar alguns pontos na história do conceito.

◎ *Redes de leituras*

ANTOUN, H. (org.). *Web 2.0*. Rio de Janeiro: Mauad, 2008.

FERNANDES, F. "*Pattern recognition*: William Gibson e a dinâmica das comunidades virtuais". In: LEÃO, L. (org.). *Derivas*: cartografias do ciberespaço. São Paulo: Annablume, 2004.

PRIMO, A. (org.). *Interações em rede*. Porto Alegre: Sulina, 2013.

RECUERO, R. *A conversação em rede*. Porto Alegre: Sulina, 2012.

_____. *Redes sociais na internet*. Porto Alegre: Sulina, 2008.

SANTAELLA, L. & LEMOS, R. *Redes sociais digitais*. São Paulo: Paulus, 2011.

2
O estudo pioneiro de J.A. Barnes

No início dos anos de 1950, os moradores da pequena vila de Bremnes, uma ilha no oeste da Noruega, dificilmente faziam ideia da importância que o lugar teria nas teorias sobre comunidades virtuais e relacionamentos *online*. Não porque algum pioneiro das mídias digitais ou da internet tenha nascido lá. Mas foi a partir de um estudo das relações sociais em Bremnes que, em 1954, o pesquisador britânico J.A. Barnes apresentou em seu artigo *Class and commitees in a Norwegian island parish* ("Classes e comitês em uma comunidade de uma ilha da Noruega") o conceito de *redes sociais*.

Barnes queria compreender o fluxo de relações sociais em Bremnes a partir da observação dos contatos entre as pessoas – quem tinha contato com quem, em quais circunstâncias, por quais motivos e com que ênfase. Para isso, passou a observar o cotidiano de seus moradores e de que maneira as várias formas de convívio exigiam tipos diferentes de contato.

Bremnes era uma vila com aproximadamente 4.600 habitantes, sobrevivendo basicamente da pesca de arenque e da agricultura, com algum destaque para o cultivo familiar. Os laços de família, amizade e cívicos eram relativamente estáveis, cada um dos moradores tendo vários vínculos sociais – profissionais, familiares, religiosos, políticos, e assim por diante.

Havia dois tipos principais de trabalho.

De um lado, a agricultura. O cultivo da terra era gestável, com os mesmos trabalhadores nos mesmos campos ano após ano. As mudanças, quando aconteciam, eram a passos lentos: a compra e venda de terrenos era rara, bem como a aquisição de novas terras para o cultivo. As relações sociais entre vizinhos também eram estáveis.

De outro lado, a pesca. Na época de arenque, os homens da vila trabalhavam para várias pessoas, em barcos pesqueiros diferentes, e dividiam o espaço com gente de outras regiões que vinham trabalhar no local. Nesse espaço predominavam relações dinâmicas, com cada homem exercendo diversas ocupações – pescar, trabalhar nos barcos, lidar com a conservação e o comércio dos peixes, e assim por diante. O número de contatos de cada um era alto e variava constantemente de acordo com sua ocupação no momento.

Havia, portanto, dois "campos sociais" de ação, como denominou o autor, na vila. Um "fluido", o da pesca, no qual os homens ganhavam seu sustento, e um "estável", o da agricultura, ligado às atividades domésticas, à administração da terra e da família. Cada um desses campos tinha ritmos, tempos e relações sociais diferentes.

Barnes, no entanto, identificou um terceiro campo ligando os dois anteriores. Esse terceiro campo, sem bordas ou fronteiras definidas, era constituído pelas relações sociais existentes entre as pessoas de Bremnes, laços formados por ligações de parentesco, amizade ou simples conhecimento. Os contatos não eram fixos, com novas ligações sendo formadas o tempo todo, enquanto outras eram quebradas.

Esse campo de relações sociais era constituído não só pelas ligações de uma pessoa com outras, que, por sua vez, mantinham ligações com outras, e assim por diante, formando uma espécie de ligação contínua entre vários indivíduos que nem sempre se conheciam ou tinham contato direto. Barnes chamou esse tipo de campo de *rede social*.

A imagem proposta por ele é, de fato, a de pontos ligados por linhas indicando quem está em contato com quem. No caso de Bremnes, a rede atravessa toda a sociedade e não está limitada por nenhum tipo de fronteira. Mesmo eliminando, como propõe Barnes, os contatos exclusivamente relacionados ao trabalho na agricultura ou na pesca, as redes se mantêm a partir de parentesco, amizade e vizinhança. Uma característica das redes é ultrapassar fronteiras, criando ligações entre indivíduos ou comunidades separadas em diferentes espaços.

A explicação de uma rede social é relativamente simples. Trata-se, a princípio, de compreender as características dos contatos estabelecidos pelos indivíduos em sua vida cotidiana. A partir desses contatos, indica o pesquisador, é possível identificar quais são os tipos de laços e relacionamentos entre as pessoas, e como isso afeta as dinâmicas da vida em comum. Esses contatos são marcados, principalmente, pelas relações face a face, isto é, diretas.

A complexidade das redes em uma sociedade tende a aumentar em proporção direta da população. Seguindo um exemplo de Barnes, em uma sociedade pequena é possível que boa parte das pessoas se conheçam entre si, formando ligações nas quais o ponto de partida está relativamente próximo do de chegada – no sentido de que uma pessoa A conhece B, B é amigo de C, C é conhecido de D, D tem contatos com A. No entanto, conforme as sociedades aumentam de tamanho, o estabelecimento de contatos comuns entre as pessoas, isto é, pontos na rede que ligam dois ou mais indivíduos, é geralmente menor (Barnes, escrevendo nos anos de 1950, usa às vezes a terminologia "sociedades primitivas").

O tamanho da rede aumenta, tornando os passos para encontrar conhecidos comuns mais e mais difícil. Em uma cidade com mais de um milhão de habitantes, por exemplo, dificilmente dois indivíduos escolhidos aleatoriamente, A e B, teriam um amigo C comum. No entanto, cada um deles, A e B, tem sua própria rede de amigos – que, por sua vez, terão seus conhecidos e contatos. À medida que o número de contatos vai se ramificando a tendência é que esses ramos se cruzem, formando uma trama de contatos – a rede social. O número de conexões pode ser diferente, mas as características de uma rede são semelhantes.

Vale lembrar que Barnes propõe o conceito de "rede social" procurando entender como são estabelecidas as classes sociais na vila de Bremnes. As relações entre os indivíduos são definidas em certa medida pelos vínculos estabelecidos entre pessoas com *status* social semelhante. No entanto, isso não significa que a rede social seja eliminada por barreiras de classe; na medida em que constituem contatos e ligações, elas podem superar algumas fronteiras sociais no estabelecimento de contatos em comum. Aliás, como o próprio autor menciona, seu conceito é uma "ferramenta" para a análise dos problemas de classes sociais.

Pioneiro em sua época, o trabalho de Barnes é uma das primeiras referências à noção de "redes sociais" como um conceito apto a dar conta de alguns processos de relações sociais no cotidiano, abrindo caminho para estudos posteriores. Levaria ao menos uma década para alguém ampliar esse conceito, relacionando-o com as mídias digitais na elaboração das redes sociais *online*.

3
A estrutura sem centro: as arquiteturas de redes de Paul Baran

Uma das primeiras tentativas de aplicação do conceito de redes a um sistema de comunicação foi feita pelo cientista social norte-americano Paul Baran em 1962. Em um artigo de dez páginas intitulado *On distributed communications network* (Sobre redes distributivas de comunicação), Baran expõe algumas das ideias principais sobre comunicação em rede aplicada a sistemas de informação. De um lado, a ideia básica de rede como conexão descentralizada de todos com todos; do outro, a percepção de que o melhor tipo de mensagem para circular nessa rede seriam as digitais. Redes e mídias digitais: em 1962, Baran lançou dois princípios fundamentais para o desenvolvimento da internet.

Para entender a importância de sua pesquisa, vale lembrar que o mundo dos anos de 1960 era polarizado entre os Estados Unidos e a União Soviética, e a ameaça de uma guerra nuclear era real – em 1962, quando Baran escreve seu artigo, um conflito entre esses dois países a respeito de Cuba por pouco não foi o estopim de uma guerra. A necessidade de estar preparado para um ataque inimigo foi um dos fatores responsáveis pelo desenvolvimento da noção de rede.

A ideia principal era manter os sistemas de informação e defesa funcionando mesmo em caso de ataque. Para isso, era crucial desenvolver algum tipo de estrutura que continuasse ativa e pronta para iniciar a defesa. A noção de rede, nesse particular, foi desenvolvida como estratégia de sobrevivência. Em uma rede, as informações e os dados, em vez de serem confinados em um único espaço, seriam distribuídos, em constante circulação e sem um centro definido. Assim, em caso de destruição de uma das conexões, as outras continuariam funcionando.

Em certo sentido, como é bastante divulgado, a própria internet deriva dessa necessidade de descentralizar as informações e pulverizá-las em vários locais conectados, de maneira que, se uma sede fosse destruída, não apenas os dados não se perderiam, mas outras conexões garantiriam o prosseguimento das atividades. Desenvolver esse sistema era a tarefa de Baran.

Embora a noção de "rede" já existisse, Baran notou um problema crucial nos dois tipos principais de rede de sua época, a dependência em relação ao centro. Atualmente, quando se fala em rede, logo vem à mente a ideia de uma "conexão de todos com todos", mas esse não é o único tipo – aliás, talvez não seja o principal. A percepção de rede como "conexões múltiplas", neste caso, talvez fosse mais exata.

As redes podem ser *centralizadas*, com as múltiplas conexões partindo de um único ponto, com as informações irradiadas para todos os outros. Ao lado desse modelo, as redes chamadas *descentralizadas* são aquelas nas quais, além de um polo central, existem polos secundários ligados a outros pontos. O problema desse tipo de rede é sua fragilidade: basta destruir um dos nós (nas redes centralizadas) ou alguns (nas descentralizadas) para inutilizar todo o sistema. A solução é a proposta do que Baran denomina "redes distributivas" de comunicação.

Nesse tipo de rede não há uma hierarquia entre os nós, e todos eles estão ligados a pelo menos outros dois. Mesmo em caso de destruição de um ou vários deles ainda seria possível manter todo o resto da rede interligado a partir dos nós restantes. A única maneira de fazer a rede parar de funcionar seria destruir todo o sistema. Isso significaria atacar todos os possíveis centros de controle e distribuição de informações, algo estrategicamente difícil – implicaria, potencialmente, destruir o país todo.

As trilhas da informação digital

Uma das novidades do conceito de redes distributivas é a capacidade de se criar, quase instantaneamente, vários caminhos para a circulação de informações. Assim, se um caminho é inutilizado, os dados imediatamente poderiam ser desviados para outra rota e atingir seus objetivos. A perspectiva de uma rede na qual todos os nós têm mais de uma conexão elimina parte dos problemas de centralização – dado que os pontos da rede estão conectados por mais de um caminho, se um ponto da trilha A-B-C-D é atacado, a informação pode continuar circulando por outras ligações A-B-E-F-D e o sistema continua ativo.

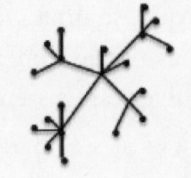

> **O modelo de redes distribuídas**
>
> (a) Centralizada (b) Descentralizada (c) Disbribuída
>
> BARAN, P. "On dsitributed communication networks". *IEEE Transactions of the technical group on communication systems*, vol. CS-12, mar./1964.

O número de conexões aumenta exponencialmente a possibilidade de uma informação atingir seu destino exatamente por conta da variedade de rotas que podem ser implementadas – o que igualmente torna qualquer dado bastante complicado de localizar.

A título de exemplo, um dos problemas da indústria musical deriva justamente da dificuldade de detectar as trocas de arquivos musicais entre usuários conectados por algum sistema de comunicação direta. Se todas as pessoas fizessem *download* de músicas em um *site*, seria relativamente simples encontrar esse nó e inutilizá-lo. No entanto, a troca de músicas entre usuários conectados é consideravelmente mais complicada. Nas redes estabelecidas entre usuários, nas quais o número de nós é igual ao de pontos de irradiação e/ou recepção das músicas, a dificuldade de localizar e eliminar as fontes de informação é maior.

Outra percepção fundamental de Baran foi a respeito do tipo de informação capaz de circular em uma rede desse tipo. Sua proposta é a transformação das informações em dados digitais, criados a partir de códigos binários que circulam em pequenos "pacotes", isto é, agrupamentos mínimos de dados que podem ser montados e desmontados como peças de um módulo. Uma vez tornada digital, sugere Baran em seu texto, qualquer informação poderia circular dentro de uma rede distributiva em pacotes contendo um número pequeno de dados.

Uma vez combinados, eles poderiam responder ao aumento constante no tipo e na qualidade das informações em circulação pela rede – de algum modo, exatamente o que se viu desde a liberação comercial da internet. Os primeiros *sites* eram pouco mais do que páginas de texto mas, conforme a quantidade de transmissão de dados aumentava, a complexidade das informações também subia. Ao lado de textos, fotos, vídeos, música e todo o tipo de elemento passou a ser agregado aos *sites*. As redes distributivas seriam capazes de lidar com esse aumento por conta, entre outros fatores, de sua capacidade de formar ligações e elos entre elas.

Pautada por uma perspectiva técnica, desenvolvida por conta de uma demanda política, a noção de rede distributiva de Baran combinou as perspectivas de estruturas de rede com as possibilidades de comunicação ampliadas pela digitalização dos dados e sua circulação em grande escala. Uma percepção que se revelaria correta, cada vez mais, nos cinquenta anos seguintes.

4
A força dos laços fracos: a Teoria das Redes de Mark Granovetter

Um olhar detalhado na dinâmica interna das redes sociais é o modelo proposto por Mark Granovetter em 1973, com o objetivo de compreender como é a difusão de informações nessas estruturas. O foco está em entender como a força dos laços existentes entre os vários participantes interfere no estabelecimento de contatos e na divulgação de mensagens entre os participantes.

Em uma rede social, o elemento de ligação entre seus membros é o chamado "laço social". Em linhas gerais, é o motivo pelo qual uma pessoa estabelece contato com outra – laços de trabalho, afetivos, de proximidade, e assim por diante.

No entanto, enquanto outros pesquisadores se dedicam a estudar a natureza e as condições de formação de laços, Granovetter dedicou-se a estudar o que chamou de "força" dos laços formados nas redes sociais. O princípio é relativamente simples.

Se uma pessoa fizer uma lista com todos, absolutamente todos os indivíduos que ela conhece, independentemente de onde, quando ou como conheceu, terá uma espécie de mapa de seus relacionamentos. Intuitivamente será possível notar que uma boa parte da lista são apenas "conhecidos", enquanto outros poderiam ser classificados como "amigos" e, uns poucos, como "melhores amigos". A diferença que permite essa classificação é a *força* de um laço social.

É possível medir a força de um laço a partir de três principais fatores:

(a) A quantidade de tempo que se despende com essa pessoa.

(b) A intensidade emocional do vínculo.

(c) A intimidade, confiança mútua e reciprocidade.

Quanto maiores esses fatores, mais forte é o laço existente.

Essas três características não são isoladas, e não devem ser tratadas como um princípio rígido – é plenamente possível gastar, por razões específicas, uma quantidade muito grande de tempo com pessoas com quem se tem um vínculo emocional fraco e pouca intimidade, por exemplo.

Esses elementos, no entanto, permitem identificar a força de uma relação. Namorados em início de relacionamento, por exemplo, tendem a despender a maior quantidade possível de tempo juntos, em um vínculo de alta intensidade emocional e confiança recíproca. Por outro lado, quando alguém está insatisfeito em seu emprego tende a reduzir o tempo no trabalho ao mínimo esperado, eliminar as ligações afetivas com o emprego e eventualmente se distanciar progressivamente de colegas e amigos.

A partir disso, Granovetter divide os laços entre contatos em três categorias: fortes, fracos e ausentes. Embora, em geral, a tendência na vida cotidiana seja dar mais importância aos laços fortes, o autor propõe, em seu modelo, que os laços fracos podem ter uma importância maior na dinâmica de funcionamento das redes por conta de seu tamanho – quantitativamente, o número de "conhecidos" é maior do que o de "amigos" e "familiares", aumentando a amplitude de divulgação de dados existentes nesse tipo de contato. Daí a perspectiva de seu modelo.

A força dos laços fracos está ligada à *distância* existente entre pontos de uma rede. Eles permitem estabelecer contato com pessoas fora do círculo mais próximo de amigos e parentes – os laços fortes – e, portanto, criar ligações com indivíduos socialmente distantes. Os laços fracos ganham força na medida em que podem se tornar *pontes* entre pessoas socialmente distantes.

Sem entrar em uma discussão mais profunda, vale lembrar que a distância social pode ser entendida como a diferença simbólica existente entre pessoas de, digamos, universos sociais diferentes. O diretor de uma empresa e um jogador de futebol podem ser vizinhos de parede, mas a distância social entre eles pode ser imensa.

Laços fracos podem aumentar o círculo de relacionamentos. Justamente por não serem ligações diretas, a chance de se espalharem em várias direções e, portanto, de criarem caminhos para a conexão entre as pessoas, é maior.

Os laços fortes tendem a ser igualmente os mais próximos. Eles compartilham boa parte das ações, gostos e práticas de uma pessoa. Quanto mais forte for o laço entre duas pessoas, explica Granovetter, maior a chance de que o círculo de amigos comum seja grande.

Em um casal, por exemplo, é muito difícil que uma das pessoas tenha um amigo íntimo desconhecido de seu companheiro. Os amigos próximos de uma das pessoas tendem a se tornar amigos do casal. Com isso, a distância social entre os pontos da rede tende a diminuir – e a chance de conhecer pessoas de fora desse círculo, algo fundamental para a circulação de dados em uma rede, diminui também.

Laços fracos e graus de separação

No universo das redes, a noção de "distância" geralmente se refere ao número de contatos que uma pessoa precisa para atingir uma outra, isto é, aos contatos intermediados. Cada intermediário é considerado um grau de separação. Se, por exemplo, meu carro quebra e não conheço nenhum mecânico, preciso ligar para algum amigo e pedir uma recomendação. Estou separado do mecânico, portanto, por um grau.

Para atingir pessoas *além* dos contatos primários, isto é, para desenvolver contatos novos, laços fracos são essenciais. Como dito, o número de vínculos fracos ("conhecidos") é substancialmente maior do que os fortes ("amigos"). No entanto, a partir desses laços menos diretos é possível encontrar pessoas mais distantes e, com isso, cobrir uma área maior de relacionamentos.

No *site* de relacionamentos *Orkut*, sucesso na primeira metade dos anos de 2000, uma comunidade chamada "Jornalista só sai com jornalista" indicava, conforme o título, que boa parte dos laços fortes de jornalistas era com colegas – todo mundo conhecia todo mundo ou, na pior das hipóteses, estariam separados por um grau.

Isso pode tornar o universo autorreferente, isto é, a maior parte das pessoas do grupo se conhece entre si, mas há poucos relacionamentos extragrupo, necessários para a expansão da rede de contatos sociais.

No *Facebook*, por sua vez, há uma divisão entre "amigos" e "conhecidos". Como ilustração da perspectiva de Granovetter, vale lembrar quantas informações chegam a partir de laços fracos, os "conhecidos". A dependência exclusiva dos laços fortes diminuiria muito a quantidade de dados aos quais se tem acesso.

Ao mesmo tempo, quando uma pessoa faz uma solicitação de contato com outra, um dos elementos informados pelo *site* são os "amigos em comum" – em vários casos, eles são laços fracos, as pontes com outros espaços da rede.

Laços fracos, informações e virais

Os laços fracos tendem a ser estabelecidos entre indivíduos que frequentam diferentes círculos, explica o autor, oferecendo a oportunidade de se obterem informações diferentes daquelas que se tem nos grupos de amigos. "Quando alguém muda de emprego", explica, "não está apenas mudando de rede, mas criando uma ligação entre as duas redes".

Em uma rede, a velocidade de propagação de uma informação tende a ser maior entre os laços fracos. Exatamente por não estarem diretamente envolvidos no processo, sua percepção de novidades é maior e, portanto, a chance de lidarem com uma informação nova e a colocarem em circulação é maior.

Adaptando um exemplo do próprio Granovetter, uma fofoca, contada em um grupo de amigos próximos, laços fortes, tende a se tornar redundante em pouco tempo – todos ficarão sabendo – e a informação pode perder importância. Por sua vez, à medida que essa fofoca se espalha via laços fracos, o fato será sempre uma novidade e, portanto, tende a continuar sendo propagada.

Isso permite pensar, por exemplo, nos memes e/ou virais que se propagam na internet. A rigor, são imagens, textos ou vídeos divulgados via internet que são reproduzidos constantemente por outras pessoas em *sites*, redes sociais, *e-mails* e qualquer outro modo de divulgação *online*. Na linha de Granovetter, a existência de laços fracos garante que essas mensagens continuem sendo reproduzidas. Se elas ficassem restritas somente aos amigos de quem as criou, isto é, apenas aos seus laços fortes, a divulgação seria consideravelmente menor.

Aparentemente contraintuitiva, na medida em que geralmente lembramos dos laços fortes, a perspectiva de Granovetter permite compreender alguns aspectos fundamentais não só da arquitetura das redes sociais, mas do modo como as informações se propagam nas redes sociais digitais, nas quais a distância, como noção em si, é moldada em outras dimensões.

5

Capital social e poder no modelo de combinatório de rede de Mercklé

A noção de redes sociais é uma das maneiras de compreender como os laços entre seres humanos são formados e se desenvolvem através do tempo. Permite, entre outras coisas, entender como os indivíduos se relacionam entre si e com os grupos aos quais pertencem. Ao colocar seu foco de análise das *conexões*, não dos indivíduos, o conceito de rede permite observar melhor, por exemplo, como relações sociais entre duas pessoas são influenciadas por uma terceira, mesmo em sua ausência.

O sociólogo francês Pierre Mercklé, em seu livro *Sociologie des réseaux sociaux* ("Sociologia das redes sociais", ainda sem tradução no Brasil), faz uma genealogia da noção de "rede", procurando estabelecer algumas de suas características. Apesar de destacar o caráter horizontal das conexões de rede, em oposição à perspectiva vertical e hierárquica de outros tipos de relacionamento, Mercklé não deixa de observar o modo como o poder circula dentro das redes a partir de alguns tipos de relação entre seus participantes.

Para Mercklé, uma das fontes de poder das redes sociais está no modo como as relações são estabelecidas.

Embora sejam tendencialmente descentralizadas, as redes sociais são vistas pelo sociólogo como espaços adequados também à construção de relações de poder pautadas no prestígio, na reputação e na quantidade/qualidade dos contatos de seus participantes.

"Longe de ser desinteressada", explica Mercklé, "a sociabilidade pode ser vista como um recurso individual, como resultado de estratégias dos atores sociais que geram capital social". Embora a noção de "capital social" mereça um capítulo à parte, ela é entendida por Mercklé como sendo "a rede de relações sociais de um indivíduo", no sentido da possibilidade das pessoas que podem dispor de recursos – tempo, habilidades, conhecimentos – a seu favor ou de quem for por ele indicado.

Em primeiro lugar, isso decorre do número de contatos de um indivíduo dentro de uma rede. Quanto mais contatos um indivíduo tem, e quanto mais eles estão afastados entre si, maior o poder de uma pessoa.

Se uma pessoa tem, por exemplo, contatos com um advogado e com um marceneiro, mas ambos não se conhecem entre si, quem conhece os dois pode potencialmente aumentar sua reputação e prestígio perante ambos se um precisar do outro. O senso comum, em sua multiplicidade, reflete isso na valorização de quem "tem contatos" ou "conhece as pessoas certas" em determinados lugares, isto é, quais indivíduos, dentro de uma rede, estabelecem nós entre pessoas até então distantes.

Arquitetura e poder das redes

Além disso, em segundo lugar, a construção e circulação de poder está ligada à própria estrutura das redes.

Enquanto as relações interpessoais são geralmente formadas por uma *díade*, isto é, uma relação entre duas pessoas, digamos, A e B, as relações em rede existem a partir de *tríades*, relação entre pelo menos três indivíduos. No entanto, o que está em jogo não é apenas a relação, mas a lógica das relações. Em uma rede, as relações sociais não são aditivas, mas combinatórias. Isso significa que, quando alguém se liga a uma rede, ela não está somando apenas mais um elemento, mas, potencialmente, multiplicando a possibilidade de conexões.

Por exemplo, em uma rede formada por três pessoas, A, B e C, existem igualmente três relações possíveis – entre A e B, entre A e C e entre B e C. No entanto, se uma quarta pessoa se junta à rede, o número de conexões não cresce na mesma proporção, mas em termos combinatórios. Passa-se a ter, por exemplo, seis possibilidades de conexão com quatro elementos (AB, AC, AD, BC, BD, CD). Assim, o poder das redes não está exatamente em seus participantes individuais, mas no potencial de expansão quase infinito.

Redes *online* e circulação de poder

A partir desse princípio, pode-se entender, por exemplo, por que em redes sociais *online* de alcance mundial é muito difícil controlar uma informação: há um número tendencialmente incalculável de relações possíveis, o que virtualmente dificulta formas específicas de controle.

O número de nós em uma rede se multiplica exponencialmente a cada nova conexão estabelecida, acrescentando igualmente outras conexões e permitindo um aumento instantâneo de formas de contato e circulação de informações – não por acaso, nas redes sociais na internet as informações podem circular entre um número muito grande de pessoas em um espaço de tempo relativamente curto. O resultado, nas redes *online*, é um fluxo ininterrupto de dados gerados, produzidos e reproduzidos entre os participantes.

Uma das razões é sua própria concepção da internet, entendida como uma mídia na qual se articulam trocas interpessoais e a comunicação de massa. Ou, nas palavras de Merklé, "comunicação interpessoal de massa". As conexões estabelecidas entre atores das redes e conteúdos específicos não se distanciam dessa lógica. Nesse aspecto, o pesquisador destaca três características específicas das redes sociais *online*:

(1) Possibilidade de criar um espaço pessoal de apresentação de si mesmo, onde se pode colocar à disposição de todos as imagens e os textos que se escolher.

(2) A possibilidade de acessar os perfis de outras pessoas, segundo as características e possibilidades de cada rede social.

(3) Chance de estabelecer relações com outros participantes da rede, na observação de seus perfis, a partir de interesses e afinidades comuns.

As redes sociais permitem a criação de "identidades transparentes", estabelecidas em conexões interpessoais desenvolvidas a partir da interação entre perfis. Ao mesmo tempo, convivem também "identidades carnavalescas" – no sentido das máscaras de carnaval e das mudanças de identidade – nas quais as projeções de si mesmo e as relações desconhecidas ou propositalmente falsas, os perfis *fake*, garantem tipos diferentes de exposição de si e, consequentemente, de interação.

A expressão "redes sociais *online*", nesse sentido, refere-se a um número considerável de formas de interação entre indivíduos a partir da construção de páginas ou de perfis. Cada um desses, assim como cada uma das redes, tem suas próprias características e, por conta disso, permite tipos diferentes de interação.

Em redes sociais nas quais as pessoas compartilham fatos de seu cotidiano a interação é diferente em termos de quantidade/qualidade das redes digitais dedicadas a reunir pessoas que gostam de tricotar. Os tipos de interação variam conforme a possibilidade de pertencer a uma rede e, de fato, interagir com os outros membros.

A análise combinatória das relações nas redes sociais auxilia a compreender o volume e a velocidade da troca de dados e conteúdos, facilitando a percepção das possibilidades efetivas de se chegar a compreender o que, de fato, significa uma relação social *online*, sua capacidade quase incalculável de multiplicação de conteúdos e saberes – e, por que não, de poderes.

6
A capacidade das conexões em rede: o experimento de Sacks e Graves

Um experimento para testar e exemplificar algumas das principais características de uma rede social digital foi feito pelos pesquisadores norte-americanos Michael Sacks e Nikki Graves. A partir de um trabalho realizado com estudantes de graduação foi possível observar, na prática, como algumas das propriedades das mídias digitais se manifestam no cotidiano.

Eles estipularam uma série de tarefas relacionando as propriedades das redes sociais com as características de três redes digitais, *Facebook*, *LinkedIn* e *Twitter*, destacando, nesses *sites* e aplicativos, de que maneira essas dinâmicas podem ser encontradas e compreendidas.

Em termos teóricos, o objetivo era buscar uma compreensão de como elementos conceituais sobre redes sociais podem ser aplicados nas interações digitais, seja nas relações pessoais, seja no âmbito profissional. Os espaços de comunicação nas redes sociais podem, dessa maneira, ser observados a partir de uma perspectiva de sua atuação cotidiana.

Tamanho, qualidade e distância social

Uma das primeiras características a observar em uma rede é seu *tamanho*, isto é, o número de conexões diretas de um de seus atores. A extensão de uma rede está ligada diretamente à capacidade de um indivíduo adquirir novas informações a partir de seus contatos. Em um espaço de alimentação contínua de informações como o *Facebook*, um número de conexões está ligado diretamente ao número de dados postados na *timeline* de um usuário. Quanto maior o número de pessoas conhecidas, mais novidades disponíveis.

No entanto, isso significa uma demanda de tempo considerável para cuidar de todos esses contatos e mantê-los em dia. Em outras palavras, manter os bons relacionamentos, com os quais é possível ter confiança a respeito das informações postadas, requer um investimento de tempo no sentido de organizar todas essas informações, verificar o que é útil e colocá-las em uma hierarquia. Em outras palavras, realizar um trabalho de *gatekeeper*, ou "guarda do portão" – nos estudos de Jornalismo, o agente selecionador das informações que devem ser publicadas.

Isso leva à segunda característica, a *qualidade* dos relacionamentos dentro de uma rede social. A quantidade de conexões, bem como a força específica de algumas, parece não ser um fator determinante para o sucesso de um indivíduo ou grupo. O número de informações em circulação em uma rede com grande número de conexões pode ser alto, mas, ao mesmo tempo, de alguma maneira implica uma participação constante dos membros dessa rede no sentido de manter essa atividade.

Para colocar isso em prática, Sacks e Graves pediram a seus alunos para fazer um "mapa de conexões" de cada um. Um dos alunos, nomeado "Estudante 199", foi apontado por quase todos os colegas como um "contato frequente", enquanto outro, o "Estudante 182", tinha um único amigo na sala (as implicações emocionais disso não foram levadas em consideração). No entanto, ao contrário do que parece, embora 199 estivesse sempre *up-to-date* sobre o que se passava na sala, consumia uma boa parte de seu tempo conversando com colegas dentro da rede, enquanto para 182 sobrava tempo o suficiente para estabelecer contatos fora da sala de aula.

Transferindo o foco para um aporte profissional, Sacks e Graves utilizaram o *LinkedIn* para observar outra característica das redes, a chamada *distância social* de seus participantes. A noção de distância social parte do princípio de que indivíduos tendem a ajudar com mais frequência pessoas com quem mantêm ligações diretas, ou de "primeira ordem", isto é, seus amigos. Essa distância vai aumentando conforme os laços vão se tornando mais transparentes – ligações de segunda ordem ("amigos dos amigos"), e de terceira ("amigos dos amigos dos amigos") são etapas em uma escala descendente até a virtual inexistência de qualquer laço. Quanto mais conexões forem necessárias para atingir uma pessoa, mais fraco será o laço e, consequentemente, menor a chance de alguma realização.

Em seu estudo, os autores fizeram uma lista de figuras públicas, como a primeira-dama dos Estados Unidos, Michelle Obama, o político norte-americano John McCain e o presidente da África do Sul, Jacob Zuma. Pediram então aos estudantes que fizessem uma lista de seus contatos de segunda e terceira ordem que poderiam ligá-los a alguma das figuras escolhidas.

Boa parte dos estudantes conseguiu encontrar algum tipo de laço com pelo menos uma das pessoas. Repetindo a experiência no *LinkedIn*, foi possível igualmente observar as relações de distância social existentes entre os estudantes e as personalidades públicas – algo menor do que se imaginava, aliás, na medida em que os contatos de segunda e terceira ordem, em geral considerados menos importantes, devem ser mais bem observados no sentido de se atingir pessoas aparentemente distantes em termos sociais.

No estudo das redes sociais, a noção de *difusão* está relacionada à velocidade e alcance de uma informação dentro de uma rede. Um dos fatores cruciais vinculados a isso está na *complexidade* da mensagem em si: quanto mais complexa for uma informação, menor será sua difusão, implicando inclusive um maior tempo de resposta.

No teste, os estudantes de Sacks e Graver deveriam obter resposta, via *Twitter*, a duas perguntas a respeito das condições climáticas na cidade de Anchorage, no Alasca. A primeira era uma questão geral sobre o tempo. Os alunos tinham três minutos para conseguir. A segunda requeria informações adicionais, como a velocidade e a direção do vento e a previsão para as próximas seis horas. O prazo era de cinco minutos.

Embora quase todos os estudantes tenham se saído bem na primeira questão, recebendo informações confiáveis a respeito do clima, poucos conseguiam qualquer dado adicional, indicando uma relação direta entre a simplicidade dos dados e a velocidade/qualidade da difusão, incluindo aí o tempo de resposta necessário em cada uma das perguntas.

Embora o estudo de Sacks e Graves possa ter eventualmente um alcance limitado, seu objetivo não é efetivamente discutir questões teóricas, mas oferecer um panorama de aplicação das principais características das redes em sua aplicação cotidiana. Algo a se pensar na interação teoria-prática.

7
Como as redes crescem: a perspectiva de Albert-László Barabási

Um dos lugares-comuns mais conhecidos sobre a internet é que, uma vez conectados, todos os usuários estão praticamente em pé de igualdade e têm as mesmas oportunidades de conexão. Essa visão parte do pressuposto de que a qualidade e a quantidade de conexões entre as pessoas tende a ser mais ou menos a mesma, e que basta estar conectado, criar uma página ou um *site* para ser visto, conhecido e divulgado.

A realidade parece ser bem diferente, a julgar pelos trabalhos do pesquisador Albert-László Barabási. Estudando a estrutura das conexões há pelo menos vinte anos, ele observou uma série de elementos constantes em vários tipos de redes, das ligações biológicas entre células até a arquitetura da internet e das redes sociais conectadas. Dentre essas constantes, uma das mais importantes diz respeito a uma persistente desigualdade entre os nós que compõem uma rede.

O senso comum tende a ver redes como uma arquitetura horizontal, isto é, na qual todos os *links* têm a mesma importância para conectar os *sites*. Em uma rede, cada nó estaria ligado de maneira aleatória com diversos outros. Por conta disso, todos os nós teriam o mesmo peso na construção das ligações, permitindo uma troca de informações livre de hierarquias ou focos específicos. Além disso, essa ligação aleatória garante que, mesmo quando um nó é desconectado, os outros poderiam continuar funcionando da mesma maneira.

O modelo proposto por Barabási coloca essa visão em xeque ao propor que um pequeno número de nós é responsável por uma quantidade imensa de conexões e que esses nós, uma vez desconectados, levariam junto inúmeros outros, em uma espécie de reação em cadeia sem limites – daí a proposição de Barabási ser denominada "redes fora de escala" (*scale-free networks*).

Em vez de nós igualmente distribuídos, o modelo de Barabási prevê a estruturação de boa parte de uma rede, seja biológica, comercial, afetiva ou digital, em torno de algumas conexões, aumentando consideravelmente sua importância. Esses nós (*hubs*) mais importantes agregam dados e informações cruciais, além de serem os responsáveis, muitas vezes, por intermediarem um número considerável de relações que não existiriam se não fosse por eles.

Nas redes sociais esse tipo de nó são atores (pessoas, organizações, empresas) com um alto número de conexões, que transitam sem problemas entre vários grupos, tornando-se, elas mesmas, um potencial nó para reunir pessoas de universos sociais diferentes que, de outra maneira, continuariam estranhos uns aos outros. Na internet, são páginas como o *Google*, os principais portais de notícias ou os *sites* de jogos *online* em massa, por exemplo, que, por sua estrutura, tornam-se conexões preferenciais para um grande número de pessoas conectadas em torno de um só lugar.

A perspectiva de Barabási, entre outras coisas, parece desafiar a ideia de que na rede todos são iguais. Ao contrário, aparentemente a quantidade de conexões tende a mostrar uma considerável desigualdade – o número de acessos e conexões a um *site* de notícias tende a ser maior do que os de um obscuro e desconhecido *blog* pessoal. Assim, a criação de um *site* não é garantia de visibilidade na rede: o número de conexões parece ser o fator crucial de exposição.

O detalhe adicional é que há uma tendência, em redes fora de escala, que os nós com mais conexões sejam também os primeiros a serem procurados para novas ligações. O número de conexões, de alguma maneira, se torna uma espécie de índice de sucesso.

Quando um grupo considerável de pessoas está acessando um determinado portal, por exemplo, há uma tendência de que seus conhecidos também se interessem por isso, aumentando de maneira exponencial a audiência a partir de conexões ramificadas, não horizontais. Isso ajuda a explicar, por exemplo, o crescimento rápido de virais: quanto mais uma informação é divulgada, maior será sua divulgação, em uma perspectiva circular. Quanto mais um livro é lido e comentado, mais será lido e comentado.

A estrutura se ramifica a partir de uns poucos nós que ligam todos os outros. Um vídeo viral, por exemplo, torna-se o centro a partir do qual se ramificam inúmeras outras conexões e, com isso, atrai ainda mais público. Se um grupo de pessoas x está acessando determinado portal, isso tende a gerar nas conexões de cada pessoa do grupo *x* a perspectiva de que há algo interessante para ver lá, aumentando exponencialmente a potencialidade de acesso.

Os nós principais são responsáveis por articular as relações entre outros nós, tornando-se, com isso, peças-chave na manutenção da situação de uma rede.

Graças a isso, lembra Barabási, uma rede tende a continuar funcionando mesmo que boa parte de seus nós seja destruída, contanto que os mais importantes, isto é, aqueles com maior número de conexões, continuem intactos.

A má notícia, recorda o autor, é que basta destruir esses nós, no entanto, para colocar abaixo qualquer rede, sejam as conexões enzimáticas de uma célula, seja a internet.

Se, neste exato momento, um obscuro *site* pessoal de um indivíduo for atacado por *hackers* e sair do ar, provavelmente ninguém além dele e de seus poucos leitores vai notar. A internet seguirá seu caminho. No entanto, se o *site* hackeado for o do maior mecanismo de buscas ou o da maior rede social, a crise será generalizada – uma parte da internet, literalmente, será desligada.

A diferença nos efeitos está na importância decorrente do número de conexões de cada um: enquanto o *blog* só é visto por umas poucas pessoas, o mecanismo de busca e o *site* de redes sociais são acessados por milhões de pessoas todos os dias e conseguem espontaneamente cada vez mais conexões. No fundo, a internet estrutura-se ao redor de um número relativamente pequeno de *sites* acessados pela imensa maioria das pessoas, enquanto, ao mesmo tempo, uma quantidade incalculável de *sites* permanece desconhecida.

Ao aproximar a questão das redes de uma perspectiva matemática, Barabási abre caminho para a formulação de hipóteses a respeito das possibilidades e limites desse tipo de conexão, mostrando que, para além de qualquer jogo aleatório, as relações em rede tendem a apresentar regularidades em suas concxões.

◎ *Lendo*

BARABÁSI, A.-L. *Linked*: a nova ciência dos *networks*. São Paulo: Leopardo, 2009.

III.
Mídias digitais, espaço público e democracia

1
As políticas do virtual

A extensão do conceito de "política" nas mídias digitais e no ciberespaço é tão grande quanto no mundo *offline*. E o primeiro problema nasce das possibilidades de uso dessa palavra: "política", como no caso da maior parte dos conceitos, é usada de maneiras diferentes por vários pesquisadores.

Em sentido comum, a noção de política é geralmente relacionada a partidos e governos em sua relação com as organizações da sociedade. De forma restrita, está ligada à administração das coisas públicas, ligada não apenas aos responsáveis por isso, mas a todos os envolvidos, os cidadãos.

De maneira ampliada, a noção de política está ligada às questões de poder e direito na vida cotidiana. Neste último sentido, as lutas de grupos minoritários por reconhecimento e expressão, ou mesmo questões de identidade são pensadas como atos políticos – afinal, ter uma identidade, em alguns casos, significa lutar pelo *direito* e pela *possibilidade* de ser quem se é no espaço público.

As mídias digitais possibilitaram ao mesmo tempo uma transposição e uma transformação dessas noções de política. Na medida em que se misturam com a vida e alteram as relações sociais, se articulam também com as possibilidades de ação política nos vários sentidos da palavra, agregando novas dimensões à questão.

Três dimensões do conceito

A concepção das relações entre política, mídias digitais e ciberespaço varia conforme o foco de pesquisa: o que é "política" para alguns autores não é para outros – em alguns casos, não seria considerado talvez digno de atenção dentro dessa esfera de estudos. No caso das mídias digitais, isso pode ser verificado na quantidade de temas trabalhados dentro desse assunto, indicando as várias faces do que se entende por "política".

Em um sentido estrito, pensando a política como aquilo que se relaciona com o Estado, os partidos e o governo, as mídias digitais tornaram-se um instrumento fundamental na sedimentação das relações entre essas instâncias e a sociedade. As campanhas políticas via internet tornaram-se parte das disputas eleitorais, com o uso de todo tipo de estratégia, da criação de perfis de candidatos nas redes digitais até a divulgação de propostas em *blogs* de partidos e de políticos.

Na extensão média do conceito, pensando a política como algo relativo à administração pública, a possibilidade de acompanhamento das ações governamentais vem permitindo novas formas de engajamento político dos cidadãos interessados. A discussão pública de assuntos igualmente públicos torna-se mais fácil – o que não significa, evidentemente, que um assunto vai ganhar a atenção dos cidadãos só porque é divulgado em uma rede social digital.

Pensada em seu sentido mais amplo, a política nas mídias digitais relaciona-se com as diversas manifestações e afirmações de identidade, na disputa pela chance de chamar a atenção de outras pessoas para problemas sociais diversos, procurando não apenas o engajamento, mas também a visibilidade. Isso significa aparecer em público e dar mais espaço para uma causa, reivindicação ou problema.

Um *blog* ou perfil em rede social que marque posição a respeito de um estilo de vida pode ser entendido como um ambiente político – a identidade, em público, torna-se um problema político.

Política, entre o Direito e a Economia

Há ainda outras questões vinculadas a elementos políticos nas mídias digitais, próximas de questões econômicas, sociais e jurídicas.

De um lado, a desigualdade de acesso à internet, a chamada "exclusão digital", é um problema trabalhado por diversos autores desde a liberação comercial da rede, ainda nos anos de 1990. O fato de existir uma rede mundial de computadores e informações não significa que todos tenham acesso a ela. Ao contrário, isso tem um custo – pelo menos um computador e uma conexão com a internet, algo longe de ser universal. A procura pela inclusão digital, isto é, a criação de mecanismos que permitam o aumento do número de pessoas com acesso à internet é um problema político na medida em que implica, entre outras coisas, a criação de políticas públicas que facilitem esse acesso.

Um segundo problema refere-se ao que vem depois do acesso, isto é, o uso da rede – a diferença entre competências, se essa é uma palavra correta, para navegar. Nesse sentido, ter acesso é apenas uma parte; saber utilizar a rede, encontrar informações e transformá-las em conhecimento também pode ser um fator de exclusão digital, e nem sempre relacionado a problemas econômicos, mas também a outros, como a faixa etária, por exemplo – algumas faixas etárias têm mais facilidade para lidar com os ambientes digitais do que outras. Em seu livro *Comunicação e democracia*, Wilson Gomes e Rousiley Maia apontam algumas dessas questões, que, com o risco de qualquer síntese, podem ser pensados em uma tabela:

Internet e participação política	
A perspectiva da participação	**A perspectiva dos críticos**
Superação dos limites de tempo e espaço para a participação política	Informação política qualificada?
Extensão e qualidade do estoque de informações *online*.	Desigualdade de acesso.
Comodidade, conforto, conveniência e custo.	Cultura política.
Facilidade e extensão do acesso.	Os meios de massa continuam predominando.
Sem filtros nem controles.	O sistema político continua fechado.
Interatividade e interação.	Liberdade e controle.
Oportunidade para vozes minoritárias ou excluídas.	O panóptico e a ciberameaça.

GOMES, W. & MAIA, R. *Comunicação e democracia*. São Paulo: Paulus, 2008, p. 302-324.

Outra dimensão das questões políticas na internet diz respeito aos problemas relacionados também ao Direito. A atividade *hacker*, por exemplo, tende a ser pensada como crime dentro das noções de Direito, mas, em outra leitura, pode ser uma forma extrema de ativismo político dentro da rede.

Do mesmo modo, as questões relacionadas à violação de direitos autorais na distribuição ilegal de conteúdo na internet – a pirataria de música, filmes, jogos e aplicativos de computador – está na confluência de decisões políticas, legais e comerciais. Os reflexos econômicos dessas atividades não deixa de ser mostrado pelas indústrias da cultura ao mostrarem quanto perdem por conta disso. Além disso, ao mesmo tempo em que procuram criar barreiras e formas de coibir esses atos, desenvolvem estratégias para implementar a distribuição de conteúdos *online*, procurando ocupar espaços comerciais também dentro das mídias digitais.

Finalmente, a excessiva visibilidade, a ausência de privacidade e a vigilância existente nas mídias digitais e no ciberespaço são igualmente um problema econômico, social e político.

Econômico, entre outros fatores, na venda ilegal de informações pessoais: alguém se cadastra em um *site* de compras, por exemplo, que, além de vender a mercadoria para o consumidor, vende ou transfere os dados do perfil desse consumidor para outra empresa.

Social, neste caso, por conta das alterações que a excessiva visibilidade pode trazer para as relações sociais: o máximo de visibilidade pode significar transparência e segurança, mas também controle e vigilância.

Neste último aspecto, o domínio dos territórios da internet e do uso das mídias digitais é político: o controle universal do acesso (com o uso, por exemplo, de uma senha pessoal ligada ao documento de identidade) eliminaria o anonimato da rede. Isso é visto por alguns como uma possibilidade de inibir crimes no ciberespaço ao garantir a possibilidade de rastreamento de todos os acessos, *links* e *sites* visitados, enquanto outros entendem que o fim do anonimato seria o fim de um tipo de liberdade de expressão que só existe na internet por conta dessa ausência de identificação.

O panorama dos estudos e das questões relacionados à política nas/das mídias digitais e da internet mostram um campo em pleno desenvolvimento, no qual questões de poder presentes nos espaços *offline* se entrecruzam com as possibilidades de divulgação e visibilidade pública de questões, mas também de anonimato e vigilância de atividades. Não muito distante das políticas no mundo concreto – mas com outras potencialidades.

◎ *Para ir mais longe*

BRUNO, F. "Monitoramento, classificação e controle nos dispositivos de vigilância digital". In: AUTOUN, H. (org.). *Web 2.0*. Rio de Janeiro: Mauad X, 2008.

CAZELOTO, E. *Inclusão digital*. São Paulo: Senac, 2010.

FRAGOSO, S. & MALDONADO, A.E. *Internet na América Latina*. Porto Alegre: Sulina, 2011.

GOMES, W. & MAIA, R. *Comunicação e democracia*. São Paulo: Paulus, 2008.

GOMES, W.; MAIA, R. & MARQUES, F.J. *Internet e política no Brasil*. Porto Alegre: Sulina, 2012.

2
A Esfera Pública e a internet

Aparentemente, seria tentador pensar na internet como uma elaboração contemporânea da Esfera Pública, entendida, a princípio, como o espaço democrático de troca de ideias entre cidadãos. A internet, lugar privilegiado para eventual discussão sobre temas de relevância social, se destaca pelas possibilidades de interação entre públicos diferentes, de discutir assuntos de interesse geral e de participação política nos vários sentidos desta expressão.

No entanto, para além dessas aparentes potencialidades, vários outros fatores precisam ser considerados. As interações políticas na internet nem sempre se caracterizam pela democracia; discussões sobre temas de interesse público muitas vezes perdem seu foco, tornando-se espaços de disputas e intrigas pessoais.

Em que condições, de fato, a internet poderia ser um espaço de deliberação política e discussão a respeito de temas públicos? Em outras palavras, em que medida se pode encontrar na internet elementos para considerá-la uma forma digital e conectada da Esfera Pública?

A resposta a essa pergunta, na análise de vários pesquisadores, significa retomar a discussão do conceito original, elaborado por Jürgen Habermas, filósofo alemão, em seu livro *Mudança estrutural da Esfera Pública*, escrito em 1962, e em vários outros textos seus, confrontando-o, quando necessário, com algumas características da internet.

O conceito clássico

A Esfera Pública pode ser entendida como um espaço de discussão e ação social formado na interação entre as pessoas. É um local de conversas no qual assuntos de relevância para a cidade são debatidos, e também da tomada coletiva de decisões a partir da troca de ideias entre cidadãos a respeito de assuntos de interesse geral.

Mais do que um espaço físico, a Esfera Pública é um espaço abstrato, formado na interação entre os indivíduos envolvidos na discussão de temas que lhes dizem respeito. Trata-se dos espaços de deliberação e debate sobre aquilo que interessa à vida pública. Uma maneira de compreender a noção é fazer um paralelo com duas noções próximas, as ideias de "espaço público" e de "opinião pública".

Os espaços públicos se caracterizam por serem lugares nos quais as pessoas podem se reunir, se encontrar e conversar livremente sobre o que quiserem. Nas democracias, os espaços públicos são os locais de livre manifestação de ideias e opiniões – a "praça pública". É a partir daí que se poderia falar também em uma "opinião pública".

A Esfera Pública é o espaço de manifestação de ideias responsáveis pela formação da opinião das pessoas a respeito de determinados temas – em outras palavras, é um dos lugares onde se forma a opinião pública.

Dentre outras características, a opinião pública se destaca por ser não apenas a "opinião do público", como o nome às vezes sugere, mas também o conjunto de *opiniões discutidas em público*, e, portanto, colocadas para discussão com todos os outros interessados possíveis. Quando um tema é lançado na Esfera Pública ele tende a ganhar visibilidade, pode ser objeto de discussões e, eventualmente, levar à tomada de decisões. Essa discussão só pode acontecer se existirem espaços nos quais a livre manifestação de ideias seja possível.

Não por acaso, Habermas entende que a Esfera Pública está diretamente ligada à democracia. Um de seus fundamentos é o livre debate de ideias entre os cidadãos. A Esfera Pública, nesse sentido, é o espaço abstrato de deliberação a respeito de assuntos diversos de interesse de um público. A troca de ideias e a livre participação dos interessados são elementos fundamentais para a constituição de uma Esfera Pública. Qualquer local de discussão de ideias é, a princípio, parte disso.

À primeira vista, o ciberespaço, formado na interação das pessoas na interface das mídias digitais, tem uma dimensão *pública* considerável, visível sobretudo nos *sites* e páginas da *Web*. A própria noção de "publicação" na internet representa esse ato de "tornar público" um determinado assunto, promovendo-o de algum modo a partir de sua exposição em um determinado site.

A presença de temas nas redes sociais, da mesma maneira, parece garantir essa possibilidade de dar *visibilidade pública* a uma determinada discussão, aumentando sua chance de exposição e, consequentemente, de discussão. A Esfera Pública, aliás, foi pensada primeiramente como um espaço de livre exposição e debate de ideias.

Origens e transformações da Esfera Pública

Habermas localiza a origem da Esfera Pública no século XVIII. Os espaços urbanos, como cafés, clubes e associações são o grande lugar de sua consolidação – a discussão pública sobre política ganha fôlego e se torna um dos pontos de partida para a Revolução Francesa.

Assim, segundo o conceito clássico, a Esfera Pública é formada nos espaços públicos de discussão, e é povoada por ideias *tornadas públicas* a partir de sua divulgação via panfletos, jornais e livros. A entrada de temas na Esfera Pública depende, em boa medida, do uso de mídias responsáveis por dar publicidade – no sentido de "tornar público" – a temas que, por alguma razão, precisam ser colocados em discussão. Algo similar ao que pode ser feito em alguns ambientes da internet.

Século XVIII: A Esfera Pública "clássica"

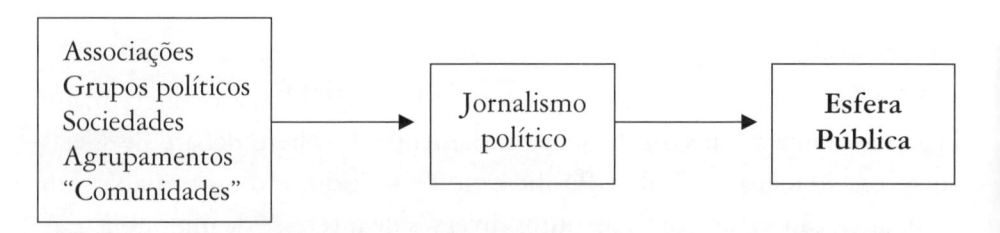

Associações Grupos políticos Sociedades Agrupamentos "Comunidades"	→	Jornalismo político	→	**Esfera Pública**

No entanto, na passagem do século XVIII para o XIX essa noção de Esfera Pública começa a enfrentar algumas contradições e problemas. O capitalismo se consolida como modelo econômico dominante, e os interesses de mercado começam a entrar em conflito com os interesses políticos. O jornalismo, até então um instrumento de ação político, progressivamente se transforma em uma mercadoria, produto elaborado pelas empresas de comunicação.

Século XIX: Esfera Pública, mercado e capitalismo

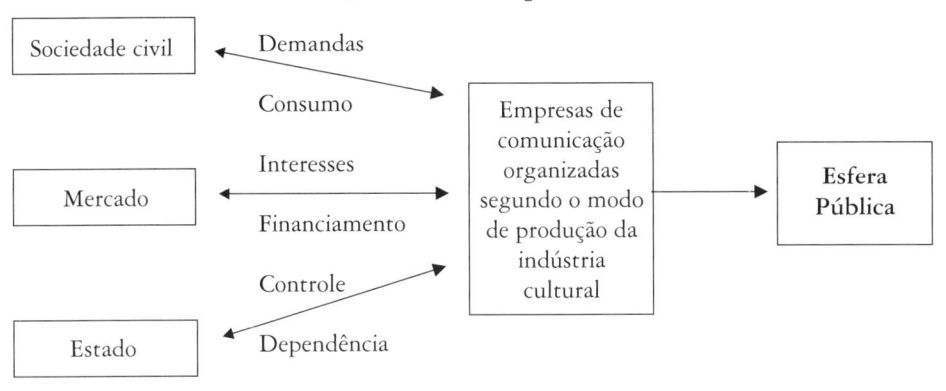

```
Sociedade civil ←—— Demandas
                    Consumo ——→     Empresas de
                                    comunicação
                    Interesses      organizadas          Esfera
Mercado         ←——————————→        segundo o modo ——→   Pública
                    Financiamento   de produção da
                                    indústria
                    Controle ——→    cultural
Estado          ←—— Dependência
```

Como resultado, passa a haver uma tensão constante entre o interesse público e o interesse do mercado na constituição da Esfera Pública que, por sua vez, deixa de ser apenas um espaço de debates políticos para se converter em um lugar de disputa entre os interesses do Estado, das empresas e das corporações.

Séculos XX e XXI: Esfera Pública conectada?

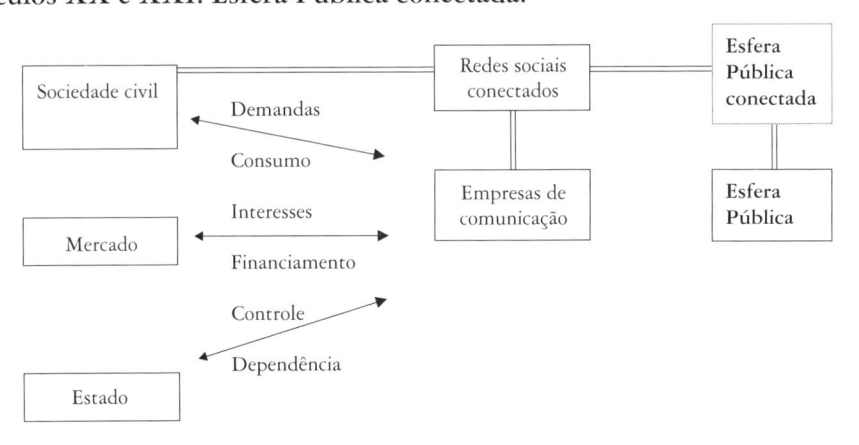

```
                                                         Esfera
                                    Redes sociais        Pública
Sociedade civil ———————————————     conectados ————————  conectada
                    Demandas
                    Consumo
                                                         Esfera
                    Interesses      Empresas de          Pública
Mercado         ←——————————→        comunicação
                    Financiamento
                    Controle
Estado          ←—— Dependência
```

Gráficos elaborados a partir de GOMES, W. & MAIA, R. *Comunicação e democracia*. São Paulo: Paulus, 2008. • HABERMAS, J. *Mudança estrutural na Esfera Pública*. Rio de Janeiro: Tempo Brasileiro, 1989. • HABERMAS, J. *Direito e democracia*. Rio de Janeiro: Tempo Brasileiro, 2004.

O público e o privado

A noção de Esfera Pública tem como uma de suas premissas básicas a distinção entre o que são assuntos *públicos* e os temas de discussão *particulares*. Não que essa divisão seja absolutamente rígida, mas trata-se de uma demarcação fundamental a respeito do que vem a ser, de fato, um tema próprio da Esfera Pública. Essa divisão é decorrente de uma outra, também presente no cotidiano, referente à formação de *espaços públicos* e de *espaços privados*. Basicamente, a diferença diz respeito à *visibilidade* de cada um desses espaços.

Enquanto o espaço público é o espaço das ações visíveis, onde qualquer fato pode ser conhecido por todos, o lugar aonde, a princípio, *tudo é potencialmente visível*; o espaço particular é o lugar das coisas e das práticas que *não devem ser vistas*. É o espaço da intimidade, dos interditos, protegido do olhar público por cortinas e portas, no qual só é admitido quem for convidado. Aliás, a proteção do espaço privado é uma das bases da democracia moderna: ninguém, exceto com ordem judicial, pode entrar na casa de outra pessoa sem autorização.

A internet introduz uma outra dimensão nessa questão, mesclando, em muitos casos, as questões públicas e privadas por conta da exposição, cada vez maior, de detalhes da vida particular no espaço público digital.

Quando um indivíduo, por exemplo, tira uma foto do que está almoçando e coloca em uma rede social, está *tornando público* algo que, a princípio, pertence exclusivamente à esfera de preocupações particulares do indivíduo (e seria possível, de fato, questionar a relevância, fora de um círculo social bastante estreito, de saber o que outra pessoa está comendo ou observar as qualidades estéticas de um prato).

Ao mesmo tempo, a presença de temas particulares no espaço público virtual não deixa, em alguns casos, de ser relevante para a discussão de assuntos que ultrapassam a esfera individual, mas que nem sempre são trabalhados em público. As conversas em fóruns *online*, por exemplo, a respeito de preferências pessoais ou problemas de saúde raros encontra, na quebra de barreiras entre público e privado, uma chance de ser discutida para além das paredes do espaço particular.

Enquanto os temas da esfera particular, como o nome sugere, ficam restritos ao espaço das relações pessoais, as temáticas da Esfera Pública se caracterizam justamente por ultrapassarem essa barreira. Estão abertos à discussão pública, isto é, por todos os interessados.

Os temas da Esfera Pública

Essa divisão diz respeito muito mais à natureza dos temas do que propriamente à sua localização: um assunto privado pode se tornar um assunto público desde que seja do interesse de um grupo grande de pessoas, isto é, desde que, por sua relevância, diga respeito à vida particular de vários outros indivíduos. Isso significa também que nem todos os temas discutidos em público fazem parte necessariamente da Esfera Pública: uma conversa sobre a vida de uma celebridade é um assunto público, mas, por conta da natureza do tema – considerações sobre a vida privada de outra pessoa –, não se trata de um tema de discussão.

Isso permite identificar um elemento-chave para a constituição da Esfera Pública: trata-se de um espaço de discussão de temas de caráter político, isto é, que dizem respeito ao indivíduo como cidadão dentro de um Estado regulado pelo Direito. Os temas da Esfera Pública se caracterizam pelo engajamento que provocam, ou deveriam provocar, nas pessoas. Não se trata, portanto, do simples interesse que um tema tem, mas da relevância que esse tema pode assumir dentro da democracia.

Essa distinção está presente também nos temas discutidos através das mídias digitais no ciberespaço. O fato de um tema se tornar público por conta de sua divulgação na internet não significa, de antemão, que ele faça parte de uma "Esfera Pública" virtual. Ao contrário, seria possível dizer que, da avalanche de informações presentes na rede, apenas uma pequena parte, de fato, poderia ser incluída entre os temas de discussão afinados com as perspectivas da proposta original de Habermas.

A repercussão das desilusões amorosas de uma celebridade nas redes sociais não é necessariamente um assunto da Esfera Pública; no entanto, se uma celebridade foi agredida por seu ex-namorado, o fato ultrapassa a barreira da vida pessoal e passa a fazer parte das discussões da Esfera Pública. A agressão não é uma curiosidade da vida da pessoa; trata-se de uma violação de direitos e, portanto, um problema de caráter público.

Os temas e argumentos presentes aí, aliás, só podem ser usados dentro de *normas de validade* que garantam sua pertinência. Vale lembrar que essas normas têm sua razão de ser: elas permitem avaliar não apenas se uma discussão é relevante, mas permitem avaliar também os rumos que ela toma – em outras palavras, ajudam o debate democrático a não se desviar do assunto.

A validade dos assuntos

As discussões na Esfera Pública, ao contrário de outros tipos de conversação, precisam observar alguns requisitos para terem validade. A aceitação e o respeito a essas regras são elementos do que Habermas entende como a "racionalidade" de uma discussão – não é demais recordar que uma discussão não é uma briga, mas um debate entre pontos de vista diferentes tendo como objetivo algum entendimento.

Para isso acontecer, no entanto, é necessário garantir a *racionalidade* da discussão a partir de alguns critérios pontuais:

(a) Reconhecimento do interlocutor

Em um debate na Esfera Pública todos os participantes devem reconhecer mutuamente o direito igual de todos os outros de intervir e dar sua opinião. Se alguém, de antemão, desqualifica as considerações do outro (usando um argumento pouco racional como, digamos, "não falo com torcedores do Corinthians"), não é possível se buscar o entendimento.

As comunidades virtuais e os fóruns de discussão na internet enfrentam esse problema: o reconhecimento de interlocutores nem sempre acontece, e menos ainda em condições de igualdade. Como observou a pesquisadora Francine Altheman em um trabalho sobre deliberação no *YouTube*, muitas comunidades, por conta de suas propostas, são relativamente fechadas à participação externa: em um grupo intitulado "Eu detesto *rock*", qual a possibilidade de participação de um fã dos Beatles? Isso leva ao segundo critério.

(b) Igualdade de condições de participação

Uma condição básica é que os interlocutores estejam em pé de igualdade, isto é, não pode haver hierarquias entre eles. A Esfera Pública prevê o livre debate de ideias, e dificilmente alguém se sentiria à vontade para dizer o que pensa quando se está em uma estrutura hierárquica – em uma empresa, por exemplo, dificilmente um operário vai dizer tudo o que pensa quando conversar com um diretor. Não há deliberação possível onde há relações de poder; ao contrário, as regras estipuladas por Habermas buscam justamente diminuir um pouco as tensões causadas pelo poder no livre-debate de ideias.

Neste ponto, a arquitetura horizontal da internet e mesmo, em certos casos, a possibilidade de anonimato tornam-se recursos fundamentais para a adequação a este critério.

(c) Respeito às regras

Os debates na Esfera Pública são pautados por regras que devem ser obedecidas por todos – quem vai falar, em que ordem, com quais direitos de réplica, e assim por diante. Entende-se que a alteração em qualquer uma delas imediatamente desqualifica o interlocutor para o debate.

Assim, em um fórum *online* de discussão, nem todas as conversas são, de fato, *argumentos*: quando um participante desvia o assunto ou começa a fazer ataques pessoais a outro indivíduo (algo, ironicamente, facilitado pela mesma arquitetura horizontal e anonimato que permitem a igualdade), a discussão deixa de existir nos moldes de uma Esfera Pública.

A racionalidade da argumentação na Esfera Pública

Os debates da Esfera Pública se pautam pelo uso de argumentos racionais, isto é, que sejam fundamentados na razão e, por conta disso, possam ser aceitos por todos os interlocutores envolvidos. A racionalidade da argumentação depende, entre outros fatores, de sua base. Um argumento baseado em evidências, fatos e demonstrações tende a ser visto como "racional", enquanto discussões pautadas na emoção, em crenças ou paixões não teriam a mesma validade.

Habermas parte do princípio de que, em uma conversa, seres humanos são capazes de colocar suas emoções, crenças e sentimentos de lado e procurar os fatos e os argumentos. Discussões sobre futebol, por exemplo, geralmente são passionais. No entanto, para decidir sobre um lance duvidoso, será necessário deixar de lado a paixão pelo time e procurar investigar racionalmente a situação. (Habermas aparentemente não leva em consideração que nem todo mundo consegue separar as coisas.)

Se, em um debate sobre violência urbana, um dos interlocutores garantir que os criminosos são inspirados por alienígenas, seu argumento será imediatamente desqualificado – não se trata de estar certo ou errado, seu argumento simplesmente *foge aos limites da razão* e, portanto, não pode ser contrariado em termos racionais. É uma questão de crença na existência de *aliens*, a respeito dos quais não há nenhuma evidência. Ao menos até agora.

Isso significa também que, na Esfera Pública, uma das condições de discussão é a busca pelo *entendimento*, não pela *vitória* no debate. É preciso que os interlocutores, de fato, procurem uma solução para as questões e não se empenhem apenas a derrotar a parte contrária. Habermas, aliás, faz uma diferença entre o que chama de "ação comunicativa", isto é, aquela voltada para o entendimento, e a "ação estratégica", feita apenas com o objetivo de vencer.

A Esfera Pública, nesse sentido, tem uma dimensão moral: ao participar de uma discussão na Esfera Pública, os participantes devem jogar aberto, deixando claro quais são seus interesses, suas propostas e objetivos. Esconder os interesses, usar estratégias retóricas para desqualificar o adversário ou tentar acabar com a discussão quando se está em desvantagem implodem as possibilidades de deliberação.

Até que ponto essas condições existem e podem ser respeitadas no ambiente da internet é uma questão que divide pesquisadores tanto da comunicação quanto da política. Vale explorar brevemente esses argumentos.

3
A política da sociedade em rede: Manuel Castells

Quando estourou a crise econômica mundial de 2008, eu estudava na Universidade de East Anglia, em Norwich, Inglaterra. Boa parte do orçamento estava no Brasil, em reais. Para chegar lá, era convertido em dólares e depois em libras. Da noite para o dia entendi a noção de "economia global". Quando as bolsas de Tóquio e Hong-Kong fechavam, seus resultados influenciariam a de Nova York, que estava abrindo. As mesmas empresas operavam em vários pontos do planeta, e as informações de um lugar afetavam, em efeito dominó, todos os outros. Na prática, o valor do dinheiro mudava todos os dias.

Insegurança, informações, fluxo, instabilidade: palavras-chave de uma sociedade em rede.

Ao publicar, em 1996, o primeiro volume da trilogia *A Era da Informação: economia, sociedade e cultura*, intitulado *A sociedade em rede*, Manuel Castells tinha uma trajetória consolidada como cientista social. Sua aproximação com a comunicação mediada por computador, mídias digitais e ciberespaço se enquadra em uma tentativa ampla de entender como as relações de trabalho, o capitalismo, a cultura e os relacionamentos se configuram na atualidade.

Castells não é um teórico da internet ou das mídias digitais, mas procura entender uma sociedade na qual esses elementos são proeminentes. Em *Communication Power*, trabalho publicado em 2010, seu foco continua tendo como elemento central as relações sociais de poder. No caso, construídas a partir da comunicação.

É a partir da observação minuciosa de acontecimentos sociais que Castells constrói seus argumentos sobre a sociedade contemporânea, na qual ocupa um lugar importante as relações de comunicação em rede.

Redes sociais e sociedade em rede

Uma rede é um conjunto de pontos, os "nós", interconectados. Ou seja, elementos que se *comunicam* entre si – e, por conta disso, toda rede é uma estrutura complexa de comunicação, na qual os vários nós interagem em múltiplas ligações. Nas palavras de Castells, o que as constitui, em primeiro lugar, é a *unidade de objetivos* de seus participantes, mas também a *flexibilidade* dessas relações.

Nas redes, os pontos ou nós podem ser qualquer coisa.

Em uma rede social digital, por exemplo, cada pessoa é um nó. Cada página ou comunidade, por sua vez, é outro nó. E, finalmente, o *site* de uma rede social é uma espécie de "nó de nós", mas, ao mesmo tempo, também é um nó quando pensado no conjunto da internet – que, não custa lembrar, é uma "rede de redes". A interconexão entre os nós é uma característica fundamental de qualquer rede. A organização em rede tem três características principais:

Flexibilidade: capacidade de aumentar ou diminuir o número de conexões.

Escala: habilidade de mudar de tamanho sem ter suas características principais afetadas.

Sobrevivência: por não terem um centro, redes podem operar em vários tipos de configuração.

Redes são estruturas abertas e em movimento. Sua forma está mudando o tempo todo conforme suas características específicas. A noção de *movimento* é fundamental para se entender a questão.

O número de pessoas que se conecta à página de uma novela ou *reality show* em uma rede social conectada, por exemplo, pode acompanhar o desenvolvimento da trama. Além disso, o *grau* de participação pode igualmente mudar de uma hora para outra.

As fronteiras de uma rede são estabelecidas pelas conexões entre os nós. Como essas conexões podem ser criadas ou eliminadas a qualquer momento, os limites de uma rede estão sempre mudando – redes podem crescer ou diminuir de acordo com o número de nós que se conecta/desconecta a elas.

Redes costumam passar por cima de limites estabelecidos. Como as conexões em geral são criadas a partir de *objetivos* comuns, a reunião de "nós", sejam pessoas, grupos, corporações ou mesmo países não obedece a nenhuma fronteira prévia.

Em escala macro, por exemplo, as grandes corporações, por exemplo, ultrapassam com facilidade as fronteiras nacionais na expansão de seus negócios; ao mesmo tempo, em escala micro, movimentos sociais ultrapassam fronteiras políticas, bem como distâncias locais, conectando interessados em mudanças – em uma sociedade em rede, o poder é exercido também a partir de redes. Ou, nas palavras de Castells, "o poder, na sociedade em rede, é o poder de comunicação".

A economia em rede

O modelo de rede é particularmente bem-adaptado para as configurações do capitalismo contemporâneo. Redes são uma forma de organização caracterizada exatamente pela flexibilidade de seus componentes. Podem se expandir, se reconfigurar, alterar a disposição de seus elementos – redes costumam ser modulares – e se adaptar a diversos contextos sem necessariamente perder suas características básicas.

A circulação de informações encontra nas redes o melhor tipo de arquitetura. A velocidade da circulação de informações significa também que *novidades* estão presentes o tempo todo, gerando como padrão uma instabilidade constante. Qualquer informação pode ser alterada, complementada ou cancelada por uma nova, muitas vezes sem deixar indícios dos caminhos seguidos.

Redes são móveis. Não por acaso, uma estrutura que se adequa perfeitamente às características da economia política contemporânea – o que Castells denomina "capitalismo informacional".

A produção, troca, organização e consumo de informações é uma das características principais do mundo contemporâneo. Dados e informações, em alguma medida, tornam-se os bens mais preciosos na sociedade na medida em que, a partir disso, inúmeras decisões, com alcance global, podem ser tomadas.

Se o controle das informações quase sempre foi visto como um problema de segurança, torna-se atualmente uma das preocupações fundamentais de Estados, corporações e mesmo de indivíduos. É a partir da informação que o sistema capitalista contemporâneo se organiza.

E por que um bem imaterial como a informação se reveste dessa importância? A resposta pode ser localizada nas características do capitalismo contemporâneo em comparação com o de outras épocas.

Se, na Revolução Industrial, as informações eram usadas para controlar a tecnologia e para a criação de bens, lembra Castells, na Revolução da Informação as informações são usadas para produzir mais informações – desde os bens simbólicos produzidos pela indústria cultural até os produtos de consumo cotidiano, adaptados a gostos e necessidades específicas.

Globalização e sociedade em rede

Outro marco importante nesse contexto é o alcance global das ações políticas e econômicas – um fenômeno batizado posteriormente de *globalização*. Em um mundo globalizado, os fluxos de troca de produtos, de consumo e do capital não respeitam fronteiras nacionais; articulam-se, nem sempre de maneira tranquila, com culturas locais, criam novos hábitos e impõem uma lógica da racionalidade ocidental a todos os pontos em que for possível chegar.

A demanda por informações nessa economia torna-se tanto maior quanto mais amplo forem os espaços de ação do capitalismo. A economia em rede implica mudanças tanto internas quanto externas nas organizações e empresas. A "multinacional", termo que algumas vezes serve de eufemismo para designar empresas com sedes muito bem estabelecidas em um país, insere-se em uma torrente de informações considerável, responsável por seu sucesso ou fracasso em poucos segundos – nas crises econômicas globais isso pode ser facilmente verificado.

Os laços de trabalho, na economia da informação, são frágeis, se formando e desmanchando com a velocidade dos fluxos de dados. A migração do capital, orientado pelos fluxos de informação, não parece se preocupar com os rastros que deixa.

E, mais ainda, na medida em que se estruturam sobre redes de informação e atuação supranacionais, derivadas em alguma medida da expansão política e de mercados, a globalização esbarra em resistências – e, se para alguns as fronteiras nacionais podem ter perdido o sentido, para outros esses significados ganham mais força dentro da noção de *identidade*.

Identidades, redes e economia da informação

O aparente triunfo do capitalismo ocidental, no final do século XX, no entanto, logo se viu diante do desafio de lidar com identidades locais em um mundo global. O final da Guerra Fria deu mais espaço para o problema dos fundamentalismos, que se apresentam, em certa medida, como uma espécie de antítese da globalização – não obstante utilizarem-se, em alguns casos, das mesmas redes de informação.

Aliás, a descentralização dos fundamentalismos, o alcance local com repercussão global de algumas de suas ações e sua velocidade são igualmente adaptados a uma sociedade em rede, levantando um problema a mais, a identidade.

Identidades, sejam pessoais ou coletivas, costumam se organizar a partir de vínculos que reúnem indivíduos a partir de algum traço, mais forte ou mais fraco, em comum. Além disso, são organizadas também sobre a noção de *diferença*: eu *sou* alguém porque *não sou* algum outro. A diferença estabelece os limites da identidade. Esses limites podem ser bastante fluidos, transformando-se de acordo com as experiências do indivíduo, suas reflexões e sua trajetória de vida.

Em uma sociedade em rede, global, a reafirmação dos elementos de identidade e o estabelecimento de fronteiras baseadas na diferença ganham importância na medida em que elementos fundamentais da identidade, como a cultura, a arte e as práticas sociais, são integrados em perspectiva global.

As mestiçagens, os hibridismos e as mesclas são um resultado dessa articulação, mas o fundamentalismo e mesmo a violência contra o diferente também podem ser consequências extremas dessa relação e de uma visão de mundo.

A cultura da virtualidade real

As representações que os seres humanos fazem da realidade são um dos principais elementos responsáveis para a constituição dessa mesma realidade.

A humanidade está imersa em uma trama simbólica de representações. Na medida em que essa trama não existe, de fato, se não como símbolos compartilhados entre seres humanos, essa realidade sempre foi, de algum modo, *virtual*. Assim, falar de uma "realidade virtual" seria falar de toda a história do imaginário humano.

A diferença específica de uma era pautada na comunicação mediada por computador é a maneira como todas essas representações podem ser apropriadas nos meios digitais. A realidade, seja do mundo concreto quanto das representações e narrativas, é capturada e reorganizada nas mídias digitais, tornando-se parte de um imenso universo de conexões, módulos e informações – e, principalmente, voltando a fazer parte da realidade de onde veio. Essa ligação contínua entre real e virtual é denominada por Castells "cultura da virtualidade real".

Mais do que seria uma "realidade virtual", na qual o indivíduo só poderia entrar com o auxílio de um dispositivo eletrônico, a noção de "virtualidade real" parte do princípio de que não existem fronteiras entre esses dois termos, "virtual" e "real": não precisamos de nenhum equipamento de ficção científica para estar lá – basta estarmos próximos de uma tela digital, seja a do computador, do *tablet* ou do celular.

Essa quebra permite uma contínua migração de ideias, práticas e conceitos entre os mundos "real" e "virtual", em uma interação não isenta de contradições, e sempre esbarrando em outras questões, como o controle político e as ações econômicas presentes nas redes.

No sistema modular das mídias digitais, dados importantes disputam espaço com comentários inócuos, notícias relevantes para toda uma comunidade estão lado a lado com outras de qualquer espécie. Essa confluência decorre de todos usarem a mesma lógica digital. No exemplo do autor, na p. 394 de *A sociedade em rede*, há uma "troca de códigos" entre essas produções, tendo como resultado que "programas interativos parecem *videogames*; noticiários são construídos como espetáculos audiovisuais".

Isso leva à compreensão de um dos elementos centrais de uma sociedade em rede: a linguagem universal das mídias digitais, lembra Castells na p. 375 desse livro, bem como a lógica do sistema, permitiram a formação de uma comunicação horizontal, próxima do sentido da palavra "rede", desenvolvida ao mesmo tempo em que a produção, o trabalho, a política e a cultura também se organizavam dessa maneira.

Comunicação pessoal de massa e a audiência criativa

Castells define esse tipo de interação como "comunicação pessoal de massa" (*mass self-communication*). Herda da comunicação de massa a potencialidade de alcançar uma incontável quantidade de pessoas. Ao mesmo tempo, trata-se em geral de uma criação individual, direcionada a uma rede de público com interesses comuns mais do que uma audiência de massa.

Nas palavras de Castells, "as três formas de comunicação – interpessoal, de massa e pessoal de massa – coexistem, interagem e complementam-se mutuamente". Essa interação acontece, para ele, no hipertexto digital, que combina esses elementos, apesar e por conta de sua diversidade, em um único plano. Na "nuvem de tecnologias", as intersecções são contínuas e a divisão entre as noções de "público" e "produtor", nesse cenário, são parcialmente apagadas.

Isso não significa o fim das grandes corporações produtoras de mídia. A indústria cultural se expande igualmente nos meios digitais, abrindo frentes de criação e distribuição de bens culturais e procurando, por seu turno, adaptar os ambientes virtuais à sua lógica de mercado. Isso significa, por exemplo, o uso de qualquer espaço possível em *blogs*, *sites* e redes sociais para propaganda. A flexibilidade do capitalismo informacional torna possível esse tipo de adequação – e também, por outro lado, abre outras fronteiras para resistência.

A criatividade da audiência na internet está entre elas, e desafia qualquer separação entre "indústria cultural" e "público", ou entre "corporações de mídia" e "audiência". A audiência criativa é *ao mesmo tempo* parte de uma lógica comercial, vinculada às grandes corporações da indústria cultural, e parte de uma lógica criativa do público, entendido agora como a unidade de um binômio emissor-receptor. A partir disso, Castells propõe um modelo de estudos para a comunicação pessoal de massa:

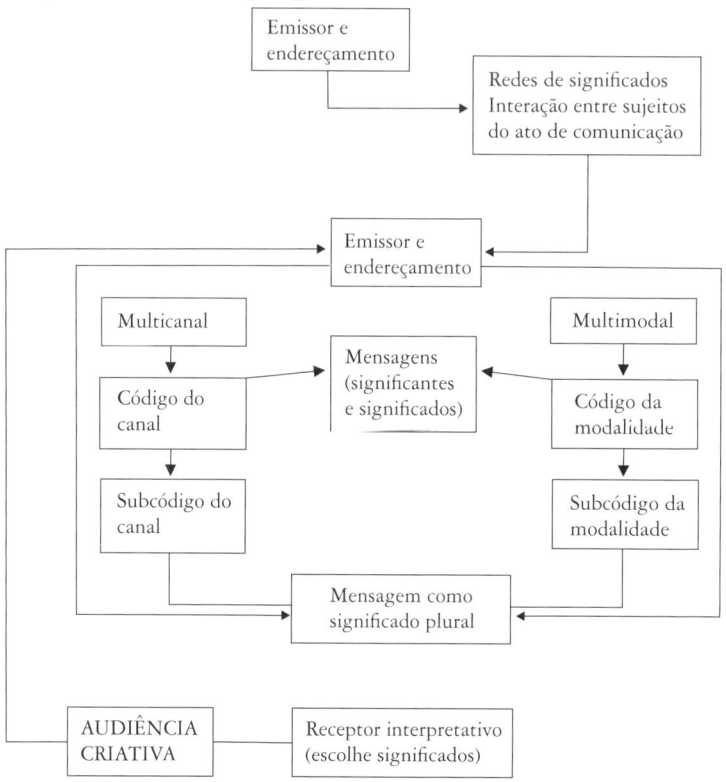

CASTELLS, M. *Communication Power*. Oxford: Oxford University Press, 2009, p. 131.

Emissores e receptores compartilham o mesmo ambiente simbólico, interagindo nas redes de significado presentes em seu interior. Todos os emissores são potencialmente receptores e vice-versa. As mensagens compartilhadas são, ao mesmo tempo, multimodais e multicanais, isto é, usam várias tecnologias de comunicação, como celulares, televisão e os ambientes da internet (*multimodalidade*) e são distribuídos em diversos canais dentro de cada tecnologia, como as várias emissoras de TV, rádio e os inúmeros *sites*. Cada modo, assim como cada canal, usa seus próprios códigos e subcódigos, isto é, seus próprios elementos, para criar a mensagem.

No entanto, como não há divisão entre emissores e receptores, cada indivíduo vai negociar os significados das mensagens que recebe pensando também nas que transmite, e como vai compartilhar isso nas redes às quais pertence. Emissores-receptores formam redes de comunicação nas quais as mensagens são discutidas, ressignificadas e reelaboradas; na sociedade em rede, a "recepção" é uma produção-recepção em rede.

Esse modelo permite entender, por exemplo, as formas de recepção de um programa de televisão em uma sociedade em rede. Uma telenovela continua sendo produzida por uma grande corporação de mídia. Sua transmissão geralmente é via TV aberta para um público amplo. No entanto, há diferenças importantes. As pessoas responsáveis pela criação, do autor ao pessoal técnico, passando pela direção da emissora e pelos atores, vivem em um mundo conectado. Estão ligados diretamente ao público, com o qual interagem.

Quando a mensagem atinge o público, em várias modalidades e canais, ela é apropriada por indivíduos igualmente conectados, que tendem a discutir os conteúdos com suas redes de contato, extraindo significados compartilhados e abrindo espaço para várias formas de compreensão. A mensagem multimodal e multicanal da emissora, embora ainda guarde resquícios de uma certa verticalidade, é articulada com a horizontalidade das redes.

A recriação da mensagem, por conta das facilidades de produção decorrentes das mídias digitais, pode resultar em novas produções – desde sátiras e paródias até versões completamente diferentes do original.

O triunfo da audiência criativa não deixa de ser também um aspecto dos fluxos de informação do capitalismo informacional: de certo modo, não deixa de ser um antigo sonho dos produtores – conhecer as opiniões da audiência sem ter que fazer pesquisas muito detalhadas.

***

As contradições e paradoxos da sociedade em rede permitem a Castells fazer uma análise crítica, mas balanceada, das potencialidades e limites da comunicação dentro de um complexo sistema político, econômico e informacional caracterizado pelo *fluxo* e pela variação. Suas análises derivam para questões sociais e remetem a um considerável número de informações. E ajudam a observar os vários lados das ações humanas em um ambiente complexo e, em certa medida, inexplorado.

◎ *Em rede*

CASTELLS, M. *Communication Power*. Cambridge, MA: MIT, 2010.

_____. *A sociedade em rede*. Rio de Janeiro: Paz & Terra, 1999.

4

Da Esfera Pública às esferas públicas: Peter Dahlgren

Quando Dilma Rousseff foi eleita presidente da República, em 2010, uma estudante de Direito postou em uma rede social uma série de comentários bastante agressivos contra nordestinos. A reação de repúdio de vários outros internautas foi imediata. O episódio teve consequências jurídicas *offline*, mas é um dos inúmeros indicadores da internet como um espaço público de participação política.

Em vários de seus trabalhos, o pesquisador Peter Dahlgren, da Universidade de Lund, na Noruega, vem chamando a atenção para o potencial de engajamento cívico das mídias e dos ambientes digitais, isto é, à participação nos assuntos que dizem respeito à vida pública. A noção de "cívico", aqui, vem do latim *civitas*, "cidade", mesma raiz de "civilidade", "civilização" e, em especial, "cidadania".

Desde a liberação comercial da internet, listas de discussão, *e-mails* e, mais para frente, redes sociais se tornaram um espaço preferencial para discussões políticas. A atividade *online* de pessoas interessadas em expor ideias, defender suas causas ou simplesmente opinar a respeito de fatos políticos do cotidiano mostra uma vitalidade inédita para o debate político. Mais do que partidos e governos, esse engajamento com questões políticas a partir do uso de mídias talvez seja um dos principais horizontes da democracia.

Em termos gerais, uma das principais características da democracia é a chance de participação de todas as pessoas no processo de tomada de decisões. Ao contrário de regimes políticos autoritários, nos quais um único indivíduo ou grupo toma as decisões e as impõe sobre a maioria, na democracia as escolhas dependem da aprovação do maior número de pessoas. Pelo menos em teoria, qualquer um pode se engajar no processo político e trabalhar para que suas ideias sejam discutidas e votadas.

O envolvimento nas discussões fundamentais sobre os problemas da administração encontra, nos espaços da internet, modalidades particularmente expressivas, para o bem e para o mal. Nos espaços públicos virtuais, qualquer pessoa está apta a participar de discussões que podem levar à tomada de decisões, ao menos em teoria.

O problema está no "em teoria". Dahlgren não acredita que a simples conexão possa, imediatamente, impelir um potencial de participação democrática dos cidadãos, como se estar *online* despertasse algum tipo de consciência política nas pessoas. Ao contrário, no sentido estrito do termo, a "participação política" está longe de ser o interesse da maior parte das pessoas quando se conecta.

Mais do que isso, se pensarmos em "política" como os negócios do governo, partidos e instituições direta ou indiretamente relacionados ao Estado, talvez o grau de participação *online* não seja alto como poderiam prever algumas visões muito positivas. No entanto, quando expandimos a noção de política, a visão da internet como um espaço de participação democrática fica mais nítida.

Política, neste sentido amplo, diz respeito às possibilidades de ação no espaço público, isto é, à possibilidade de ser quem se é, defender publicamente as ideias que se tem não só sobre governo e administração, mas também sobre modos de pensar e estilos de vida. O fato de ser alguém no espaço público, nesta perspectiva, já pode ser pensado como um fenômeno político na medida em que decidir quem se é, isto é, ter uma identidade é um elemento de ação política. Questões relacionadas a gênero, etnia, preferências de todos os tipos, classe social e faixa etária mas tornam-se políticas quando debatidas no espaço público.

A internet, nessa segunda perspectiva, apresenta um potencial de engajamento cívico considerável, na medida em que, para além da política partidária, a defesa de causas, interesses e estilos de vida encontra ressonância em uma forma específica de espaço.

Dahlgren argumenta que uma das principais transformações ocasionadas pela internet foi uma série de mudanças no conceito de "espaço público". A primeira delas, na noção de "espaço".

A noção de lugar é uma das bases da própria ideia de política. Basta lembrar que "política" vem de *polis*, a palavra grega para "cidade", e, portanto, um lugar físico. A distribuição horizontal da política dependeu, em boa parte da história humana, da possibilidade de se pensar em termos de territórios, espaços e lugares. A história da guerra, em certa medida, é uma história da conquista de espaços. Mesmo no campo da tomada de decisões políticas a noção de lugar foi fundamental para a formação de fronteiras, delimitação de identidades, povos e soberanos.

O que fazer quando o espaço desaparece? Na medida em que, na internet, a noção de "lugar" não faz o mesmo sentido que fora dela, quais seriam as formas de engajamento na vida política? Como participar da vida da cidade no ciberespaço?

A forma da participação política em rede parece se desenvolver em torno de polos de interesse e ação, permitindo a formação de espaços de discussão objetivados na livre troca de argumentos entre os participantes. Em outras palavras, na formação de "esferas públicas", no plural, *online*.

Revisitando a noção de "Esfera Pública" de Jürgen Habermas, Dahlgren propõe que, em uma sociedade em rede, talvez não faça sentido usar a expressão no singular. Como interesses se formam ao redor de discussões específicas, provocando o engajamento nessas causas, mas não em outras, talvez seja mais correto mencionar a existência de "esferas públicas" na internet, na qual os tipos de engajamento não dependem das informações da mídia de massa, mas abrem a possibilidade para a livre participação dos interessados.

Mais ainda, Dahlgren lembra que essa participação não depende da presença do cidadão em um lugar específico. Ao contrário, a presença de dispositivos móveis de conexão, como *tablets* e celulares, integra a internet ao cotidiano. Em uma sociedade em rede, não faz mais sentido pensar em *online* e *offline* como domínios diferentes. Ambos estão integrados em um todo maior, a vida cotidiana. E assim como espaços políticos se formam para pensar exatamente as decisões que tendem a afetar o cotidiano, o engajamento cívico perpassa continuamente a vida conectada e desconectada. Daí a participação em "esferas públicas" ágeis, formadas no engajamento momentâneo de indivíduos interessados em defender pontos de vista, práticas ou modos de vida.

Dessa maneira, as discussões, os comentários de *blogs* e vídeos, as interações nas redes socias digitais e outras formas de participação delineiam no horizonte a possibilidade de engajamento cívico em questões relacionadas à vida da *polis*, mesclando discussões *online* e resultados *offline*.

Para o bem da livre discussão, ou, ao menos, para o exercício da tolerância.

◎ Outras leituras

CORREIA, J.C. "De que maneira a noção de espaço público altera-se na rede e afeta conceitualmente o webjornalismo cultural?" In: BRASIL, A. et al. (orgs.). *Cultura em fluxo*: novas mediações em rede. Belo Horizonte: PUC-MG, 2004.

GOMES, W. "Democracia digital: que democracia?" In: MIGUEL, L.F. & BIROLI, F. (orgs.). *Mídia*: representação e democracia. São Paulo: Hucitec, 2010.

5
A Esfera Pública conectada de Yochai Benkler

A produção e divulgação de qualquer mensagem sempre tem algum custo. Escrever um bilhete, por exemplo, implica algum gasto com papel e lápis, valor que não assustaria muito nem o mais avarento dos avarentos. Para passar uma mensagem para milhares de pessoas, no entanto, o custo começa a aumentar exponencialmente. A publicidade nos veículos de massa, como a televisão e as revistas, sempre foi caríssima. Com isso, o número de pessoas que pode aparecer nesse espaço fica reduzido. Na internet e nas mídias digitais, no entanto, a economia da informação muda: com custo próximo ao de um bilhete, qualquer pessoa potencialmente pode disseminar uma mensagem por milhões de *links*.

Essa é uma das premissas que levam Yochai Benkler, um dos principais pesquisadores norte-americanos das relações entre redes digitais e política, a propor a ideia da internet como uma "Esfera Pública conectada". Se, no passado, o custo de ser ouvido na Esfera Pública era consideravelmente alto, o que praticamente impedia o cidadão comum de participar com voz ativa dos debates públicos na mídia, a internet permite que novas vozes entrem em circulação, aumentando *potencialmente* a capacidade da sociedade civil de se manifestar.

Benkler, em seu livro *The wealth of networks* (A riqueza das redes), em tradução livre, trabalha com as possibilidades que a internet abre para a participação democrática das pessoas nas causas e debates de seu interesse. Longe de pensar que qualquer um se torna um ativista apenas pelo fato de estar conectado, o autor mostra como é preciso pensar em lógicas diferentes para compreender a atividade política dentro das redes.

O princípio é relativamente simples: a arquitetura das mídias de massa impedia o receptor de rebater a mensagem em termos de igualdade. Certamente uma pessoa assistindo televisão sempre pode discordar do que via, e poderia expressar suas opiniões com quem estivesse por perto; no entanto, só com muita dificuldade sua discordância ultrapassaria os limites físicos de seu espaço, e raramente a emissora tomaria conhecimento de suas opiniões.

Na Esfera Pública conectada, explica Benkler, a arquitetura da informação elimina, ou ao menos diminui consideravelmente, essa assimetria entre emissão e recepção, fazendo com que as pessoas *possam* dizer o que estão pensando em um espaço público. O espaço linear-vertical da mensagem de massa passa a existir ao mesmo tempo em que o espaço não linear e horizontal da arquitetura de rede.

Em vez de a mensagem ser transmitida de um único polo para uma grande audiência, com custo bastante alto, a mensagem é divulgada de forma ramificada nos vários nós, *links* e conexões existentes na rede. Ter uma opinião sobre um assunto nunca foi um problema, e a Esfera Pública conectada permite que essa opinião seja potencialmente ouvida.

Os espaços da democracia

De certa maneira, isso se articula também com as regras da democracia. A possibilidade dos cidadãos conversarem entre si sobre assuntos que os interessam diminui, ou mesmo elimina, a dependência em relação à mídia de massa para ter conhecimento dos acontecimentos do mundo.

A agenda política da sociedade, em outras palavras, torna-se parcialmente independente da agenda temática dos meios de comunicação – não é porque as redes de televisão estão divulgando o assunto x que as pessoas falarão sobre esse x; em rede, um assunto y, mesmo que ignorado pela mídia de massa, pode se tornar o assunto mais comentado nas redes. Em outras palavras, a agenda política da sociedade ganha independência relativa dos assuntos discutidos nos meios de comunicação.

Vale destacar, recorda Benkler, que a formação de uma Esfera Pública conectada depende de pessoas; é a conexão entre indivíduos, a formação de nós e *links*, que permite o debate de questões de interesse público. A internet cria as possibilidades de participação em uma Esfera Pública, mas não torna, imediatamente, todos os cidadãos em pessoas interessadas nos problemas coletivos.

Há um outro elemento nessa questão.

Saber o que está acontecendo é uma das premissas básicas da democracia: escolher e votar dependem, em alguma medida, do conhecimento que os cidadãos têm dos problemas e questões de uma região ou de um grupo. Nesse sentido, a arquitetura em rede permite uma maior circulação de informações, opiniões e pontos de vista que seriam impossíveis nas mídias de massa por uma simples questão de espaço.

Benkler procura, nesse ponto, destacar como parte do potencial democrático da Esfera Pública conectada em relação a algumas críticas.

Sem dúvida o aumento indiscriminado de vozes pode levar não ao debate, mas à cacofonia, uma situação na qual todos falam e ninguém escuta. Igualmente, o peso das grandes corporações de mídia também pode ser sentido na internet, sobretudo quando se pensa, por exemplo, nos grandes portais de informação.

No entanto, destaca o autor, a arquitetura em rede permite à informação circular por outros caminhos além desses; o peso econômico das empresas de mídia não impede que os indivíduos participem, explorem trilhas alternativas e se associem em torno de causas e interesses comuns.

A capacidade de organização da sociedade civil no ambiente das redes digitais caminha em uma via paralela e às vezes distante do que seria de esperar nas mídias de massa. Dependendo da importância da questão, o grau de engajamento *online* pode ser alto o suficiente para se opor a decisões políticas e econômicas, bem como a grandes corporações, a partir da atividade conjunta dos indivíduos conectados.

A partir de estudos de caso, Benkler mostra que, assim como há vários níveis de atividade na internet, há diversas maneiras de se conectar e participar de debates políticos: assim como no cotidiano as pessoas filtram as informações recebidas, também nas conexões virtuais nem todos os assuntos recebem a mesma atenção. A aparente cacofonia não se manifesta em todos os níveis de conexão, de maneira que assuntos mais importantes parecem trabalhar em um nível específico, com maior grau de engajamento e conexões – participar de um debate *online* com dezenas de pessoas é diferente de conversar com um amigo em uma rede social sobre a vida alheia.

A possibilidade de participação política criada pelas redes digitais abre caminhos para se pensar a noção de democracia e sua relação com a circulação de informações e a produção de conhecimento. Na análise da economia política da informação na arquitetura das redes, Benkler indica os potenciais de engajamento dos indivíduos em questões públicas, trazendo novos atores nos espaços democráticos.

◎ *Para ler*

SILVEIRA, S.A. *Comunicação digital e construção de* commons. São Paulo: Perseu Abramo, 2010.

_____. "Convergência digital, diversidade cultural e Esfera Pública". In: SILVEIRA, S.A. & PRETTO, N. (orgs.). *Além das redes de colaboração*. Salvador: UFBA, 2008.

6
Os limites da Esfera Pública virtual: Zizi Papacharissi

Qual é a extensão da esfera particular em uma sociedade conectada? Essa é uma das interrogações fundamentais da pesquisadora Zizi Papacharissi para compreender o que significa a "Esfera Pública" na atualidade. Em linhas gerais, sua hipótese parte do princípio de que as mídias digitais estão vinculadas às alterações nas relações entre o "público", o "social" e o "particular", estabelecendo perspectivas diferentes para cada um desses elementos, bem como para suas intersecções.

A convergência entre esses domínios é uma das principais características da comunicação em rede – mais do que uma separação definida, nota-se uma progressiva confluência de práticas, ações e interações.

A questão vai além de uma discussão conceitual, mas parece ter implicações políticas e mesmo econômicas.

Quando alguém publica um *post* em seu *blog* pessoal falando de como foi agradável passear com seu cachorro de manhã, quando posta em rede as fotos de suas férias em Norwich, fica claro que se está falando da vida particular. Se alguém termina um namoro e escreve um dolorido relato disso em um *blog*, a fronteira pessoal, embora incômoda, ainda está definida. No entanto, se alguém revela, em um *blog* pessoal, que é sistematicamente vítima de violência doméstica, em que medida ainda estamos falando de "vida privada"? Deve-se respeitar o fato de ser um dado da intimidade da pessoa ou, quando ela revela isso em uma página, caberia intervir para modificar essa situação?

Esse tipo de perguntas decorre de uma divisão entre as ações e práticas humanas existente, pelo menos, desde o século XVIII, relacionadas ao *espaço* onde elas ocorrem. Em termos gerais, tudo o que é feito por um indivíduo ou por um grupo de pessoas acontece ou em um *espaço particular*, isto é, delimitado e com acesso restrito, ou em um *espaço público*, no qual todos e cada um podem aparecer e participar.

A separação entre público e privado é uma especificação do domínio da *política*: a rigor, a política está relacionada especialmente, mas não só, às ações no espaço público.

Essa divisão entre público e particular, evidentemente, nem sempre é tão rígida na prática. Ao contrário, em vários momentos a falta de uma divisão mais clara entre o que pertence a um e o que é de todos pode gerar diversos problemas.

Quando se passa do concreto ao virtual, essa divisão parece receber novos golpes. Uma das dimensões da internet é exatamente a troca *pública* de informações, bem como a exposição do indivíduo e, em certa medida, a própria construção de identidades específicas dentro desse espaço. As mídias digitais auxiliam e tornam mais fáceis a superação de fronteiras entre os espaços público e particular.

Esse cruzamento de fronteiras, no entanto, não significa nem o fim dessas bordas nem dos espaços que as circundam. Os espaços público e particular das ações humanas continuam a existir, mas a *relação* entre o domínio coberto por esses conceitos torna-se mais porosa, tênue, reconfigurando-se conforme novos regimes de visibilidade, isto é, as regras, implícitas ou explícitas, que definem as coisas a serem ou não vistas igualmente.

É nesse sentido que entra a pergunta de Papacharissi: Qual é a extensão do domínio particular no momento em que essas fronteiras não estão definidas? Sua resposta procura conciliar vários elementos distintos para mostrar de que maneira esses dois espaços têm sua lógica alterada por conta das possibilidades de conexão social derivada das mídias digitais.

Espaços e mercadorias

Nesse sentido é possível falar, ao mesmo tempo, de uma progressiva *privatização do espaço público*, atrelado aos interesses particulares e comerciais; ao mesmo tempo, em uma *transformação da privacidade em mercadoria*, negociável em um complexo sistema de relações que envolvem a participação em redes, o trabalho e, sobretudo, o consumo, seja de bens materiais ou simbólicos.

De um lado, há uma expansão considerável dos domínios da esfera privada – mas esse crescimento não está livre de cobrar seu preço – a proteção da privacidade, isto é, o direito de estar só e não ser incomodado.

De maneira geral, à medida que a esfera particular se expande, nota-se uma perda progressiva do direito à privacidade e mesmo à solidão. Em alguns casos, é possível dizer que o direito de estar só, ou o direito de não ser visto/não interagir torna-se uma valiosa mercadoria nos ambientes preenchidos pelas mídias digitais.

As fronteiras dessa esfera são negociadas o tempo todo na troca de informações – as vantagens de uma esfera particular ampliada são delineadas e contrabalançadas com uma eventual diminuição das possibilidades de simplesmente não ser visto – basta pensar a quantidade de *spams*, correspondência de empresas e ligações de *call centers* que desafiam o equilíbrio entre público e privado invadindo seu espaço particular a partir de informações a seu respeito que, de alguma maneira, tornaram-se públicas.

É nesse sentido que se pode falar em uma transformação da privacidade em uma mercadoria de alto valor: dados a respeito de quem se é, do que se gosta, dos hábitos de consumo e da vida particular de uma pessoa tornam-se um elemento crucial em uma economia baseada na informação com vistas ao consumo. Se, no capitalismo, nada é imune à transformação em mercadoria, em uma sociedade capitalista conectada a informação a respeito do indivíduo torna-se um dos mais importantes elementos de troca.

Deixar rastros de suas preferências pessoais – e, portanto, dos domínios da esfera privada – por onde se passa é uma das características principais da relação com as mídias digitais. A partir daí não é difícil chegar a perfis e informações a respeito de quem se é, do que comprou e, mais importante, do que pode vir a comprar ou fazer.

Ao mesmo tempo, a exposição voluntária da esfera privada em *blogs* e redes sociais igualmente amplia os domínios desse espaço, tornando o indivíduo muito mais visível para os outros. Se, em alguma rede social, digo que gosto de um tipo de chá, estou expondo uma preferência pessoal que se torna informação estratégica para uma empresa interessada.

Em outras palavras, se as fronteiras entre "público" e "particular" se dissolvem na confluência entre esses espaços, por outro lado desenvolvem-se maneiras diferentes de se articular as tensões entre esses dois campos. A autora vê cinco elementos principais nesse cenário:

(a) O indivíduo conectado (*networked self*) e a cultura de conectividade remota

O fato de a esfera privada estar ligada primariamente ao domínio do pessoal não significa que essa personalização implica desconexão. Ao contrário, abre caminho para a delimitação individual do que significa "público" e "particular" em cada momento.

(b) O novo narcisismo: blogar

Isso não implica, no entanto, que o espaço da esfera particular seja permeado de uma vasta dose de subjetividade – *posts*, por exemplo, não deixam de ser narrativas altamente pessoais e subjetivas, mas isso pode significar também uma maior pluralidade de vozes que se tornam acessíveis no espaço público.

(c) O renascimento da sátira e da subversão: *YouTube*

Na medida em que o humor tem uma considerável relevância política na desconstrução de discursos que se apresentam como sérios, o *YouTube* – e outros sites de vídeos – permite que assuntos controversos possam ser trabalhados não só de maneira séria, mas também no uso potencial do humor aliado à imagem.

(d) A agregação de notícias nas mídias sociais e a possibilidade de filtros coletivos

Embora seja fácil colocar qualquer conteúdo na internet, as formas de conexão e os relacionamentos em rede implicam também a existência de filtros entre os próprios produtores de conteúdo a partir de valores e regras, nem sempre explícitos, compartilhados.

(e) O pluralismo agonístico do ativismo *online*

Do grego *agon*, "luta", a ideia de conflito entre pontos de vista, afirmações e reafirmações de identidades são uma das características fundamentais do espaço particular ampliado – na confluência de espaços, o fato de ser alguém virtualmente é, por si só, um dado relevante para a articulação de diálogos e conflitos.

A esfera particular, no caso, não deixa de ter igualmente um teor político na medida em que esse pode ser um espaço privilegiado de resistência, tensão e dissenso, a partir da experiência individual, às questões específicas. A apropriação de temas públicos na esfera particular não deixa de ser uma maneira de engajamento nas causas e questões coletivas, formando novos "hábitos cívicos", isto é, formas de participação nas questões públicas. A nova esfera política se forma nas tensões entre os espaços público e privado na perspectiva de uma esfera particular ampliada.

Há, portanto, uma ambivalência entre as esferas, não necessariamente com a desintegração de nenhuma delas. As mídias digitais e a comunicação em rede ao mesmo tempo agrupam e segmentam os indivíduos, possibilitando, ao mesmo tempo, uma exposição quase autorreferencial de si mesmo e o engajamento político em questões que ultrapassam em muito as questões do cotidiano.

IV.
Ambientes: a vida conectada

1
A Teoria da Solidão Conectada de Sherry Turkle

Em abril de 2010, uma casa noturna de São Paulo promoveu uma festa silenciosa. Em vez de ouvirem as músicas escolhidas por um DJ, cada pessoa levava seu próprio fone de ouvido e ficava dançando ao som de sua música, conectado consigo mesmo, sozinho com todos os outros.

Cenas semelhantes podem ser vistas em outros ambientes, de ônibus e metrôs a restaurantes e mesmo na intimidade das casas. Pessoas juntas, cada uma conectada em sua mídia digital, com seus fones de ouvido, interagindo com quem não está lá.

Esse cenário de transformações na vida social decorrente das conexões digitais é o objeto de estudo da pesquisadora norte-americana Sherry Turkle. Desde o final dos anos de 1970, a partir de um longo trabalho de campo, com mais de dez anos de entrevistas e imersão em *sites*, comunidades e redes ela delineia como as relações sociais se definem a partir do uso de mídias digitais. E a resposta não é das mais entusiasmadas.

Para escapar da solidão que caracteriza boa parte da vida contemporânea, as pessoas se conectam em redes virtuais. Quanto mais as pessoas se conectam, no entanto, mais solitárias ainda elas ficam. Em linhas bastante gerais, essa é a proposta da pesquisadora norte-americana Sherry Turkle em *Alone Together*, último volume de uma trilogia sobre a articulação entre relações sociais e tecnologia iniciada ainda nos anos de 1980 com *The Second Self* e continuada, nos anos de 1990, com *Life on Screen*.

Incertezas e conexões

Por que buscamos mais e mais os contatos pelas mídias digitais quando poderíamos nos relacionar com quem está fisicamente presente? Basicamente, explica Turkle, porque as tecnologias conseguem suprir algumas de nossas maiores vulnerabilidades e ajuda a lidar com medos contemporâneos – o medo da solidão, mas também o medo de criar vínculos muito próximos com outras pessoas.

Isso decorre, em primeiro lugar, das características, às vezes paradoxais, dos relacionamentos intermediados pelas mídias digitais. Eles permitem um contato mais próximo ao mesmo tempo em que mantêm uma distância. A vida em rede, define Turkle, permite que nos mantenhamos ao mesmo tempo escondidos e ligados aos outros, em uma proximidade sem intimidade.

Aliás, as próprias noções de "proximidade", "intimidade" e, em termos mais gerais, a noção de "estar junto" são alteradas pelas tecnologias de comunicação. As mídias, nas palavras da autora, estão "redesenhando as noções de intimidade e de solidão".

Embora tenhamos cada vez mais acesso à vida pessoal dos outros, isso não parece significar uma maior proximidade de relacionamentos e, menos ainda, a resolução dos problemas relativos à solidão. As tecnologias permitem acesso à intimidade regulado pela manutenção da solidão.

As relações virtuais criam a sensação de eliminar algumas dificuldades de interação existentes na vida cotidiana. Elas permitem, por exemplo, um maior controle das informações às quais meus interlocutores terão acesso. Ao montar um perfil *online*, por exemplo, a escolha de fotos e a descrição que se faz de si mesmo permitem construir uma imagem de si mesmo que, pessoalmente, talvez seja difícil de manter.

Nas palavras de Turkle, elas permitem "controlar a intensidade" dos relacionamentos, algo complicado nas relações pessoais. As conexões, reconfigurando o que se entende por relacionamento e intimidade, levam a novos tipos de solidão.

Na medida em que a tecnologia se torna mais e mais presente, configurando-se como parte da estrutura das relações sociais, a noção de "relacionamento" pode se tornar uma mera "conexão". Ou, nas palavras da autora, "ciberintimidade se transforma em cibersolidão".

Estar anonimamente com todos

Os *sites* confessionais, nos quais indivíduos, protegidos pelo anonimato, expõem fatos delicados de suas vidas pessoais com fortes cores emocionais, são usados por Turkle como exemplo da ambiguidade das relações virtuais. Para quem escreve, falar de seus problemas pode ser um alívio. No entanto, quem está ouvindo? As confissões revelam, imediatamente, fatos de uma intimidade que poderia demorar anos para ser atingida em relacionamento fora do mundo virtual. No entanto, apesar dessa intimidade, os laços criados são bastante frágeis: Uma vez escrito ou lido o depoimento, que fazer? O circuito se fecha.

As tecnologias criam uma falsa sensação de proximidade e companhia. Não por acaso, muitas vezes a relação que mantemos com a tecnologia se caracteriza por uma curiosa afetividade em relação ao que é, afinal, uma máquina. Em alguns casos, Turkle detecta até mesmo uma certa tendência em se criar um vínculo antropomórfico com a tecnologia – é fácil encontrar várias listas de discussão sobre pessoas que dão nomes para seus carros ou computadores, por exemplo.

Ambivalências na comunicação via mídias digitais	
Facilidade para encontrar companhias.	Demandas maiores para mantê-las.
Conexão contínua com os outros.	Raramente se conquista toda a atenção dos outros.
Possibilidade de encontrar interlocutores.	Dificuldade de estabelecimento de diálogo.
Tornar-se conhecido na internet.	Exposição da privacidade e da intimidade.
Maior chance de iniciar relacionamentos.	Dificuldade de levá-los adiante.
Possibilidade de trabalhar em casa.	Diluição das fronteiras trabalho/vida pessoal.
Capacidade de encontrar e ser encontrado.	Necessidade de se desligar das mídias.

Esta tabela oferece um panorama das limitações e possibilidades oferecidas pelos relacionamentos virtuais e, de maneira mais ampla, pela conexão via mídias digitais. Não se trata de uma oposição binária entre os elementos, mas de um *continuum* entre as diversas modalidades de vida pessoal/social *online*.

Tempo, espaço e conectividade

Outra razão apontada pela autora para o sucesso dos relacionamentos digitais é o fato de eles se adequarem perfeitamente à velocidade da vida contemporânea. O paradoxo, ressalta Turkle, é que, embora as tecnologias de conexão tenham sido feitas para auxiliar as pessoas a economizar tempo, elas demandam um tempo considerável para dar conta de todas as demandas da vida virtual – é comum a pessoa se autoenganar prometendo a si mesma apenas "dar uma olhada" nas redes e ficar horas conectado.

A noção de espaço, fundamental para qualquer relacionamento social, transforma-se nas mídias digitais. "Estar aí" significa pensar com quem se está conectado em um determinado momento, ou, em outras palavras, aonde está focalizada a atenção de uma pessoa.

Turkle cita como exemplo uma situação cada vez mais comum: o palestrante usando um computador na apresentação, enquanto as pessoas na plateia, igualmente munidas de *notebooks*, checavam *e-mails*, faziam *download* de programas ou simplesmente navegavam na internet. De vez em quando, levantavam a cabeça da tela mostrando alguma atenção. Difícil dizer exatamente onde elas estavam.

As transformações no espaço e no tempo ligadas às mídias digitais alteram também os limites públicos da identidade. "Estar sozinho", explica Turkle, "vem se tornando uma precondição para estar conectado". Quando se usa um celular em público, por exemplo, é difícil estabelecer a linha entre "pessoal" e "público".

O diagnóstico de Turkle mostra a tecnologia imersa em um dia a dia cada vez mais rápido, no qual relações pessoais aumentam em quantidade, mas também em superficialidade. Ao mesmo tempo em que suprem necessidades de comunicação e convivência, ao mesmo tempo se tornam o caminho para outras formas de vida social – uma solidão coletiva mesmo para quem está, como define a pesquisadora, "sempre ligado". *Always on*.

◎ Leitura de outro ponto de vista

AMARAL, A. *Visões perigosas*: arquegenealogia do *cyberpunk*. Porto Alegre: Sulina, 2006.

BRAGA, A. *Persona materno-eletrônicas*. Porto Alegre: Sulina, 2009.

2
A cultura digital nas relações cotidianas: Lee Siegel

Mesmo sem a internet, as redes, os *tablets* e *smartphones* a humanidade chegou até onde está. Ações de mérito e crimes existiam antes e continuam a existir. Atualmente realizamos essas mesmas atividades, mas com o auxílio das mídias digitais – Então, o que mudou exatamente? Essa é a pergunta que Lee Siegel, crítico cultural norte-americano, procura responder em seus trabalhos sobre o assunto.

Crítico moderado, Siegel tem como alvo não as tecnologias e mídias em si, mas a euforia de alguns teóricos em relação ao potencial desses equipamentos. Nas suas palavras, não é possível pensar a internet sem estabelecer uma relação com seu "significado cultural" na vida cotidiana. A tecnologia interessa por que está ligada às práticas e ações das pessoas.

Em termos metodológicos, sua proposta é entender como as tecnologias se relacionam com o dia a dia das pessoas, transformando suas atividades comuns. Siegel procura compreender a internet e as mídias digitais a partir de um enquadramento nas condições atuais da sociedade.

O individualismo contemporâneo, a velocidade das relações pessoais e a flexibilidade dos vínculos – não há, por exemplo, nenhum relacionamento destinado, a princípio, a durar para sempre – se mostraram condições ideais para a realização dos potenciais da comunicação digital. Em suas palavras, em um mundo "confuso, fragmentado e desconectado", a internet providencia formas diversas de conexão e sociabilidade adequadas a esse contexto.

Em última análise, a vida social *online* existe, paradoxalmente, quando um indivíduo está sozinho diante da tela. A conexão com outros acontece no acesso a páginas e aplicativos diversos, tendo experiências igualmente fragmentadas – com quantas janelas é possível trabalhar de uma vez? – e desconexas entre si. Esse quadro, potencializado pela internet, reflete parcialmente as condições de vida *offline*. Não foram criadas pela tecnologia, mas adequam-se perfeitamente a elas.

A própria arquitetura da rede colabora com essa fragmentação: cada *link* remete a outros tantos *links*, em uma progressão potencialmente infinita. A escolha individual parece chegar ao limite máximo, eliminando perspectivas de agrupamento ou de massa. Seria a imagem do triunfo da democracia na comunicação: qualquer um pode ser, virtualmente, produtor de cultura.

A internet como comunicação de massa: capital, atores e investimentos

A partir dessas premissas, no entanto, Siegel chega a uma proposição diferente: a internet é o primeiro meio de comunicação de massa. Não se trata, evidentemente, de uma forma de "comunicação de massa" como eram a televisão, o cinema e o rádio.

Ao permitir que qualquer pessoa, provida de equipamentos relativamente simples e baratos como câmeras e gravadores de áudio, crie e publique seu próprio conteúdo, e levando em conta que isso é feito por milhões de pessoas todos os dias, pela primeira vez chega-se a uma produção em massa, com um grau de difusão além de qualquer delírio capitalista das grandes corporações de mídia.

O indivíduo no espelho *online*

Isso também se aplica à velocidade e às dimensões com que algumas dessas produções se espalham pela rede. Fazendo um jogo de palavras, Siegel identifica uma passagem da "cultura popular" para a "cultura da popularidade".

A lógica da popularidade na internet é autorreferente: algo se torna popular porque é popular, e quanto mais visto/ouvido/espalhado, mais será conhecido e, portanto, visto/ouvido/espalhado por outras pessoas. Um sintoma disso, identificado por Siegel, são os *reality shows* nos quais amadores de alguma área, de músicos a cozinheiros, disputam um prêmio com base em seus talentos, sendo avaliados às vezes por profissionais, mas geralmente contando com o respaldo do público.

Isso, evidentemente, não escapa aos olhos das corporações de mídia e, em termos mais gerais, a um complexo de relações de produção e consumo potencializado pelas características da internet e das mídias digitais. A partir desse ponto de vista é possível elaborar uma visão mais cautelosa em relação ao potencial de democratização de conteúdos e expressão apontado por alguns autores. A crítica de Siegel não é demolidora, mas destaca alguns aspectos para se ter mais cuidado com um entusiasmo sem freios.

Democracia e capitalismo na internet

Em primeiro lugar, o fato de qualquer um poder se expressar na rede, gravar seus próprios vídeos, versões de músicas favoritas e tudo o mais não significa uma explosão de criatividade. "Autoexpressão", explica Siegel, "não é o mesmo que imaginação" e menos ainda criação artística. A isso se junta um fator bem mais simples: nem todo mundo tem algo interessante a dizer.

Segundo, a divulgação constante de produções pessoais na internet segue uma lógica de consumo. Quem faz e coloca uma foto ou vídeo em um *blog* ou rede social espera ser visto. Mais ainda, espera ser apreciado, divulgado, bem-visto. De alguma maneira, espera ser "consumido" de acordo com uma lógica de produção que mobiliza milhões de pessoas ao mesmo tempo no planeta inteiro. Por conta disso, são pensados em termos estratégicos – que tipo de *post* atrai mais comentários positivos, que tipo de foto de família provoca mais reações, e assim por diante, em um sistema no qual a vida em si é uma mercadoria vistosa e rentável.

Finalmente, em terceiro lugar, a produção de conteúdo pelos usuários, nas mídias digitais, esbarra em um problema de ordem técnica: a especialidade e a competência de quem escreve, algo sempre passível de dúvida. A internet, acredita Siegel, causa mudanças em muitos aspectos da vida social, mas atinge menos áreas que requerem conhecimentos específicos sobre um assunto.

Nesse sentido, seria possível eventualmente falar de "jornalismo cidadão" quando alguém sem formação específica posta informações sobre um fato, mas seria difícil falar em "médico-cidadão" – é pouco provável que alguém aceitasse deitar na mesa de cirurgia sabendo que a pessoa, durante a operação, vai procurar desesperadamente informações sobre o que fazer no *Google*.

A humanidade chegou até os anos de 1990 sem internet e poderia ter continuado sem. Não é possível, no entanto, pensar o mundo de hoje sem as conveniências e comodidades oferecidas pela rede. Misturada ao cotidiano, sua atuação nas mídias digitais pode passar despercebida ou, no sentido contrário, ser celebrada como fonte de alegrias e problemas. A crítica de Siegel procura ressaltar essa presença, tornando-a visível – tanto nos problemas quanto nas possibilidades.

3
A Teoria da Proximidade Eletrônica de Human e Lane

Fazer amigos virtuais é fácil. Manter virtualmente os amigos feitos fora da internet é difícil. Por mais que seja possível manter um relacionamento com alguém via internet, a interação via *e-mail*, redes sociais e mensagens diversas não dá conta de lidar com toda a riqueza de uma relação pessoal, com todas as suas nuanças e sutilezas. Em especial, com a referência às situações, lembranças e memórias compartilhadas pelos amigos. Transpostas para a internet, as relações pessoais construídas fora do ambiente digital tendem a esfriar.

Essa é a proposição básica da Teoria da Proximidade Eletrônica, desenvolvida pelos pesquisadores Renee Human e Derek Lane. É o resultado de uma pesquisa feita com estudantes universitários a respeito de como eles mantinham o contato com amigos mais antigos que, por algum motivo, moravam distantes. A resposta foi "via internet", especialmente via *e-mail* e mensagens.

No entanto, ao abordar qualitativamente essas relações, Human e Lane notaram uma variável diferente: a qualidade dos relacionamentos reais que migravam para o mundo digital era consideravelmente menor do que a relação com pessoas conhecidas diretamente no ambiente virtual.

Uma interação humana tem diversos momentos, cada um deles permitindo que os participantes dessa relação adquiram informações a respeito um do outro e, aos poucos, consigam escolher, com base nisso, se é possível, necessário e desejável qualquer aprofundamento nessa relação.

Nas primeiras fases de um relacionamento os indivíduos em questão não têm uma história em comum: a construção, em geral, começa do zero. A manutenção do relacionamento, por sua vez, caracteriza-se justamente pela criação, aos poucos, dessa história, isto é, de uma memória compartilhada entre os indivíduos.

Cada uma dessas etapas pode acontecer em um intervalo de tempo diferente, de acordo com situações específicas. E, de maneiras diferentes, esse tipo de construção do relacionamento ocorre tanto na internet quanto no mundo *offline*, na medida em que se trata fundamentalmente de uma troca de informações entre indivíduos.

Isso pode ocorrer tanto em uma rede social conectada quanto em uma lanchonete. Nada impede, portanto, que relacionamentos de amizade sejam criados de fato nos ambientes virtuais. O problema, no entanto, acontece quando se busca manter, na internet, uma amizade que começou *offline*.

Ao que tudo indica, há uma mudança qualitativa nos relacionamentos face a face que continuam apenas no *online*, quando, por exemplo, uma das pessoas se muda definitivamente de cidade ou, como no caso da pesquisa, se muda para cursar a universidade em outro ponto do país. Nesses casos, toda a troca de informações iniciada em um ambiente *offline* e, portanto, moldada para essa realidade, é subitamente transferida para um espaço diferente, no qual as regras e possibilidades para a troca de informações são outras.

Uma vez transposta para a internet, as relações face a face ganham novas características que, no entanto, aparentemente não chegam a substituir os contatos pessoais no mundo físico. Um dos fatores principais dessa perda é a ausência da referência aos acontecimentos passados e às memórias compartilhadas. Claro que é possível, via texto ou vídeo, conversar com um amigo a respeito do que passaram juntos.

No entanto, a falta de proximidade faz com que essas referências permaneçam no passado: não são construídas novas memórias de uma experiência conjunta, o que leva, em alguma medida, a uma progressiva perda de contato por conta da ausência de referências em comum.

A proximidade física, em si, não significa necessariamente que se esteja em relação com outra pessoa. Mais importante do que essa, é a chamada *proximidade funcional*, isto é, a *percepção* de proximidade com alguém. Essa sensação pode ser constituída em qualquer ambiente, seja físico ou virtual. Os relacionamentos tendem a se afirmar conforme maior for essa percepção de proximidade entre os participantes, o que garante algum tipo de interação. Nesse ponto, a utilização dos recursos da internet para a manutenção das amizades, aparentemente, seriam suficientes para garantir a manutenção de um relacionamento.

No entanto, o estudo sugere o contrário: há uma aparente dificuldade para manter, *online*, amizades iniciadas face a face. Há uma queda na proximidade funcional, na percepção da proximidade, decorrente do uso das mídias digitais na medida em que há uma dificuldade, entre os participantes, de manterem o mesmo nível de interação que as relações presenciais permitiam.

Isso não significa dizer, de maneira alguma, que não seja possível encontrar relacionamentos virtuais. Ao contrário, amizades podem ser criadas e mantidas. O problema está em reproduzir, no ambiente da internet, as circunstâncias, aproximações e características de uma amizade *offline* com a qual se estava acostumado.

No entanto, indica um esforço necessário para fazer um relacionamento que passa a ser mantido unicamente pela internet. Encontrar novos amigos não é o problema. O desafio é conservar os antigos.

◉ *Outra leitura*

OIKAWA, E. "Amizades mediadas por *blogs*: análise qualitativa das interações no gênero pessoal autorreflexivo. In: RIBEIRO, J.C.; FALCÃO, T. & SILVA, T. (orgs.). *Mídias sociais*: saberes e representações. Salvador: UFBA, 2012.

4
A sós com todo mundo: a vida a dois nas pesquisas de Christine Linke

As relações afetivas, por mais que sejam "a dois" – na maior parte dos casos, pelo menos –, não estão imunes às transformações pelas quais a sociedade e a tecnologia passam. O que significa, então, um relacionamento a dois em uma realidade marcada pela presença das mídias digitais? O estudo "Vida de casal no mundo da mídia", desenvolvido em 2008 pela pesquisadora alemã Christine Linke, indica algumas respostas.

Linke pesquisou dez casais de idades variadas, dos vinte aos quase sessenta anos, com situações específicas de vida (casais com e sem filhos, empregados e autônomos, morando juntos ou separados, e assim por diante). Os dados foram obtidos a partir de entrevistas em profundidade com os dois e com cada um em separado. Além disso, pediu que cada indivíduo mantivesse, por 24 horas, um diário registrando as trocas comunicativas entre ambos, qualquer que fosse a mídia utilizada.

O resultado indicou um panorama da mediatização do micronível das relações cotidianas, mostrando que a integração das mídias digitais nos relacionamentos alterou as dinâmicas e os fluxos de comunicação entre os casais. As mídias digitais permitiram um considerável aumento e aceleração no fluxo de comunicação entre os casais estudados em sua pesquisa. A troca de mensagens de texto ou chamadas via celular possibilitou contatos mais frequentes entre os pesquisados, mas isso não significou necessariamente uma melhora na comunicação.

A mediatização do cotidiano dos casais aconteceu de maneira gradual, integrando-se aos poucos no conjunto de suas relações pessoais. As relações de comunicação entre eles migraram para as mídias digitais, substituindo contatos telefônicos em linhas fixas para chamadas de celular ou mensagens de texto. No entanto, essa migração imediatamente começou a alterar a maneira como os relacionamentos acontecem.

Linke parte do princípio de que os relacionamentos entre casais pautam-se na articulação recíproca de ações, repertórios e ritmos de vida. No relacionamento a dois, mais do que um "eu" e um "outro", é a *relação* entre ambos que se torna o mais importante, isto é, uma interação coordenada, de maneira mais ou menos fluida, por relações de comunicação.

Esse tipo de interação certamente não depende de nenhuma mídia específica, mas os meios disponíveis para a comunicação entre os casais pode interferir na maneira como isso acontece, permitindo um tráfego maior ou menor de informações – e, por consequência, alterando a dinâmica das relações entre eles. É nesse ponto que as mídias digitais parecem alterar o modo de vida dos pesquisados.

Por conta disso, o processo de mediatização da vida a dois, como, de resto, o processo de mediatização em geral, não está baseado em uma única mídia, mas com o que Linke denomina "conjuntos de mídia" (*media ensembles*), isto é, o conjunto das mídias utilizadas nas relações cotidianas, o que inclui mensagens de texto, e-mails, televisão, rádio, fotografia e os demais meios de comunicação.

Um relacionamento afetivo a dois significa, entre outras coisas, demandas mútuas de tempo e proximidade. Espera-se que exista algum tipo de troca de informações relacionadas às atividades individuais e, sobretudo, ao cotidiano de ambos. Além disso, salvo nos relacionamentos a distância, nos quais a dinâmica obedece outra lógica, espera-se algum tipo de proximidade física, socialização e atividades comuns.

Isso demanda tempo para a troca de informação e coordenação das ações, seja para combinar um passeio, seja para planejar a vida a dois, e, nesse ponto, as relações de comunicação estabelecidas entre os casais tornam-se cruciais para que tudo saia bem.

Cada casal, no cotidiano do relacionamento, estabelece aos poucos a frequência dessas trocas – do que poderia ser considerado esporádico, trocando mensagens esparsas ao longo de um dia, até o obsessivo, que espera um fluxo quase ininterrupto de mensagens da outra pessoa.

As relações de comunicação também interferem na formação do *repertório comum* de temas culturais, práticas, ações e gostos de um casal, bem como da apropriação mútua de temas de interesse de ambos ou de um dos indivíduos.

Esse repertório comunicativo inclui as características específicas da comunicação entre o casal – se vão se falar por telefone na hora do almoço, no exemplo da autora, ou se vão ficar trocando mensagens via computador ou celular. Essa espécie de "metacomunicação", isto é, a decisão do casal a respeito de quando e com qual frequência vão trocar mensagens é um dos elementos do que Linke denomina "repertório comunicativo" do casal. A mediatização das relações "alterou consideravelmente a frequência dessas trocas", implementando formas diferentes de relação.

As informações das mídias são articuladas com as relações a dois – por exemplo, quando um avisa o outro da estreia de um filme, ou quando trocam mensagens a respeito de um *download* interessante feito de um vídeo ou uma música. Esse repertório, formado nas trocas comunicacionais entre o casal, é um dos fundamentos dos vínculos entre os dois. A mídia se transforma, explica a autora, em "instrumentos de coordenação do dia a dia do relacionamento do casal".

Linke notou que a mediatização da vida dos casais aumentou o número de ações comunicativas entre ambos e permitiu um maior compartilhamento das práticas e condutas na vida cotidiana. Mais do que uma simples "transferência das trocas comunicativas do casal", como Linke define, as duplas desenvolveram formas específicas de "lidar com os problemas de proximidade e distância entre eles, redefinindo os parâmetros dos fatos cotidianos".

A coordenação da dinâmica do casal foi ampliada pelas mídias digitais na medida em que a troca instantânea de mensagens permite aos indivíduos uma considerável economia de tempo na coordenação das ações, ou no compartilhamento de situações, vivências, ideias ou mesmo de comentários diversos. Isso vai, de acordo com a autora, desde pequenas trocas de mensagens sobre mobilidade – Linke cita como exemplos de sua pesquisa a troca de textos como "estou chegando" ou "vou me atrasar" – até discussões mais longas.

O resultado principal, aponta Linke, é a criação do que denomina "repertório comunicativo mediatizado" do casal: a mídia se torna um elemento implícito na construção da realidade e da identidade do casal.

Essa percepção, no entanto, não significa necessariamente um avanço nas relações da dupla. Alguns dos casais entrevistados indicaram também desvantagens do processo. Por exemplo, a demanda de estarem "sempre disponíveis" para trocar mensagens, por exemplo.

A mediatização das relações pessoais altera a estrutura da comunicação entre os indivíduos, "sobretudo", indica Linke, "na medida em que a mídia se torna mais e mais uma parte natural do cotidiano". O que significa, ao mesmo tempo, que a conversa continua sendo parte indispensável dos relacionamentos – uma conversa em um café ou uma troca de textos digitais.

5

"E se Romeu e Julieta tivessem *smartphones*?": a proposta de Wellman

Se Romeu e Julieta tivessem *smartphones* a história escrita por Shakespeare no século XVII teria sido diferente. Teriam trocado mensagens de texto e combinado melhor suas ações. Poderiam, com um GPS, achar uma rota para fugir de Verona, cidade onde se passa a peça. Haveria outros lances dramáticos: o casal seria descoberto, digamos, por uma foto postada em alguma rede digital. Capuletos e Montecchios, as famílias rivais, rastreariam as conexões.

O exemplo é usado por Barry Wellman, pesquisador canadense, para ilustrar uma de suas principais ideias: Em vez de questionar "o que a internet faz com as pessoas?", sua proposta de pesquisa, na linha de outros autores, procura pensar "o que as pessoas fazem com a internet", isto é, de que maneira as tecnologias digitais se integram no cotidiano das pessoas. A tecnologia em si pode ter inúmeros potenciais, mas é a maneira como as pessoas *usam* essas tecnologias que pode abrir pistas para entender a questão.

Sua premissa é relativamente simples: pessoas não vivem apenas na internet. Elas trabalham, têm compromissos, horários, saem para jantar, vão ao cinema, pegam metrô, enfrentam filas. Munidas de *smartphones*, *tablets* e *laptops*, estão conectadas, trocam mensagens, enviam e recebem fotos e mantêm uma vida conectada *enquanto* fazem todas as outras atividades. Na prática, os mundos *online* e *offline* estão integrados em um todo maior e mais complexo, a vida cotidiana. Não há quebra entre esses dois mundos, mas continuidade.

Adaptando um exemplo do próprio Wellman, amigos podem combinar, via celular, de sair para comer uma pizza. No dia, trocam mensagens em uma rede social conectada para confirmar. Na hora do compromisso, se um deles se atrasa, o outro manda uma mensagem de texto. E, se o atraso for muito, telefona.

Quando Shakespeare escreveu *Romeu e Julieta* no século XVII ninguém na plateia estranhou que eles escrevessem cartas e bilhetes um para o outro. Nas telenovelas brasileiras a tecnologia vem, desde sempre, tornando-se parte das tramas: as primeiras menções à internet e aos celulares começam nos anos de 1990, e na década de 2010 telenovelas são pensadas e distribuídas em várias mídias*.

Nos anos de 1990, se alguém atendia um celular dentro de um ônibus causava espanto e constrangimento. Poucas pessoas tinham celular e essa tecnologia chamava a atenção em qualquer lugar. A partir de meados dos anos de 2000, no entanto, a explosão no número de telefones celulares criou um efeito paradoxal: eles deixaram de ser notados. Se uma pessoa fala ao celular no ônibus ou no metrô não chama a atenção de mais ninguém.

É nesse sentido que Wellman menciona a *integração* da internet e das mídias digitais no cotidiano. Estão imersas no cotidiano, ligadas de tal maneira a outras atividades que podem passar despercebidas. Elas não são mais vistas. Ao menos não com espanto.

Isso não significa, de modo algum, que elas não tenham mais importância ou não abram espaço para mudanças consideráveis no comportamento e no estilo de vida das pessoas. Ao contrário, como lembra Wellman, é quando uma tecnologia se espalha pelo cotidiano das pessoas e deixa de ser notada que seus efeitos são mais fortes.

Grupos, comunidades e redes

Viver em sociedade significa criar laços. No entanto, a natureza desses laços é muito diferente – as relações profissionais são diferentes das relações com parentes distantes, que, por sua vez, não são iguais aos vínculos de um casal de namorados. São as mudanças nessas sociabilidades, isto é, na maneira como seres humanos criam laços entre si, que Wellman examina para chegar em sua proposta de um "individualismo conectado".

Durante muito tempo, os laços humanos foram construídos a partir da distância física entre as pessoas. Essa situação se manteve em todo o mundo

---

* http://tecnologia.uol.com.br/album/2013/03/25/tecnologia-vai-de-coadjuvante-a-protagonista-em-novelas-brasileiras-relembre.htm#fotoNav=13.

durante séculos, até que mudanças econômicas, sociais e tecnológicas alteraram radicalmente essa situação ainda em meados do século XIX (figura 1).

Figura 1 Conexão com o lugar: grupos social e geograficamente próximos

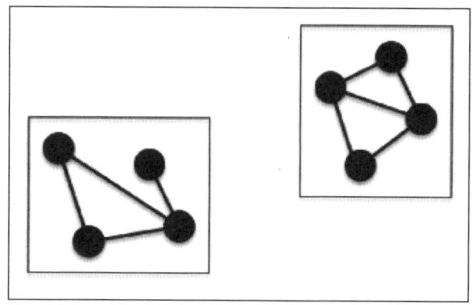

Fronteiras geográficas e sociais coincidem: conexões interpessoais (pontos e linhas) estão dentro do mesmo espaço (quadrados). WELLMAN, B. *Digitizing Ozymandias*. Toronto: Universidade de Toronto, 2012 [Publicações NetLab].

No século XX, o automóvel, o transporte coletivo e meios de comunicação elétricos facilitaram essas relações, permitindo a separação entre lugar de trabalho e local de moradia. Pessoas de diferentes vizinhanças podiam conviver, e os vínculos passaram a ser entre *grupos baseados em lugares próximos* (figura 2):

Figura 2 Conexão lugar a lugar: vínculos parciais com múltiplos grupos

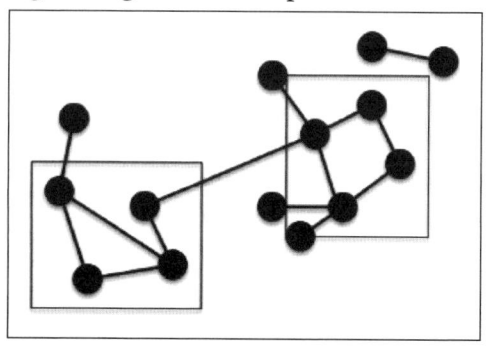

Ligações pessoais ultrapassam as fronteiras geográficas e sociais dos grupos. WELLMAN, B. *Digitizing Ozymandias*. Toronto: Universidade de Toronto, 2012 [Publicações NetLab].

A partir do final do século XX a noção de "lugar" passa por uma alteração considerável. As conexões sem fio, os dispositivos móveis de comunicação, como *smartphones* e *tablets*, somados à expansão de redes *wi-fi*, liberam o indivíduo do lugar onde estava. A conexão entre lugares foi substituída pela conexão entre pessoas. Para me comunicar com alguém não preciso telefonar para um *lugar*, como sua casa ou seu trabalho, mas ligo diretamente para a pessoa. As relações passaram a ser entre *indivíduos*.

A conexão direta entre indivíduos que transitam entre várias redes, grupos e ligações sem necessariamente manter laços fortes com nenhuma, é o que Wellman denomina "individualismo conectado".

O individualismo conectado

A possibilidade que cada indivíduo tem de ser um centro em sua própria rede, sem necessariamente passar pela mediação de um grupo, é uma das bases da teoria do individualismo conectado de Wellman (figura 3).

Figura 3 Individualismo conectado: vínculos individuais, menor sentido de grupo

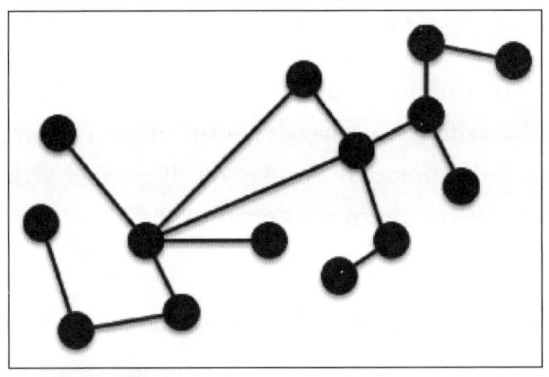

Conexões entre indivíduos além dos grupos e lugares. WELLMAN, B. *Digitizing Ozymandias*. Toronto: Universidade de Toronto, 2012 [Publicações NetLab].

Na medida em que o acesso à internet é feito de maneira praticamente pessoal, todos os indivíduos se tornam potenciais nós em suas próprias redes, isto é, tornam-se pontos de intersecção e acesso a informações. Na prática, isso significa um progressivo isolamento acompanhado, paradoxalmente, de um número igualmente grande de conexões com outras pessoas.

O problema é que, como essas pessoas também estão ligadas a inúmeras outras, o resultado é a formação de grupos relativamente pequenos, com ligações pouco densas entre os indivíduos – cada um deles especialmente ocupado consigo mesmo, ou trabalhando na manutenção dos laços frágeis que constrói.

A própria noção de "relação" ganha outros contornos a partir da visão de um individualismo conectado. Relacionamentos são criados e terminados com relativa facilidade na medida em que os laços responsáveis por sua formação não têm força o bastante – isto é, não são importantes de verdade – para sobreviverem por longos períodos. Isso explica, por exemplo, porque tantas discussões são criadas e abandonadas em *blogs*, redes sociais e páginas de relacionamento em geral.

A identidade social de um indivíduo depende, em boa parte, da comunidade à qual ele está ligado. Saber quem se é significa também saber a quais grupos se está ligado – "sou torcedor do time x, adepto da religião y, pertenço à família w, estudo na faculdade z" – e de que maneira essa ligação se reflete nele mesmo.

O senso de comunidade passa por consideráveis transformações quando se pensa na perspectiva de um individualismo conectado: "pertencer" a uma comunidade torna-se um processo muito mais fluido, rápido e dinâmico do que se poderia esperar. A rigor, o indivíduo conectado está entrelaçado com tantos grupos ao mesmo tempo que seus vínculos com cada um deles se torna fino, fraco, quase transparente.

Igualmente, relacionamentos pessoais não conseguem se sustentar por muito tempo diante da concorrência representada pela possibilidade, sempre aberta, de se encontrarem outros relacionamentos. Mas isso, observa Wellman, não é um fenômeno *criado* pelos meios digitais: eles, na verdade, são a expressão de uma sociedade na qual as relações pessoais vêm se tornando igualmente efêmeras, rápidas e fáceis de serem esquecidas; as mídias digitais se articulam, na atualidade, com "a fragilidade dos laços humanos", para usar a bela expressão do sociólogo Zygmund Bauman no subtítulo de seu livro *Amor líquido*.

A experiência de Netville

Um exemplo vem de uma comunidade canadense estudada pelo autor no final dos anos de 1990. Uma área residencial próxima a Toronto, no Canadá, foi escolhida por uma empresa de telefonia para participar de uma pesquisa sobre como seria a vida conectada. Todas as residências ganharam internet de alta velocidade, uma novidade na época, e os moradores foram convidados a fazer parte de uma lista de *e-mails*.

Wellman notou imediatamente que os laços *online* e *offline* se mesclavam o tempo todo: vizinhos trocavam *e-mails*, mas falando sobre problemas do bairro, comentando sobre suas vidas ou mesmo formando amizades e trocando convites para jantar. A articulação entre relacionamentos *online* e *offline* não tinha fronteira definida – o que acontecia em um era espelhado, comentado e tinha consequências no outro.

Se Romeu e Julieta tivessem celulares talvez pudessem ter trocado mensagens de texto e escapado. Ou talvez fossem encontrados pelos Capuletos ou pelos Montecchios em algum programa de localização. Ou, quem sabe, Julieta enfrentasse um perigo muito maior – o perfil de alguma amiga sua, visto por Romeu por acaso, ao visitar sua página em uma rede social.

◎ **E sob outra perspectiva**

PRIMO, A. "O aspecto relacional das interações na Web 2.0". In: AUTOUN, H. (orgs.). *Web 2.0*. Rio de Janeiro: Mauad X, 2008.

6
A força das conexões em grupo: Clay Shirky

Se é possível começar pelo senso comum, a frase "a união faz a força" poderia sintetizar alguns pontos de vista do pesquisador norte-americano Clay Shirky sobre as conexões pessoais nas mídias digitais. A velocidade e a quantidade de pessoas que pode ser efetivamente agregada a partir de seu uso garante a força dos grupos, um dos principais elementos para a ação política e cultural, seja em micro ou macroescala.

Enquanto vários outros autores destacam a força das redes ou mesmo da sociedade, pensada como um todo, Shirky destaca a atuação dos grupos como uma porta de entrada para compreender algumas das situações do mundo atual.

É no grupo que acontece a circulação de ideias, de notícias e informações, mas também de demandas políticas e sociais. Criado a partir de laços que podem ter origens diversas – a família, um time de futebol, a vizinhança –, o grupo tende a ser o catalisador para as ações. Daí a perspectiva de um de seus principais trabalhos, *Here comes everybody* (Aí vem todo mundo).

Se, na internet, a voz do indivíduo pode cair em um oceano de outras vozes, a chance de ser ouvido é maior quando diversas pessoas se reúnem em torno de um interesse comum. No lugar de ser mais uma voz perdida no espaço virtual, torna-se um polo de convergência de várias vozes.

A facilidade de encontrar pessoas com interesses semelhantes na internet faz com que a formação de grupos seja fácil e rápida. A convergência de objetivos ou gostos é um dos fatores responsáveis pela formação de conexões. A partir disso, juntos, os perfis individuais assumem outras características.

O número de pessoas com quem convivo fisicamente é restrito, e a convivência geralmente acontece em espaços institucionais nos quais nem todos os assuntos são bem-vindos – o alto executivo de uma empresa pode ser fã das *Spice Girls*, mas dificilmente se arriscaria a cantarolar "You say what you want / what you really really want" no trabalho.

No espaço digital, o perfil de um indivíduo tende a revelar boa parte dessas informações de maneira muito rápida e sem as barreiras físicas e institucionais que limitam o número de pessoas com quem se convive.

A força matemática dos grupos

A junção entre tecnologia, ação e vínculos sociais aponta um cenário no qual as ações coletivas não podem apenas ser pensadas de maneira mais rápida, como também um maior número de pessoas pode ser agregado a esta ação. A velocidade e a potência dos agrupamentos aumenta também a capacidade de ser visível aos olhos de outras pessoas.

A força dos grupos, assim como sua capacidade de expansão, vêm de uma curiosa propriedade matemática ressaltada por Shirky: o que garante o potencial de um grupo não é a quantidade de pessoas, mas a quantidade de *vínculos* entre essas pessoas. Um grupo de quatro pessoas (A, B, C e D) tem seis conexões possíveis: *ab, ac, ad, bc, bd, cd*. Se mais uma pessoa, E, se liga ao grupo, o número de ligações pula para nove (*ab, ac, ad, ae, bc, bd, be, cd, ce, de*). Finalmente, em um grupo de seis pessoas, há 15 ligações a estabelecer, e assim por diante.

Nas figuras 01a e 01b há uma representação simplificada, por razões de clareza, dessa ideia.

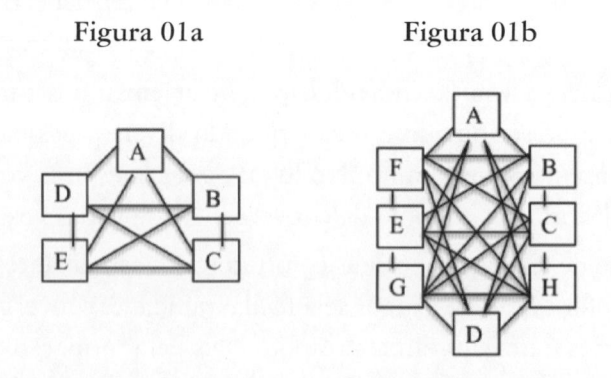

Figura 01a   Figura 01b

Adaptado de SHIRKY, C. *Here comes everybody*. Londres: Penguin, 2008, p. 27.

Dessa maneira, os caminhos possíveis das conexões e informações dentro de um grupo crescem em uma proporção maior do que o número de participantes, não apenas reforçando os laços existentes, mas também aumentando a proporção de informações que pode ser passada – daí a força dos vínculos de grupo na divulgação de dados. Nas palavras de Shirky, "a complexidade de um grupo cresce mais rápido do que seu tamanho". Compartilhar informações com um grupo é aproveitar essa complexidade para reforçar os próprios laços entre os participantes.

Isso significa também que a conexão entre pessoas aumenta a chance de se estabelecerem vínculos com quem não se conhece diretamente, o "contato do contato", reforçando a ideia do "mundo pequeno", a noção de que basta atravessar alguns poucos graus de separação, ou seja, uma pequena quantidade de pessoas, para se encontrar qualquer um. Na figura 2a, seis pessoas estão diretamente conectadas; na 2b, as mesmas seis pessoas estão potencialmente ligadas por conta da conexão entre dois indivíduos:

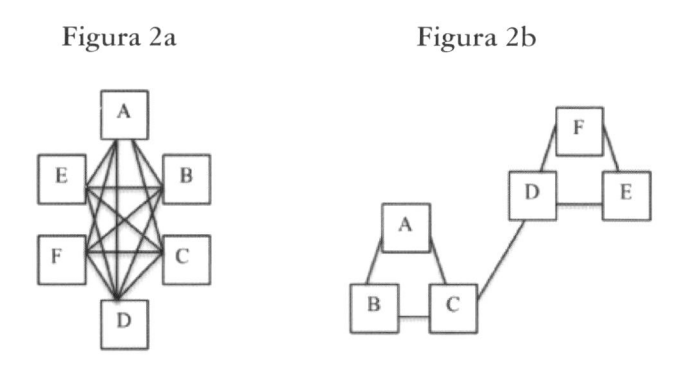

Figura 2a   Figura 2b

Adaptado de SHIRKY, C. *Here comes everybody*. Londres: Penguin, 2008, p. 216.

Não estou falando com você

Uma das soluções elaboradas a partir da noção de grupo como um dos pontos centrais para explicar as mídias digitais está diretamente ligada à compreensão do conteúdo da internet.

Diante da cacofonia de vozes presentes na internet, como seria possível para alguém se localizar? Com tantas emissões ao mesmo tempo, como distinguir quais são as vozes que me interessam? A resposta de Shirky é direta: "simples: eles não estão falando com você".

O autor lembra que, embora boa parte do conteúdo da internet seja público, isso não significa necessariamente que ele seja direcionado para todo o público. Ao contrário, cada um dos conteúdos é pensado com vistas a leitores vinculados aos mesmos interesses, em alguma medida, de quem efetivamente postou algo – em outras palavras, aquilo que interessa a seu grupo. E isso pode não ser necessariamente algo que interessa a qualquer outra pessoa.

O conteúdo gerado pelos usuários (*user-generated content*), em boa medida de maneira amadora, e destinado a uma quantidade relativamente restrita de pessoas, é pensado como parte das conversas existentes dentro de um grupo.

Embora exista sempre uma chance de um *blog* estritamente pessoal ou o perfil em uma rede se tornar um sucesso público, com milhões de acessos, uma boa parte dessas informações é pensada como parte das relações entre um grupo, não entre desconhecidos. "Há uma dúzia de *blogs* com milhões de leitores e milhões de *blogs* com uma dúzia de leitores", sintetiza.

A lógica de comunicações na internet não pode confundir visibilidade com direcionamento da mensagem. Boa parte do conteúdo da internet não é dirigido a todas as pessoas, mas a grupos específicos, maiores ou menores em tamanho, que *selecionaram* previamente, por suas próprias características de grupo, receber estas ou aquelas informações.

Daí a lógica da internet ser oposta à das mídias impressas. Se nestas era necessário selecionar o que seria publicado *antes* da publicação, na internet essa preocupação não existe, de onde resulta a lógica identificada por Shirky, "primeiro publique, depois selecione".

Se não há limites para publicar, não há necessidade de selecionar o que será publicado, ao menos não usando os critérios anteriores. Essa seleção não acontece necessariamente do lado do *emissor*, mas a partir do *leitor*. E mesmo esses dois nomes, emissor e receptor, referem-se apenas a momentos no ato de comunicação, uma vez que as duas posições se alternam constantemente no compartilhamento em rede de informações.

Assim, a quantidade de informações presentes na internet não precisam ser entendidas como um acúmulo de vozes dissonantes, mas como mensagens dirigidas a grupos que nem sempre têm fronteiras absolutamente definidas.

Posso ser membro de um grupo de fãs de uma universidade ou da série britânica *Doctor Who*: informações dos dois agrupamentos tendem a me interessar, de maneira que, lançadas no oceano de dados *online*, são facilmente localizadas, enquanto informações vinculadas a grupos aos quais não pertenço, como, digamos, uma associação de colecionadores de escovas de dentes, certamente não estarão dentro das minhas seleções de interesse.

Apesar da aparência de abertura infinita na arquitetura da internet, a circulação de conteúdo não parece acontecer de maneira absolutamente aleatória, mas desloca-se no interior de grupos – nem sempre, vale lembrar, com delimitações claras, mas com interesses comuns dos quais decorre essa comunicação.

◎ *Para fortalecer laços*

SHIRKY, C. *Lá vem todo mundo*. Rio de Janeiro: Zahar, 2012.

_____. *Cultura da participação*. Rio de Janeiro: Zahar, 2011.

V.
Cultura: as formas das mídias digitais

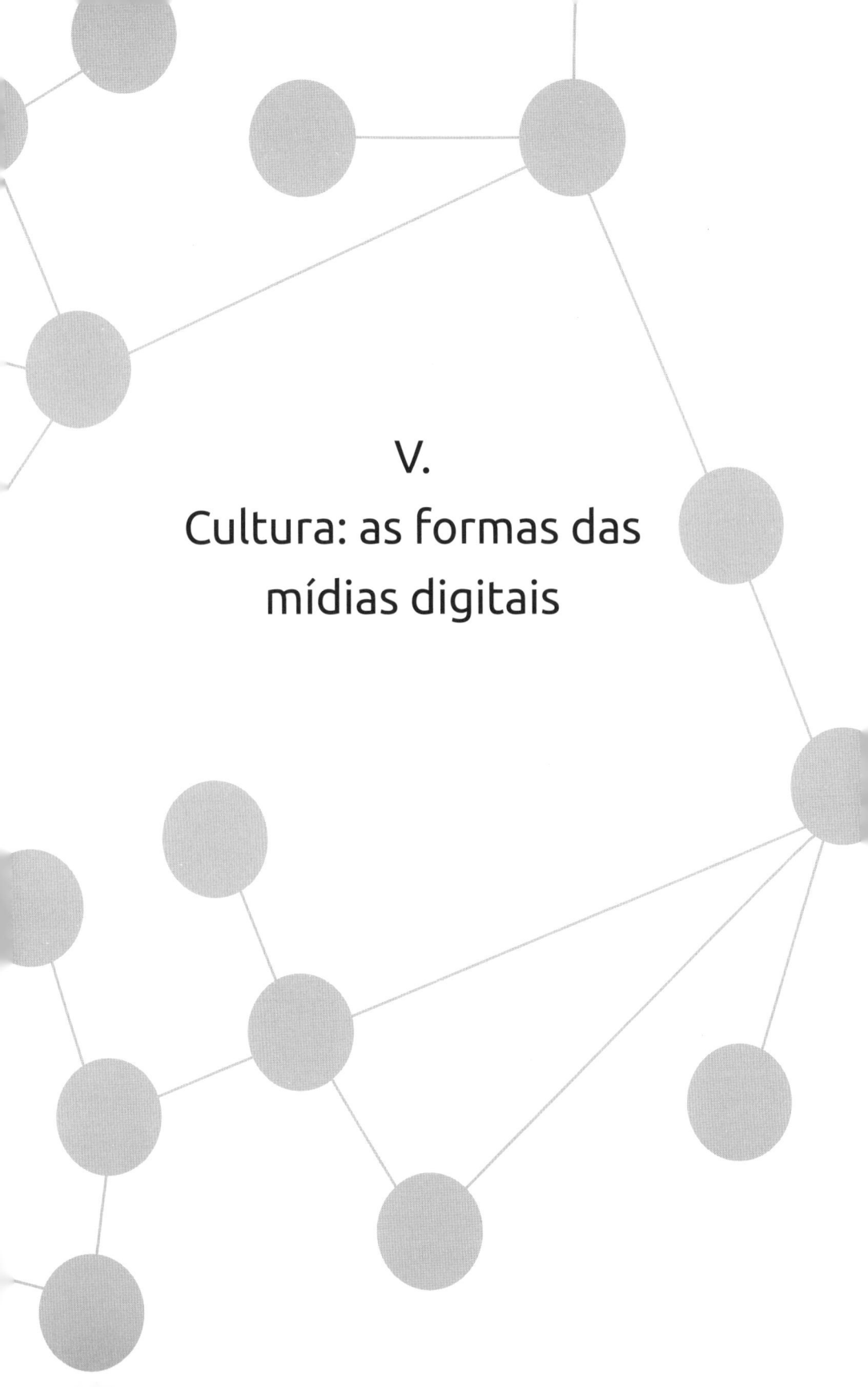

1
Games, narrativas conectadas

O estudo dos jogos eletrônicos parece datar dos anos de 1990, quando, ainda que em sua versão mais simples, já estavam comemorando pelo menos trinta anos de presença no imaginário de jovens e crianças. Se é possível arriscar uma explicação para essa demora, pode-se apontar para o fato dos jogos eletrônicos não estarem, sob certo ponto de vista, na esfera das atividades ditas "sérias", vinculadas à produção ou a certas concepções de cultura.

Mas, ao que tudo indica, a sociedade não pensava assim. Os jogos eletrofinos foram adotados como forma de entretenimento desde seus primeiros espécimes, os jogos *arcade* – conhecidos no Brasil como "fliperamas". A partir dos anos de 1970, nos Estados Unidos e Europa, e da década seguinte, no Brasil, os *videogames*, já em versões menores, ganharam o espaço doméstico e se tornaram um elemento de diversão familiar.

Nas poucas vezes em que eram tema de discussões, o ponto de vista tendia a ser negativo – "jogos violentos induzem crianças à violência" era um discurso comum, ressuscitado de tempos em tempos para explicar alguns acontecimentos. A perspectiva era de que os *games* teriam "efeitos" potencialmente nocivos à sociedade.

A partir dos anos de 2000, no entanto, foi possível observar, em linhas gerais, uma mudança nesse ponto de vista à medida que os *games* e seus jogadores, os *gamers*, ocupavam espaços sociais importantes e, mais ainda, pareciam desenvolver seu próprio repertório cultural.

No lugar de pensar em *efeitos*, passou a ser necessário entender os *games* como uma forma de cultura, vinculada a uma prática social, ou seja, como os *games* se *articulavam* com o cotidiano de seus jogadores e permitiam, por exemplo, o estabelecimento de relações de parceria e mesmo amizade entre *gamers*.

Do fliperama às redes *online*

Uma das diferenças principais entre os jogos eletrônicos e seus antecessores é o uso de uma interface digital. Jogos sempre demandaram um suporte físico, como peças de xadrez, cartas de um baralho para acontecerem. No caso do digital, a interface gráfica não só dispensa esses materiais como também abre caminhos para a construção de formas de imitação muito mais elaboradas.

Os primeiros modelos, ainda nos anos de 1950 e 1960, eram os chamados "Arcade", jogos de fliperama. As máquinas, com tamanho próximo ao de uma geladeira, geralmente ficavam em lojas especializadas. Uma segunda geração, já com tamanho e preço adequados ao consumo doméstico, foram os consoles, como o Atari, o Master System, Mega Drive e, posteriormente, o *NES*, *Wii*, *PlayStation* e o *XBox*. Finalmente, uma terceira geração, que não eliminou a segunda, vale lembrar, é a dos jogos para computadores, geralmente disponíveis em CDs ou DVDs, a caminho da realidade virtual. O uso de computadores como suporte digital aliados à internet permitiu o desenvolvimento de jogos em rede, compartilhados por comunidades de jogadores de diversos lugares.

Mas o que é um jogo?

No vasto campo da cultura humana, os jogos parecem ocupar um lugar, próximo à brincadeira e à diversão. E, de fato, o ato de jogar envolve, ao mesmo tempo, uma imitação da realidade, que os filósofos gregos antigos chamavam de *mimesis*, e também de passatempo, trabalhando com a parte lúdica do ser humano – do latim *ludus*, brincadeira. O ato de jogar parece ser inerente à espécie humana, que encontra no jogo não apenas uma distração, mas também uma forma de aprendizado.

Em sua dimensão enquanto *mimesis*, o jogo é uma imitação, nem sempre literal, das atividades ditas "sérias" da conduta humana. O jogo de xadrez, por exemplo, imita a estratégia militar de reis na tentativa de vencer, pelo planejamento, seus adversários. Um jogo como *Banco Imobiliário* ("Monopoly", na versão original), por sua vez, imita as atividades financeiras da sociedade contemporânea.

Nessa dimensão de aprendizado, o jogo parece auxiliar o ser humano a aprender também que existem *regras* em suas ações que não podem ser quebradas. Em um jogo eletrônico, por exemplo, há limites e ações que não podem ser feitas. Quando alguém descobre como quebrar uma dessas regras, o jogo fica mais fácil, mas menos interessante na medida em que o desafio, algo fundamental em um jogo, é deixado de lado.

No caso dos jogos digitais, o estabelecimento dessas regras é pensado a partir de um programa, desenvolvido por especialistas, que vai oferecer um universo limitado de ações para os jogadores. No entanto, para além disso, em geral os *games* incluem essas regras no contexto de algo maior, que, em geral, deixa o jogo muito mais interessante: uma *narrativa*.

O jogo como narrativa

Jogos são maneiras de contar histórias. Ao reproduzir, por exemplo, as etapas de uma epopeia, com inimigos a derrotar e objetivos a alcançar, jogos podem ser associados, em certa medida, com narrativas míticas, nas quais um herói deve cumprir uma série de tarefas progressivamente difíceis para alcançar um determinado prêmio – nesse sentido, talvez não seja chocante pensar que os mitológicos trabalhos de Hércules pudessem se tornar um *game* tão interessante quanto *Mario Bros.*

Essas narrativas se transformaram consideravelmente com o tempo.

Os primeiros jogos digitais eram simples: a ação acontecia quase desligada de um contexto. Em jogos clássicos de Atari, como o *Enduro*, as fases se repetiam em *loop* com graus de dificuldade maiores, mas sem fim. No *River Raid*, o jogador pilotava um avião destruindo alvos inimigos em um número infinito de fases.

No entanto, logo os jogos ganharam personagens, primeiro passo para se transformarem em narrativas mais elaboradas. O personagem Mário, por exemplo, surge no *game Donkey Kong* com a missão de salvar a princesa. Posteriormente, ganha seu próprio jogo e a narrativa, bem como a interface gráfica, se torna mais complexa.

À medida que os processadores centrais dos *games* e computadores se tornam mais potentes, as narrativas também ganham em interesse e complexidade, oferecendo aos jogadores uma considerável autonomia para tomar decisões e influenciar os rumos da história. Os jogos passam a ser narrativas interativas, construídas na interação entre o jogador e a premissa do *game*.

Não é por acaso que jogos eletrônicos sejam um ambiente para narrativas originalmente pensadas para outras mídias. A partir dos anos de 2000, em termos gerais, filmes de sucesso são acompanhados de *games* nos quais a narrativa do filme pode ser vivida pelos jogadores. Em certos casos, partes da história do filme são contadas ou reelaboradas nos *games*. O jogo *Enter the Matrix*, por exemplo, revela elementos importantes para a compreensão da trama do segundo e terceiro filmes da trilogia.

A própria História se torna um elemento de reelaboração no universo dos *games*. A partir do momento em que a narrativa é elaborada pelo jogador a partir das regras definidas pelo jogo, é possível usar narrativas históricas como base. A série *Age of Empires*, por exemplo, coloca o jogador na posição de um governante, com a opção de desenvolver seu próprio Estado de maneira diversa, e talvez mais bem-sucedida, do que ocorreu de fato.

Sociabilidades entre *gamers*

Os jogos *online* acrescentaram outra dimensão a essa perspectiva do *game* como narrativa. Nos jogos disputados simultaneamente por milhares de jogadores, cada um deles vivendo uma personagem ou desempenhando um papel na história, há a construção coletiva de narrativas que ultrapassam o espaço do jogo, muitas vezes transbordando para relações pessoais. É o caso, por exemplo, dos *Massively Multiplayer Online Roling Play Game*, os MMORPGs. Em tradução livre, "jogo de vivência de papéis jogado em massa por múltiplos jogadores". Dito de um modo simples, um jogo no qual os jogadores vivem personagens, e do qual participam milhares de pessoas ao mesmo tempo.

Invadir países, só de brincadeira

Talvez só a televisão tenha atraído tantas discussões e críticas a respeito de sua influência quanto os *games*. Nos dois casos, há tanto discursos apocalípticos quanto visões positivas.

O argumento em relação ao potencial daninho dos *games* é similar àquele usado desde os anos de 1950 para criticar a televisão: as pessoas seriam influenciadas pelo meio, sendo levadas a agir conforme viram acontecer na tela. Ou seja, *games* violentos, assim como programas de televisão violentos, poderiam levar as pessoas a serem violentas.

Por mais sedutor que seja esse argumento, sua comprovação na prática é um pouco mais difícil do que parece: como provar que um comportamento violento foi ditado por um jogo? E o fato de uma pessoa jogar *games* violentos necessariamente indica que ela não saiba distinguir o jogo da realidade?

Por outro lado, para uma pessoa com inclinações violentas, o uso indiscriminado de jogos agressivos (alguns *bastante* explícitos na agressividade, diga-se de passagem) não pode de fato se articular com tendências pessoais e, assim, ser o estopim para atos violentos? E em que medida vale a pena expor alguém, mesmo que não seja particularmente agressiva ou um pirado em potencial, a uma narrativa na qual aniquilar o inimigo é o grande objetivo?

Em seu livro *Fans, bloggers and gamers*, Henry Jenkins oferece uma visão de caráter cognitivo e mesmo ético dos jogos digitais. Eles teriam, em sua opinião, a capacidade de estimular a inteligência e o senso de obediência às regras. Afinal, para jogar, é necessário atenção, concentração, criatividade e respeito às regras estabelecidas.

Se é possível fazer uma síntese, com o risco que isso traz e as precauções devidas na leitura, poderia ser algo assim:

Críticas	Possibilidades
• Pessoas podem ser influenciadas por jogos violentos ou agressivos. • Jogador não consegue distinguir fantasia/realidade. • Dispersão e pouca capacidade de concentração no aprender. • Influência negativa no comportamento da criança; há casos comprovados de influência negativa. • O jogo é individual; fim das sociabilidades presenciais.	• O problema está no indivíduo, não no jogo. • Aprendizagem digital aberta, dispersa e em fluxo contínuo. • O comportamento individual é fruto de inúmeros fatores. • Não há dados conclusivos sobre o papel dos jogos. • Jogos permitem formas de sociabilidade digitais *online*.

Se essa discussão está longe de encontrar uma resposta fechada, vale lembrar que a incorporação dos *games* como objeto de estudos e pesquisas em várias instâncias, como universidades e centros de investigação, podem oferecer ideias e conceitos mais amplos para se pensar uma prática altamente disseminada pela sociedade – se divertir, imitando na tela algo que talvez não seja possível no mundo em mais dimensões. *Game over*.

◎ *Start*

ASSIS, J.P. *Artes do videogame*. São Paulo: Alameda, 2007.

FEITOZA, M. "Games e aprendizagem semiótica: novas formas de sentir, pensar, conhecer". In: SANTAELLA, L. & ARANTES, P. (orgs.). *Estéticas tecnológicas*: novos modos de sentir. São Paulo: 2011.

RANHEL, J. "O conceito de jogo e os jogos computacionais". In: SANTAELLA, L. & FEITOZA, M. *Mapa do jogo*: a diversidade cultural dos games. São Paulo: Cengage, 2009.

2
Da audiência ativa à audiência produtiva: a cultura dos fãs e do *fandom*

Um fã é uma pessoa que devota uma considerável quantidade de seu tempo, dinheiro, interesse e energia envolvida com aquilo que gosta. Na concepção contemporânea, um fã geralmente se relaciona com produtos da mídia, como séries de TV, filmes, livros ou *games* como um especialista, conhecendo seu objeto de adoração em detalhes.

A palavra "fã", do inglês "fan", nasce da abreviação de "fanatic", referindo-se originalmente ao grau de adoração das pessoas por seus ídolos do cinema ou da televisão.

Nem todo mundo que aprecia um programa de TV ou um livro pode ser descrito como um fã. Embora seja difícil estabelecer uma fronteira rígida, o que define o fã em relação ao público comum é o seu grau de envolvimento com o produto cultural que gosta. Isso pode significar saber detalhes da vida pessoal de atores ou todos os desdobramentos da trama, colecionar produtos relacionados ao que gosta ou mesmo, em algumas ocasiões, se vestir como a personagem preferida – o chamado *cosplay*. Além disso, há uma imersão na chamada "cultura material", como produtos relacionados ou derivados do que se gosta.

O público comum pode achar *Star Wars* interessante e divertido. Quando o filme acaba, o interesse termina. O fã, ao contrário, cultiva – na raiz da palavra "cultura" – outra relação que, conforme a intensidade, pode significar desde ir buscar informações adicionais sobre o enredo ou ir a encontros de fãs vestido de jedi, ter miniaturas dos *x-wing* ou réplicas de um sabre de luz.

Em geral, fãs formam comunidades, nas quais compartilham seus materiais e discutem temas relativos àquilo que gostam. Em certos casos, com uma riqueza de detalhes e conhecimentos que rivaliza com qualquer debate teológico medieval (e às vezes com os mesmos resultados).

Trocar informações com outros fãs, participar de encontros e eventos, dividir novidades e materiais, enfim, manter contato com os demais era fundamental para alimentar o *fandom*, do inglês "fan kingdom", isto é, o conjunto de fãs de um determinado produto da mídia. A partir das mídias digitais e da internet, essas conexões se tornaram mais fáceis e numerosas, garantindo uma visibilidade crescente à cultura dos fãs.

É Joli Jenson, em seu capítulo na clássica coletânea *The Adoring Audience*, publicada por Lisa Lewis, quem mostra o desenvolvimento dessa cultura, indicando que ser fã de alguma coisa nem sempre foi fácil. E não só pela dificuldade em encontrar e dividir materiais na era pré-internet (o livro é de 1998), mas, sobretudo, pelo modo como os fãs eram vistos.

Entendidos como uma espécie de subcultura, e vistos como especialistas em inutilidades, pessoas que gastavam tempo e dinheiro reunindo material sobre histórias em quadrinhos de super-heróis, séries de TV, como *Star Trek*, ou filmes de ficção científica como *Star Wars*. Em alguns casos, lembra Jenson, ser fã de alguma coisa era interpretado quase como um caso patológico.

A autora desafia essa concepção sugerindo que esse baixo valor dado aos fãs não se devia ao fato de eles gostarem muito de algo, mas por conta *do que* eles gostavam – séries de televisão, filmes, histórias em quadrinhos, produções consideradas de valor cultural baixo. Por que, pergunta ela, quando alguém usa somas consideráveis comprando vinhos é um "connaisseur", mas se gastar dinheiro com modelos da *Millenium Falcon* é biruta? Se colecionar vinhos é chique, por que colecionar revistas raras do *Homem-Aranha* seria patológico?

Isso parece estar ligado a diferentes concepções de "público" que merecem ser exploradas.

Da massa alienada ao receptor ativo

Houve um tempo em que o público, fosse da televisão, do cinema ou do rádio, era considerado como uma massa inerte diante das mensagens que recebia. Essa visão, defendida por alguns pesquisadores ainda hoje, foi dominante, aproximadamente, entre os anos de 1930 e 1960, estabelecendo uma visão a respeito do público: facilmente influenciável, poderia ser manipulado em termos de comportamento e preferências políticas; dócil, seguiria o conteúdo da mídia sem maior reflexão a respeito; alienado, veria o mundo pela tela da televisão e não saberia distinguir isso da realidade.

No entanto, a partir dos anos de 1960 e 1970, os estudos de Comunicação, sobretudo no Reino Unido e, posteriormente, na América Latina, começaram a indicar outras características no público. Mais do que ser influenciado de modo acrítico pelos meios de comunicação, as pessoas se *apropriavam*, muitas vezes de maneira altamente pensada, das mensagens da mídia. O nome dado aos indivíduos diante da tela também mudou: se eram pensados como "massa", agora eram "receptores" e mesmo "fruidores", isto é, aquele que "frui", "desfruta" de uma mensagem.

Do lado da mensagem, os programas de televisão, filmes e música popular começaram a ser analisados dentro de seu contexto cultural, e pensados como parte do cotidiano das pessoas – afinal, a partir dos anos de 1970, era impossível pensar em uma sociedade sem televisão, rádio ou cinema. Mais ainda, as pesquisas passaram a considerar esses produtos na perspectiva de sua *articulação* com a vida cotidiana – sem dúvida, produtos de uma indústria cultural, mas que passaram a fazer parte da vida das pessoas, de seus referenciais, de sua cultura.

	"Indústria cultural"	Cultura das mídias	Mídias digitais
Emissor	Empresas de mídia Estado: política cultural	Produções locais independentes	Indivíduos Grupos / redes
Mídias	Larga escala Cinema / TV / rádio / imprensa / audiovisual	Larga + média escala Cinema / TV / rádio / imprensa / audiovisual	Larga + média + micro Mídias digitais e ciberespaço
Linguagem	Acessível à massa Nivelamento	Nichos de mercado Consumo específico	Híbrida: cruzamentos Personalização
Alcance	Global (norte-americana)	Global / Local (articulação)	Global / local / pessoal (criação / recriação)
Receptor	Passivo (*feedback*)	Ativo (articulação)	Audiência produtiva (Criação)

Elaborado a partir de MARTINO, L.M.S. *Teoria da Comunicação*. Petrópolis: Vozes, 2013. • SANTAELLA, L. *Cultura das mídias*. São Paulo: Experimento, 1995.

O olhar se voltou, então, para compreender como os indivíduos e grupos se relacionavam com esses produtos, os articulavam com suas vidas, ganhavam novos significados. No caso especial dos fãs, isso significou perceber que, mais do que um grupo de interessados em filmes ou bandas, eles desenvolviam seu próprio circuito cultural e se tornavam uma audiência produtiva.

A produção dos fãs: dentro e fora da indústria cultural

Inventar histórias com suas personagens favoritas, escrever ou adaptar músicas para cenas específicas, criar roupas e adereços semelhantes aos dos artistas. A cultura dos fãs mostrou toda a possibilidade de uma audiência produtiva, que não apenas se articulava com os produtos culturais disponíveis, mas também desenvolvia suas próprias versões paralelas de maneira criativa.

Desenhos e pinturas de cenas ou personagens, a *fanart*. Há desde desenhos caseiros até complicadas elaborações em tela, sem mencionar os programas de *design* usados para criar suas próprias versões de cenas específicas ou, o que também é comum, inventar seus próprios momentos específicos.

As *fanfics*, histórias escritas pelos fãs com personagens de filmes, membros de bandas ou séries de TV podem tanto criar finais alternativos em relação ao original – por exemplo, em *Harry Potter*, Dumbledore se tornar amigo de Voldemort ou, em *O Senhor dos Anéis*, Sauron não ser derrotado. Em outros casos, simplesmente usar personagens em situações imaginadas pelo fã-autor – digamos, inventar um romance entre o protagonista e algum indivíduo secundário na trama.

Nesse sentido, as mídias digitais parecem ter sido importantes, se não decisivas, para a consolidação do *fandom* em vários espaços.

De um lado, a facilidade de produção de materiais relativos aos produtos de que se gosta. Com pouco ou nenhum conhecimento técnico, é possível utilizar programas de edição de áudio e vídeo para recriar cenas ou momentos decisivos de um filme, por exemplo. Mais ainda, torna-se relativamente simples criar suas próprias produções, de um *blog* com *fanfics* até complicados exemplos de *fanart*.

Além disso, a divulgação desse material entre fãs *online*, algo fundamental para a manutenção do sentido de comunidade, alcança outra visibilidade na internet, começando, ainda nos anos de 1990, pelas redes de *blogs* de fãs com *links* entre si até as inúmeras comunidades e redes sociais conectadas.

A cultura dos fãs altera, entre outros elementos, as relações entre as indústrias produtoras do entretenimento e seus públicos. A participação *online* constante, os debates a respeito de episódios de uma série ou mesmo a publicação de opiniões críticas muitas vezes bastante fundamentadas alcança os espaços de produção, podendo eventualmente alterar tramas, indicar erros ou imprecisões e mesmo, em alguns casos, estabelecer linhas narrativas paralelas ao *canon*, isto é, aos elementos "oficiais" de uma trama.

Em um texto a respeito do tema, "Watching television without pity", o pesquisador Mark Andrejevic mostra, por exemplo, como um fórum *online* de debates entre fãs de programas de televisão pode, em certos momentos, se tornar uma fonte de consulta para produtores e autores. Essa possibilidade de interferência eventual, no entanto, não pode perder de vista o fato de se estar lidando, em última instância, com um produto: se as comunidades *online* de fãs, por um lado, podem efetivamente ter, em alguns momentos, participação em certas tomadas de decisão, isso por outro lado pode facilitar o trabalho dos autores. Afinal, as opiniões de um público altamente categorizado estão lá, à disposição, sem a necessidade de despender tempo e recursos com pesquisas de opinião e entrevistas. As relações mudam, mas a quebra não é total.

Redes de produção

As concepções a respeito da pessoa em frente à tela da televisão, dentro do cinema ou ouvindo uma banda mudaram de maneira radical ao longo dos séculos XX e XXI. De massa alienada, torna-se um receptor ativo e, posteriormente, uma audiência produtiva que, usando as mídias digitais, não apenas articula os produtos da mídia com seu próprio cotidiano e estilo de vida, mas também "re-produz", recria os conteúdos e ideias a partir de suas concepções. Uma produção em rede decorrente dos vínculos de comunidade passível de provocar alterações no delicado equilíbrio das indústrias produtoras.

No espaço da audiência produtiva, um outro equilíbrio de forças entre produtores e receptores é estabelecido. No domínio das mídias digitais, a cultura dos fãs expande e modifica as fronteiras da indústria cultural.

◎ *Para ler*

MONTEIRO, C. "Fã-mília #happyrock: "recomeço" em cores". In: RIBEIRO, J.C.; FALCÃO, T. & SILVA, T. (orgs.). *Mídias Sociais*: saberes e representações. Salvador: UFBA, 2012.

SÁ, S.P. & ANDRADE, L. "Entretenimento e cibercultura: o que os mundos virtuais Second Life e Star Wars Galaxies nos ensinam sobre a primeira vida?" In: SANTOS, R.E.; VARGAS, H. & CARDOSO, J.B. (orgs.). *Mutações da cultura midiática*. São Paulo: Paulinas, 2009.

3
Reality TV e mídias digitais

Como lembra Misha Kavka em seu abrangente estudo do fenômeno da *reality TV* no qual este capítulo está largamente baseado, qualquer pessoa sabe do que se está falando quando alguém menciona um *reality show*. No entanto, no momento em que se procura buscar entender melhor o que é esse gênero predominante na televisão, fica difícil encontrar uma única definição. Não é para menos: a variedade das produções que podem ser classificadas como "reality TV" desafia qualquer interpretação redutora.

Há programas com roteiros predefinidos, como *MasterChef* ou *American Idol*, e outros nos quais as ações não são programadas, a exemplo do *Big Brother* e seus similares, como *The Osbornes*; se em alguns deles há uma competição entre talentos, como em *Project Runaway* (estilistas) ou *So you think you can dance* (dançarinos; no Brasil, *Se ela dança eu danço*), em outros não há exigência de nenhuma capacidade prévia, como, novamente, no *Big Brother* ou *Survivor* (*No Limite*) ou *Mulheres Ricas*, nos quais a personalidade e o caráter dos participantes, pessoas "normais" – no sentido de não exibirem, na televisão, nenhum talento especial – são o elemento de competição (às vezes a falta de talento é o mote, como em *Esquadrão da Moda*); se em alguns deles a participação é reservada a celebridades mais ou menos conhecidas do público, como *A Fazenda* ou a *Casa dos Artistas*, outros dedicam-se à construção de celebridades, como as diversas versões de *American Next Top Model* ou Ídolos.

É possível colocar ainda nesse elenco os programas de "câmera escondida", existentes, sob nomes e formatos diversos, desde os anos de 1940, ou a exibição de vídeos caseiros, geralmente humorísticos, nos quais uma situação real, mais ou menos roteirizada, é exibida.

Para complicar a questão, é possível colocar também sob o nome "reality TV" programas jornalísticos nos quais câmera e repórter acompanham a ação ao vivo, seguindo o rumo dos acontecimentos no momento em que a situação se desenrola.

Nesse modelo, a estética das reportagens pré-produzidas – o repórter lê um texto, imagens pré-selecionadas se articulam com o que está sendo dito, entrevistas são gravadas de antemão – é substituída por uma estética mais "crua": a câmera trepida, balançando de acordo com os movimentos do operador, a voz do repórter é ofegante, falha em algumas situações, a clareza das imagens é substituída pela emoção do momento vivido, entrevistas são conduzidas de acordo com a oportunidade.

Embora não seja um produto relacionado diretamente às mídias digitais, a *reality TV* parece ter encontrado no ambiente virtual um novo alento para se desenvolver. A participação ocorre em várias plataformas, fazendo com que *reality shows* como o *Big Brother* seja pensado como algo mais do que um programa de televisão. As discussões nas redes alimentam a exposição dos participantes, em um trânsito constante entre mídias.

O momento dos *reality shows*, no formato em que se torna conhecido a partir dos primeiros anos do século XXI, começa com a estreia do *Big Brother*, ainda no ano de 2000, formato da empresa holandesa Endemol logo franquiado para inúmeros outros países, inclusive o Brasil, e *Survivor* ("No limite").

Como lembra Cosette Castro no livro *Por que os reality shows conquistam audiências?*, esse formato usa várias matrizes culturais, da própria televisão, bastante conhecidas do público – a telenovela, os programas jornalísticos, geralmente policiais, de "jornalismo verdade", os *game shows* e os documentários. A linguagem dos *reality shows*, aliás, é uma mistura, com dezenas de variações, dessas quatro origens.

Diante dessa variedade, o que é exatamente a *reality TV*? A resposta exige tratar de algumas questões.

Você disse "realidade"?

Uma das primeiras questões a se pensar no estudo da *reality TV* é o que há de "realidade" a partir do momento em que se liga uma câmera diante de uma pessoa.

Como lembra o pesquisador inglês Nick Couldry, no caso do jornalismo, o conceito de "ao vivo", toda realidade mediada é, de uma forma ou de outra, editada. As câmeras, por mais que estejam espalhadas, não se movimentam de acordo com o gosto do espectador, mas conforme são posicionadas por um operador e um diretor. Os ângulos, as tomadas e o foco são previamente determinados. No caso do jornalismo, embora o "ao vivo" possa conferir uma espécie de certificado da autenticidade do fato, os processos de edição ocorrem do mesmo modo – a lógica da mídia, em outras palavras, não pode ser desligada, e o "ao vivo", pode ser entendido como uma visão da "realidade" a partir do enquadramento da mídia.

No caso dos *reality shows*, o conceito de "realidade" torna-se ainda mais complexo na medida em que boa parte das situações são, até certo ponto, artificiais. Mesmo os participantes de um programa de monitoramento de ações cotidianas, como *Big Brother* ou *The Osbornes*, a rigor, *sabem* que estão sendo filmados. Há um contrato com a empresa responsável pelo programa – uma produtora ou emissora de TV – que define uma série de regras a serem observadas. O grau de espontaneidade e imprevisibilidade, típicos da realidade em si, passam por uma transformação, mínima que seja, nos programas. A ilusão da câmera onisciente e invisível, nesse sentido, não pode ser levada longe demais: a captação da "realidade", neste caso, pressupõe um amplo trabalho de produção e, portanto, interfere no que está sendo feito e visto.

Isso não significa, lembra, entre outros autores, Kovka, que não há nenhum elemento de "realidade" nos *reality shows*. O que se discute, desde os primeiros programas desse gênero, é o grau de interferência da câmera, mesmo escondida, no comportamento dos participantes. Se uma pessoa *sabe* que está em um *reality show* como o *Big Brother*, no qual sua personalidade está em constante julgamento pelo público, ela não pode perceber quais atitudes fazem sucesso ou não e direcionar suas ações, deixando de ser espontânea?

O encanto trivial da realidade na tela

Uma questão complementar: mesmo com essas restrições, qual a atração do público para ver na televisão uma "realidade" que poderia ser encontrada em qualquer outro lugar? Aparentemente, a resposta está na pergunta: exatamente por se tratar de cenas triviais, pessoas e eventos comuns, parece haver uma forte identificação do público desde os primeiros *reality shows*. As situações vistas na televisão, similares a eventos comuns, permite uma identificação imediata, realçando a sensação de familiaridade.

Os fatos comuns são exatamente um dos principais atrativos da *reality TV* desde suas origens. Um dos primeiros precursores dos programas de câmeras escondidas, Allen Funt, afirmava mostrar, em seu programa, as belezas e atrativos da conversação comum, de situações aparentemente banais, mas que pertenciam ao cotidiano de todas as pessoas. O escape, em vez de ser para um mundo de imaginação, era para o mundo real. A "celebrização do ordinário na TV", para usar a expressão do pesquisador João Freire Filho, parece encontrar um de seus pontos fundamentais no "ordinário".

Um outro atrativo da *reality TV*, ao menos em algumas de suas modalidades, não está ligada diretamente ao público, mas é fundamental para as produtoras de TV: o custo.

Enquanto a gravação de um capítulo de novela exige diversas locações externas e internas, uma equipe imensa de produção, atores contratados, vários cenários, tempo de ensaios, bons autores e uma infinidade de outros requisitos, parte considerável dos *reality shows* se passa em uns poucos cenários, sem atores profissionais, deslocamentos de equipe e tudo o mais. E, melhor ainda, o apelo emocional pode ser o mesmo de uma telenovela ou maior – afinal, trata-se de situações mais ou menos dramáticas vividas por pessoas comuns diante de uma câmera.

Isso foi percebido desde o início.

Cotidiano, competição, celebridades

Em 1973 estreou nos Estados Unidos *An American Family*, um dos primeiros, senão o primeiro *reality show* no qual uma família, Loud, foi filmada diariamente por dezesseis horas ao longo de seis meses. O programa atingiu a respeitável audiência de 10 milhões de pessoas, e imediatamente se tornou alvo de inúmeras discussões. Em um dos pontos altos do programa, o casal principal se divorciou diante das câmeras. Conflitos afetivos, discussões entre pais e filhos, problemas de relacionamento. Alguns dos ingredientes de qualquer telenovela estavam ali, sem necessidade de roteirização prévia ou atores profissionais.

Com mil variações, esse modelo seria um dos principais tipos de *reality show* nas décadas seguintes. Boa parte dos programas, aliás, tem como foco a relação entre pessoas, sejam famílias (*The Osbornes*, *The Family*) relativamente conhecidos (como *Troca de esposas* ou *Desperate Housewives*) ou completamente estranhos (*Big Brother* e suas derivações).

Os anos de 2000, seguindo a genealogia proposta por Misha Kavka, marcaram o surgimento dos *reality shows* baseados em competições, seja de personalidade e caráter (*Big Brother*, *A fazenda*), seja de habilidades específicas (*So you think you can dance*, *Qual o seu talento?*, *American Idol*, *A Batalha dos Confeiteiros*) ou mesmo enfocando situações pessoais dramáticas ou questões sociais (*16 and pregnant*, *Meu grande casamento cigano*, *O inspetor de restaurantes*).

Um dos elementos de ruptura com o modelo anterior é a criação de ambientes artificiais nos quais uma competição deve acontecer, como ocorre em *Hell's Kitchen* ou *Project Runaway*, *A Batalha dos Confeiteiros* ou *A Guerra dos Cupcakes*. Em muitos casos, as habilidades exigidas vão além da resistência física ou da capacidade de criar empatia com o público, mas requerem talentos bastante específicos – administração, em *O Aprendiz*, ou culinárias, *MasterChef*.

Em termos narrativos, esses programas se pautam em uma espécie de metalinguagem: as situações principais – uma competição, por exemplo – são entrecortadas por cenas dos participantes, em ângulo oblíquo, explicando e comentando o que acabou de ser visto.

Em um programa como *So you think you can dance*, no qual dançarinos amadores competem pela chance de dançar em Las Vegas, os participantes são entrevistados antes de se apresentarem, apresentam-se e são novamente entrevistados após o resultado. O que seriam os "bastidores" ganham o primeiro plano, enquanto a atração principal – a exibição de uma habilidade, por exemplo – nem sempre tem o foco.

O ordinário, extraordinário

Um efeito da *reality TV* é a transformação quase imediata dos participantes em celebridades. Desde os primeiros, aliás, isso acontece. Durante a exibição de *An American Family*, os membros da família se tornaram uma figura conhecida também em outras mídias, participando de *talk-shows*, dando entrevistas e se tornando, aos poucos, celebridades – justamente por viverem uma vida comum diante das câmeras. Esse resultado se prolongou nas décadas seguintes: a participação em um *reality show* parece garantir, ainda que a curto prazo, o *status* de celebridade para quem toma parte neles. Mesmo as pessoas eliminadas, no caso dos *game shows*, podem chegar a essa situação, que varia desde uma breve sobrevida ao programa até o início de uma carreira na televisão ou em outras áreas – no caso brasileiro, durante a primeira década dos anos de 2000, por exemplo, a expressão identificação "ex-BBB" identificava na mídia, com intensidades diferentes, as pessoas que participaram do programa.

Modelo de absoluto sucesso, com todas as suas variações, desde o início da televisão, os *reality shows* marcam de alguma maneira uma transformação não apenas no que se vê, mas também nas modalidades de se "ver televisão" de maneira conectada – seu sucesso contemporâneo se deve ao alto grau de engajamento do público. Conectado com a realidade, desde que seja por uma tela.

◎ **Leituras reais**

CASTRO, C. *Por que os reality shows conquistam audiências?* São Paulo: Paulus, 2010.

CAMPANELLA, B. "O *big brother* como evento multiplataforma: uma análise dos impasses nos estudos de audiência". In: FREIRE FILHO, J. & HERSCHMANN, M. (orgs.). *Novos rumos da cultura midiática*. Rio de Janeiro: Mauad X, 2007.

COULDRY, N. "Reality TV ou o teatro secreto do neoliberalismo". In: COUTINHO, E.G.; FREIRE FILHO, J. & PAIVA, R. (orgs.) *Mídia e poder*. Rio de Janeiro: Mauad X, 2008.

FERREIRA, C. *A dinâmica dos reality-shows na televisão aberta brasileira*. Brasília: Universa, 2010.

4
Blogs, entre o público e o privado*

No início de março de 2008, nas salas do pavimento superior do *Museum für Kommunikation*, em Frankfurt, havia uma imensa coleção de manuscritos. Protegidos atrás de grossas estruturas de vidro, com iluminação indireta, esses papéis eram diários, cadernetas, notas pessoais, relatos acumulados desde o século XVI. Em um dos corredores ficava uma mesa com moleskines, o caderno de notas predileto de Picasso e Hemingway. Ao lado, um Macintosh, aberto em um site pessoal, um diário *online*. O manuscrito e a tela digital, colocados lado a lado, explicavam o nome da exposição – "@bsolut privat!? Vom Tagebuch zum Weblog", em português, algo como "@bsolutamente particular? Do Diário ao *Blog*". A presença de um espaço reservado aos *blogs* em uma exposição sobre escrita íntima e diários pessoais mostrava a força de sua existência.

Alguns números e fatos podem explicar essa inclusão. Em 2006, havia três milhões de *blogs* em atividade no mundo, embora algumas estimativas jogassem essa quantidade para cem milhões. Só nos Estados Unidos, imagina-se que ao menos duzentos novos *blogs* são criados todos os dias. Embora muitos sejam páginas pessoais, destinadas a relatos do autor sobre si mesmo e seu universo cotidiano imediato, outros dedicam-se ao tratamento de temas de relevância pública, misturando suas fronteiras com o jornalismo.

Em alguns casos, *blogs* de fato ocuparam o espaço do trabalho da mídia organizada: no episódio do 11 de setembro, em 2001, relatos pessoais ganharam proeminência na busca por informações direto da fonte; da mesma maneira, o jornal britânico *The Guardian* contratou um morador de Bagdá para escrever um *blog* diretamente da zona de conflito durante a invasão do

---

* Uma versão diferente deste texto foi publicada no livro *Esfera pública, redes e jornalismo*. Rio de Janeiro: E-Papers, 2010.

país pelos Estados Unidos, em 2003. O autor, identificado como Salam Pax, tornou-se rapidamente uma das principais fontes de informação – senão a única – diretamente no centro da invasão a reportar as condições de vida sob a guerra.

Blogs vêm sendo objeto de investigações a partir da Sociologia, dos Estudos Literários e, como não poderia ser de outra maneira, a partir da Comunicação. Nesta última modalidade, os estudos a respeito dos *blogs* passam por discussões a respeito da visibilidade do "eu" como produto de exposição pública, com ecos dos debates sobre *reality shows*, *Big Brother* e as fronteiras da constituição da vida particular no espaço público a partir da mídia. No entanto, talvez mais do que isso, o espaço dos *blogs* na produção de notícias são um tema privilegiado nas discussões sobre a validade e a natureza das informações nos *blogs*, seja em termos macros, como elemento constituinte das discussões virtuais.

A princípio um diário pessoal na internet, os *blogs* logo começaram a explorar a possibilidade serem um novo canal para a divulgação de informações paralelas àquelas divulgadas pelas mídias impressa e audiovisual. Conforme alguns deles reivindicavam para suas informações as características e qualidades até então associadas ao jornalismo, essa impressão parecia ganhar força, e os *blogs* jornalísticos proliferam como fonte de informações paralelas a outros ambientes e mídias. Adicionam às práticas valores e procedimentos consagrados na criação jornalística outros valores-notícia para a seleção de dados, uma vinculação com a mídia que se revela, em alguns casos, mais uma interdependência do que propriamente uma relação linear.

Vale lembrar, de saída, que os públicos dos *blogs* se adequam a esse contínuo. Um *blog* pessoal tende a conseguir um público leitor restrito àqueles interessados na obtenção de dados sobre a vida alheia na ilusão de obter, nos *blogs*, uma narrativa "real". Já o *blog* jornalístico, por sua natureza, pretende-se um veículo de informação que deve, a princípio, interessar a um público maior do que aquele dedicado às aventuras pessoais. Nesse sentido, o *blog* jornalístico dedica-se a temas outros que a vida pessoal do autor, mesmo quando a interferência e a referência mútua é inevitável. O limite é mais explícito, e os elementos vinculados à vida pessoal/assunto público tendem a ser separados.

Os valores-notícia

Com o risco da hipérbole, o *blog* seria o espaço de sonho de qualquer jornalista, o lugar para usufruir apenas das vantagens da profissão, sem as limitações e os problemas inerentes. Em uma situação limite ideal-típica, os constrangimentos da rotina jornalística estão ausentes no *blog* – não há limite de espaço, não há caracteres a serem cortados. As pautas, definidas pelo autor, não correm o risco de cair diante de algo mais importante senão pelo julgamento de quem escrever. Não há, ou não haveria, um editor para cortar o texto, interferir, criticar ou reescrever, nem uma linha editorial que defina este ou aquele estilo. A ausência de custos também não submete a produção de informações no *blog* às intempéries financeiras que regem as empresas de comunicação – nenhum texto corre o risco de cair porque uma página de propaganda foi cortada ou, em algumas situações, porque determinada reportagem entrava em conflito com um dos anunciantes. Em outras palavras, o espaço do *blog* escaparia, a princípio, da lógica empresarial que rege a prática jornalística e confere a esse ofício algumas de suas principais características.

A organização empresarial de quase todo o jornalismo contemporâneo contrastaria com o princípio do *blog*. A informação produzida reflete parcialmente a diversidade dessas condições, em particular quando se pensa nas vantagens e desvantagens que a institucionalização da prática jornalística traz. E, na comparação, é possível estabelecer algumas das diferenças entre o que se poderia denominar produção institucional de informações, de um lado, e as práticas individuais/coletivas – ou mesmo de guerrilha, como se poderia dizer de alguns *blogs*.

A ética do *blog* depende unicamente do compromisso do autor consigo mesmo e com seu leitor, sem necessariamente pensar a mediação institucional. O atestado de validade do *blog* é legitimado pelo procedimento: a veracidade de uma informação é o único indício da qualidade da próxima. No caso da opinião, a pertinência e a lógica de uma argumentação, ou seu eco no espírito do leitor, é a chancela necessária para o autor do *blog* manter seus leitores.

Uma exceção, nesse aspecto, seriam os *blogs* escritos por jornalistas atuantes em outros veículos de comunicação, a chancela já está dada pela conversão do capital adquirido no campo jornalístico "tradicional" em sua versão *online* – nesse caso, o *blog* se mostra apenas como um novo canal para a divulgação de informações que não couberam no espaço impresso ou televisivo, por exemplo. Pensando nos exemplos mais comuns do *blog*, a credibilidade não está garantida pela atuação do autor fora do próprio *blog*, mas unicamente pelas decisões exclusivas do autor.

Os "valores-notícia" que orientam a prática jornalística cotidiana modificam-se no universo dos *blogs* – não é necessário ter um "gancho" para se tratar de um assunto: o autor do *blog*, ao se pautar, já seleciona as informações das quais pretende tratar e, como resultado, escolhe os critérios de seleção de notícias conforme sua ética particular – e, nesse sentido, pode dar espaço para temas distantes das pautas tratadas nas empresas de comunicação.

◎ **Escritas teóricas**

BRAGA, A. *Personas materno-eletrônicas*. Porto Alegre: Sulina, 2009.

BRUNO, F. "Quem está olhando? – Variações do público e do privado em *weblogs, fotologs* e *reality shows*". In: BRUNO, F. & FATORELLI, A. (orgs.). *Limiares da imagem*: tecnologia e estética na cibercultura contemporânea. Rio de Janeiro: Mauad X, 2006.

SCHITTINE, D. *Blog*: comunicação e escrita íntima na internet. Rio de Janeiro: Civilização Brasileira, 2004.

SIBILIA, P. *O show do eu*: a intimidade como espetáculo. Rio de Janeiro: Nova Fronteira, 2008.

5
Celebridades, microcelebridades, webcelebridades

O fenômeno das celebridades é anterior às mídias digitais. No entanto, a explosão no número de pessoas que podem receber esse rótulo cresceu vertiginiosamente a partir do momento em que se tornar uma celebridade ficou consideravelmente fácil. Talvez isso não signifique que *todos* se tornarão, de fato, celebridades, mas que *qualquer um* pode ser uma. E a diferença não é pouca.

Em um livro intitulado *As estrelas*, o filósofo Edgar Morin mostra como o culto às atrizes de Holywood, no início do cinema, atingia padrões de entusiasmo – alguns chamariam "histeria" – comparáveis aos de alguns momentos contemporâneos. As relações entre mídia e celebridades, portanto, vêm de longe. O cinema norte-americano captou de maneira poética e violenta esse momento no filme *O crepúsculo dos deuses* (Sunset Boulevard), de 1950.

A palavra "celebridade", em sua origem, significa algo próximo de "celebração", "comemoração". Quando alguém fazia algo excepcional, a pessoa se tornava alguém a ser celebrada, portanto, uma celebridade.

A diferença está no "fazer algo excepcional". Celebridades, até meados do século XX, eram pessoas que, por conta de condições específicas, habilidades excepcionais ou grandes realizações, se tornavam objeto de celebração. O indivíduo *fazia* alguma coisa e *então* se tornava conhecido. Na cultura contemporânea das celebridades, parece que o sentido da flecha se inverteu ou mesmo desapareceu: a rigor, não é necessário ter ou fazer nada de especial para ser conhecido. Basta ser conhecido para que isso *torne* a pessoa especial.

Como define o crítico norte-americano Daniel Boorstin em seu livro *The Image*, escrito em 1967 e ainda sem tradução, uma celebridade é "uma pessoa conhecida por ser muito conhecida". E, nesse ponto, as mídias digitais aparentemente ocupam um lugar privilegiado na construção de celebridades.

Aparecer na mídia parece ser suficiente, em alguns casos, para tornar alguém famoso – o indivíduo é conhecido porque apareceu em um programa de televisão ou se protagonizou um vídeo viral na internet. Esse fenômeno, denominado "webcelebridades" ou, nas palavras da pesquisadora Adriana Amaral, "microcelebridades", está ligado às mídias digitais.

Uma das diferenças está na chance de alguém se tornar famoso. Nas mídias de massa, até o final do século XX, o principal caminho era aparecer na televisão. Como a quantidade de canais abertos é restrita e, nas emissoras, os programas dedicados a isso eram poucos, o número de vagas, se é possível usar esse termo, para possíveis celebridades era restrito.

As mídias digitais, de alguma maneira, tornaram essa condição mais elástica. Na medida em que qualquer pessoa pode, a qualquer momento, ser replicada indefinidamente na internet – um vídeo viral, por exemplo – a possibilidade de se tornar famoso pode aumentar consideravelmente.

Se nas mídias digitais o número de vagas para possíveis celebridades aumentou, a concorrência igualmente também cresceu, e o tempo de permanência de uma pessoa no rol de celebridades, salvo exceções, parece diminuir na mesma proporção. A velocidade é tal que qualquer exemplo atual ficaria velho entre a escrita e a publicação do livro. Uma celebridade famosa e comentada em todas as redes sociais hoje, em sua maioria, provavelmente terá desaparecido em pouco tempo. Em alguns dias ou semanas. Na melhor das hipóteses, meses.

O pseudoevento humano

Em *The Image*, Boorstin propõe um conceito para entender a lógica contemporânea das celebridades. É a ideia de *pseudoevento*.

Em termos jornalísticos, para um evento ser noticiado ele deve ter uma série de características, dentre as quais atualidade, relevância, magnitude, proximidade com o público e assim por diante. No entanto, Boorstin detectava no jornalismo dos anos de 1960 uma tendência para noticiar fatos que não obedeciam a nenhum desses critérios. Na verdade, não tinham relevância nenhuma e só ganhavam importância porque eram noticiados. O caminho inverso do que o jornalismo fazia ou deveria fazer.

Esses eventos que só se tornam importantes por conta da cobertura da mídia, geralmente organizada por equipes de assessores de comunicação, é o que Boorstin denomina *pseudoevento*. A inauguração de uma filial de um restaurante, por exemplo, poderia não ter repercussão. No entanto, se o evento for organizado tendo em vista conseguir uma ampla cobertura de mídia, ele *se torna* importante.

A mesma lógica é seguida na criação de algumas celebridades contemporâneas. Não é por acaso que o autor as chama de "pseudoevento humano". Elas não fizeram nada de especial; no entanto, por serem conhecidas, essas ações triviais passam a ser vistas como noticiáveis. Notícias como "*x* vai à praia com o namorado" não tem nenhum interesse jornalístico em si. É um pseudoevento.

A webcelebridade

As mídias digitais conectadas, de alguma maneira, tornaram essa lógica, ao menos em teoria, acessível a todos. Nas redes sociais digitais, as ações triviais de uma pessoa ganham o reconhecimento de outras na forma de comentários ou aprovação. Como lembra o crítico Marcelo Coelho, em algumas redes sociais digitais, a celebração do trivial, até então restrito a pessoas famosas, é espalhado por toda a sociedade. Qualquer um pode informar seus contatos na rede de alguma atividade comum e conseguir comentários. Em um trabalho sobre a "cultura do eu" contemporâneo, as jornalistas Bruna Magarotti e Pamela Pffeifer mostraram a relação próxima entre a exposição de si mesmo na internet e a expectativa por comentários dos outros.

O circuito das celebridades, ou da celebrização, tem suas direções. É relativamente comum que webcelebridades, isto é, pessoas que se tornam conhecidas nas mídias digitais e no ambiente da internet, apareçam posteriormente em programas de televisão: na circulação de conteúdos, as webcelebridades tem a vantagem de já chegarem à TV consagradas, diminuindo os riscos de fracasso de um programa e alimentando, em termos econômicos, uma lógica de produção cultural que se renova nos ambientes virtuais a partir da colaboração dos próprios consumidores.

Afinal, ao menos em parte dos casos, a celebridade na internet decorre de vídeos amadores, produzidos sem a intenção de uma maior divulgação e que, a partir de uma replicação constante, se tornam virais e alcançam um público amplo. Assim, o consumidor de informações sobre celebridades é um potencial produtor, ou autoprodutor, de celebridades.

Em outras palavras, a lógica da fama instantânea nos ambientes digitais é ao mesmo tempo uma ruptura e uma continuidade com os circuitos de produção das indústrias da cultura. Uma das diferenças fundamentais, no entanto, é o fato de, em uma cultura colaborativa, a produção ser feita pelos próprios consumidores, diminuindo custos na medida em que as chances aumentam. Um alento para quem espera, um dia, ser muito conhecido. Ainda que por dez ou vinte segundos.

FREIRE FILHO, J. "A celebrização do ordinário na TV: democracia radical ou neopopulismo midiático?" In: FREIRE FILHO, J. & HERSCHMANN, M. (orgs.). *Novos rumos da cultura midiática*. Rio de Janeiro: Mauad X, 2007.

MORIN, E. *Cultura de massas no século XX*. Rio de Janeiro: Forense, 2004.

ROJEK, C. *Celebridade*. Rio de Janeiro: Rocco, 2011.

6
Memes e virais, replicações e cultura

Ao que tudo indica, a palavra "meme" foi usada pela primeira vez, no sentido atual, pelo cientista britânico Richard Dowkins em seu livro *O gene egoísta*, de 1976. O conceito procurava explicar a propagação e transformação de ideias entre seres humanos. Assim como os genes, nas células, carregam consigo as informações responsáveis por definir o que é um ser humano, os memes são entendidos como essas unidades de informação na área cultural – para jogar com as palavras, o meme seria parte do DNA da cultura.

Dawkins buscou a palavra no grego antigo: *mimeme* significa "aquilo que pode ser imitado", nas proximidades de "mímesis", "imitação", e, em outra chave, a "mímica". No entanto, para tornar a expressão mais próxima de sua argumentação sobre genética, com base na biologia e no conceito de evolução, o pesquisador procurou uma palavra que soasse como "gene", encurtando *mimeme* para "meme".

Os memes se desenvolvem, segundo Dawkins, no "caldo da cultura humana", e estão presentes em nós de maneira quase imperceptível, articulando-se com o cotidiano. Assim como genes estão na base biológica do que somos, os memes parecem ser, ao menos parcialmente, um componente da base cultural responsável por formar os seres humanos.

E, da mesma maneira que os genes são capazes tanto de se replicar quanto de se diferenciar, embora mantendo sua estrutura básica, os memes também se caracterizam, na visão de Dawkins, pela capacidade de se *replicar* e se *transformar*. Isso explica, de saída, por que, ao se espalharem, memes se tornam diferentes, mas reconhecíveis: ao serem compartilhadas, as informações dos memes ganham as características particulares relacionadas ao novo contexto.

Imagens, sons, gestos, palavras, melodias, jeitos de se vestir e até mesmo elementos complexos como crenças ou rituais se disseminam pela sociedade na forma de memes. Nem sempre, aliás, estamos plenamente conscientes de sua presença: para alguns pesquisadores, os memes, como que incrustrados na mente humana, estão entre as fontes de comportamentos, atitudes e práticas. Nesse sentido, até mesmo objetos, construções, a moda e várias ações humanas seriam memes, isto é, cópias mais ou menos alteradas de informações recebidas anteriormente.

E, nas mídias digitais, memes encontraram um espaço mais do que propício para seu desenvolvimento.

Memes na internet

Como lembra Limor Shifman, em seu livro *Memes in digital culture*, a facilidade de manipulação digital e divulgação de conteúdos, sejam textos, sons ou imagens, permite que qualquer ideia, rapidamente, possa ser reproduzida ou alterada – exatamente o que define um meme. Qualquer pessoa com conhecimentos rudimentares de edição digital de imagens pode, potencialmente, se apropriar de uma ideia, modificá-la e compartilhá-la.

Os memes são transmitidos, primordialmente, entre indivíduos. No entanto, por conta da velocidade e alcance de sua disseminação, se tornam fenômenos culturais e sociais que ultrapassam a ligação entre as pessoas. Essa relação entre o nível micro do compartilhamento individual e o nível macro do alcance social tornam os memes particularmente importantes para se entender a cultura contemporânea.

Se os memes são veículos de transmissão de grupos de ideias, as redes sociais e as possibilidades de compartilhamento de informações são um meio de expansão de ideias à velocidade da luz.

A criação de conteúdo pelos usuários (*user-generated content*) está no coração desse conceito: para sua sobrevivência, os memes dependem de sua contínua apropriação, transformação e redistribuição pelas pessoas. Caso contrário, como em uma variante do processo de seleção natural, eles simplesmente desaparecem.

O pesquisador, aliás, vai mais longe, e chega a classificar toda a cultura digital, com suas cópias, transformações e compartilhamentos de informação, como sendo parte de um processo "hipermemético". O prefixo "hiper" em "hipermemes", no caso, não se refere apenas à sua potência, mas também à sua disseminação digital em várias plataformas, em termos próximos da noção de "hipertexto".

Ambientes, contextos e características

Isso leva a outra pergunta: por que memes funcionam?

Shifman oferece duas explicações para o sucesso dos memes na internet. Em primeiro lugar, uma questão econômica: em uma economia da informação, na qual a atenção das pessoas é um bem valioso, os memes têm a capacidade justamente de atrair o interesse de indivíduos e comunidades para determinados assuntos ou situações e, em certos casos, para a forma original do meme.

Segundo, memes seriam uma forma de criar laços, ainda que difusos, entre as pessoas: reelaborar um meme é ser parte de uma comunidade talvez anônima, mas não menos forte. Memes são compartilhados em redes sociais digitais, de certa maneira, pelo mesmo motivo que pessoas contam piadas ou histórias que ouviram: para *fazer parte do grupo* – e nada melhor do que uma boa narrativa para criar laços entre pessoas. Especialmente se a mensagem tiver características próprias que só podem ser decifradas por quem faz parte no grupo. Assim, entender um meme significa estar entre as pessoas que conseguem decifrar mensagens nem sempre claras para quem não conhece o contexto. Memes, nesse sentido, só funcionam dentro de contextos específicos, por mais que pareçam abrangentes – ao serem replicados e transformados, os memes igualmente passam a carregar em si as características do ambiente cultural no qual ocorreu esse processo. Não por acaso, Shifman argumenta que memes permitem "ler", ainda que parcialmente, características da cultura na qual são produzidos.

Memes e virais

Embora sejam muitas vezes usados como sinônimos, há algumas diferenças significativas entre memes e virais. Nos dois casos, trata-se de elementos que podem se espalhar nos ambientes virtuais. A lógica da difusão é semelhante: um vídeo, texto ou imagem é reproduzido milhões de vezes, podendo se espalhar para locais e contextos muito diferentes do original.

Há uma diferença, no entanto: enquanto os virais tendem a ser reproduzidos milhares de vezes em sua forma original, os memes geralmente são modificados de inúmeras formas no processo de replicação. Ou, para usar a linguagem de Dawkins, enquanto os virais em geral permanecem imutáveis, os memes "evoluem", isto é, podem ser amplamente transformados, durante o processo de replicação. São feitas novas versões, imitações, paródias, reelaborações e recontextualizações – Shifman usa a palavra "remixes" – e diversos cruzamentos intertextuais entre memes. De certa maneira, essas mudanças são importantes para garantir a sobrevivência do meme no ambiente altamente competitivo da internet.

Vale lembrar que não existe uma separação rígida entre virais e memes: nada impede que um viral vire um meme no momento em que passa a sofrer alterações durante o processo de replicação. Na prática, parece haver um *continuum* entre virais e memes.

Fatores de sucesso de virais	Fatores comuns	Fatores de sucesso de memes
Prestígio	Simplicidade	Potencial de imitação
Posicionamento [de público]	Humor	Enigma / desafio
Alta carga emocional	Possibilidade de participação do público	Vínculo de grupo

FONTE: Adaptado de SHIFMAN, L. *Memes in digital culture*. Massachusetts: MIT Press, 2014.

Nesse sentido, a lógica de funcionamento de memes e virais apresentam também algumas semelhanças no que diz respeito aos fatores de sucesso. Em comum, a simplicidade da mensagem, o humor e a possibilidade de ação do público no sentido de compartilhar a mensagem estão entre os principais. No caso dos virais, a carga emocional é relevante na medida em que seu compartilhamento depende, a princípio, do impacto causado. Vale lembrar também que, como virais, a princípio, não se transformam, eles tendem a ser direcionados para públicos específicos, enquanto os memes, por permitirem a transformação na replicação, tendem a ganhar uma amplitude de divulgação maior. Finalmente, um dos fatores de sucesso dos memes é o enigma ou desafio proposto por eles: para compreender um meme é necessário ter um conhecimento prévio de suas referências – daí o sentido de comunidade mencionado.

A onipresença de memes e virais, bem como seus possíveis impactos econômicos – basta pensar que uma campanha publicitária, se transformada em viral, terá um alcance infinitamente maior do que poderia ser previsto – e mesmo políticos e sociais os colocam, na visão de Shifman, como um dos elementos mais representativos dentro da cultura das mídias digitais.

Talvez, nesse sentido, como parte do próprio universo de replicações e divulgação.

◎ *Para ir às fontes*

DAWKINS, R. *O gene egoísta*. São Paulo: Companhia das Letras, 2007.

NUNES, M.R.F. *A memória na mídia*: a evolução dos memes de afeto. São Paulo: Annablume, 2001.

RECUERO, R. *Memes e dinâmicas sociais em* blogs [Trabalho apresentado no XXIX Intercom]. Brasília: UnB, 06-09/09/2006.

VI.
A Teoria do Meio: dos meios às mensagens

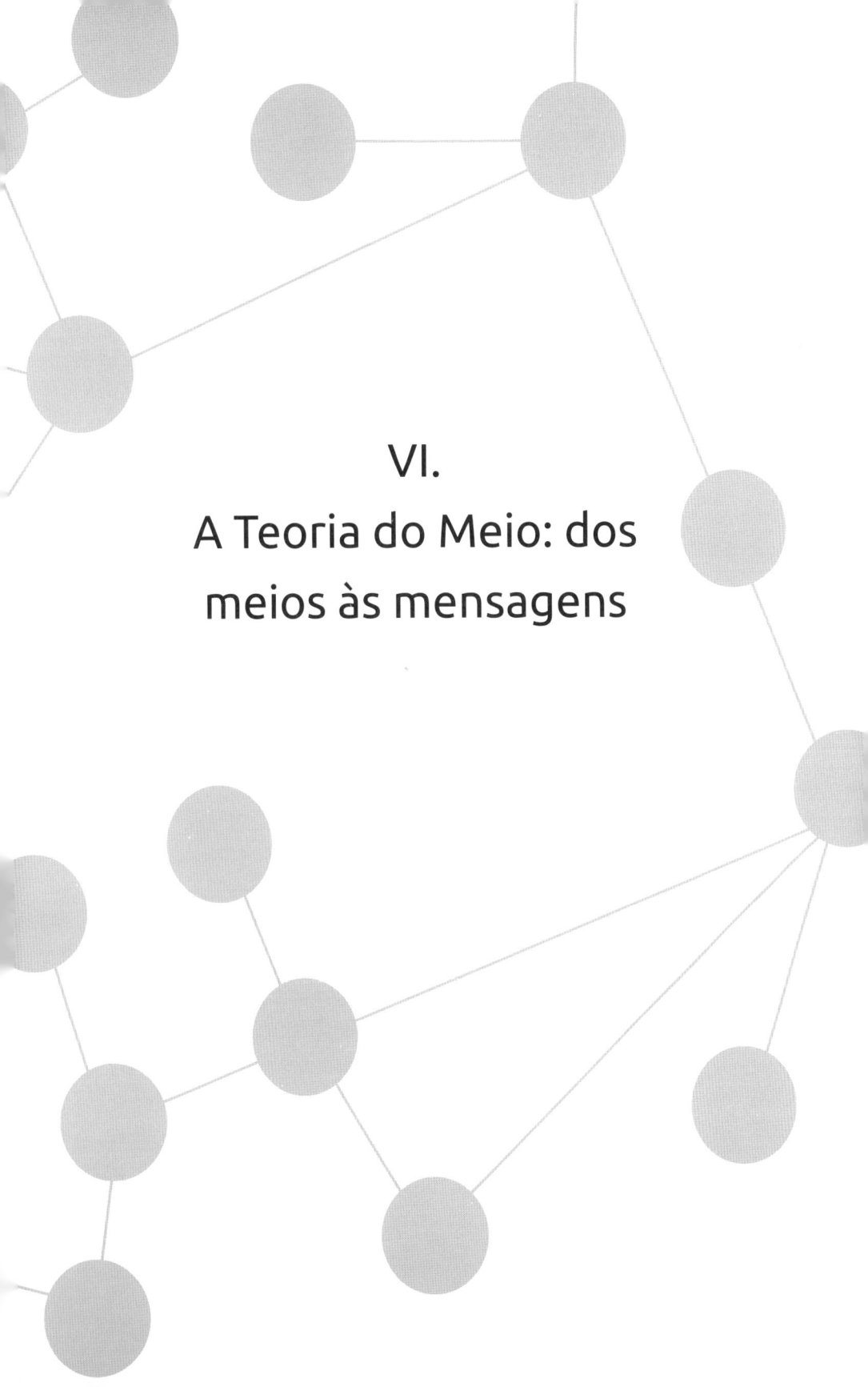

1
Teoria do Meio

Em 1932 meu avô tinha dez anos e morava no Bosque da Saúde, bairro distante do centro de São Paulo. Luz elétrica, só nas casas. De tempos em tempos, quando o tempo e o dinheiro permitiam, ia-se ao cinema. Famílias mais ricas tinham um rádio. Nas ruas de terra as crianças brincavam com carrinhos de rolimã, brinquedos de madeira feitos em casa e raramente com alguma coisa fabricada.

Em 1982, aos cinco anos, eu costumava brincar com meus amigos de escola imitando personagens de seriados de televisão, filmes e desenhos animados. Quase todos os brinquedos eram de plástico, e assistir televisão era parte das atividades do dia. Na escola conversávamos sobre o que tínhamos visto na TV.

Em 2012, meu filho estava com oito meses de idade. Quando seu olhar era atraído por um *smartphone* ou um *tablet*, estendia a mão para pegá-lo. A imagem digital da televisão geralmente chamava sua atenção, e o teclado do computador era sempre um convite a brincar. Como contraponto, tinha um bom número de brinquedos de madeira.

Dentre os inúmeros acontecimentos em um intervalo de oitenta anos é possível destacar o contato que cada uma delas teve com algum tipo de mídia. Cada geração cresceu em um ambiente formado por mídias completamente diferentes, começando com o rádio e o cinema, depois a televisão e o computador, posteriormente *tablets*, *smartphones* e redes digitais.

A diferença não está apenas no acesso às mensagens. Cada geração interage com o agrupamento de mídias e como isso provoca alterações no modo como cada uma delas pensa, vive e entende a realidade. Essa é uma das premissas da chamada Teoria da Mídia, ou Teoria do Meio, no singular.

Em linhas gerais, os autores da Teoria do Meio dirigem sua atenção não para as mensagens, o conteúdo, mas para as características dos meios de comunicação.

Embora no senso comum muitas vezes as palavras "mídia" e "comunicação" sejam usadas como sinônimos, para a Teoria do Meio há uma distinção a ser feita. A princípio, a Teoria do Meio tem como objeto o estudo dos elementos materiais dos meios de comunicação, procurando entender, a partir disso, como eles interferem no modo de vida cotidiano. No foco da discussão estão os meios e sua articulação com as mensagens.

Busca-se entender quais são as peculiaridades de uma determinada mídia e como isso interfere na mensagem. Na televisão, por exemplo, qualquer mensagem precisa ser adaptada às suas características específicas. É isso o que buscam compreender os autores da Teoria do Meio.

Aliás, vale a pena brevemente definir melhor o sentido da palavra.

Na língua portuguesa, a rigor, a palavra "mídia" é quase um acidente: trata-se da apropriação da sonoridade, em inglês, da palavra *media*, plural de *medium*, que em latim significa simplesmente "meio".

As pesquisas norte-americanas em Comunicação fizeram largo uso da palavra "media" para se referir ao conjunto dos meios de comunicação. A pronúncia de "media", em inglês, é "mídia", de onde vem a expressão em português.

De certa maneira, quando se fala "a mídia", no singular, a referência costuma ser o conjunto dos meios de comunicação – não por acaso, em livros de comunicação publicados em Portugal é comum encontrar a expressão "os media" ou mesmo "os média". Nesse sentido, como "mídia" já é plural, parece ser uma redundância falar "as mídias" – mas, de qualquer modo, o uso corrente no português falado no Brasil consagrou "a mídia" ou "as mídias" para designar os meios de comunicação.

Vários autores poderiam ser vinculados à Teoria do Meio.

Costuma-se pensar, sobretudo, na chamada "Escola de Toronto", em referência à universidade canadense na qual trabalharam dois dos criadores dessa teoria, Harold Innis e seu aluno Marshall McLuhan, ainda nos anos de 1950-1960. Em termos acadêmicos uma "escola" designa um grupo de pensadores orientados por questões comuns, nem sempre concordando em termos de método ou hipóteses. Uma "segunda geração" da Teoria do Meio é formada, entre outros, pelo britânico Joshua Meyrowitz na década de 1980.

O foco volta para o Canadá com Derrick de Kerckhove, já escrevendo nos anos de 1990 e desenvolvendo as ideias da Escola de Toronto.

◎ *Para começar*

SOUSA, J. *A Teoria do Meio.* Brasília: Universia, 2011.

FATORELLI, A. "Entre o analógico e o digital". In: BRUNO, F. & FATORELLI, A. (orgs.). *Limiares da imagem*: tecnologia e estética na cibercultura contemporânea. Rio de Janeiro: Mauad X, 2006.

2
Harold Innis: a história dos meios como história da cultura

Um dos primeiros pesquisadores a prestar atenção na importância dos meios de comunicação como elemento central nas transformações sociais foi o canadense Harold Innis. Embora sua formação acadêmica fosse em Economia, dedicou dois de seus principais estudos ao que foi posteriormente denominado "Teoria do Meio" e a uma interpretação da história que coloca em destaque a ação das mídias no desenvolvimento das sociedades e das relações humanas. Em linhas gerais, Innis foi o primeiro a deslocar o foco de pesquisas em Comunicação das análises a respeito dos "efeitos dos meios de comunicação", comuns em sua época, para dirigir sua atenção ao que os próprios meios tinham de específico.

Innis destaca a centralidade do meio como sendo fundamental para a compreensão da comunicação. O fato de uma notícia estar sendo dada na televisão importa não apenas por conta de seu conteúdo, a notícia em si, mas por estar sendo dada em um meio específico, dotado de características únicas que caracterizam essa mensagem. Forma e conteúdo são partes intrínsecas do mesmo processo, e não há comunicação sem ambos.

A compreensão do tempo e do espaço, em cada sociedade, depende do meio de comunicação primário usado para as interações entre os indivíduos e as instituições dessa sociedade. Dessa maneira, duas das percepções mais importantes das pessoas – a experiência do espaço e do tempo – estão vinculadas ao modo como os indivíduos se relacionam com o meio de comunicação predominante em cada época.

O caminho para a mídia

Innis chegou ao estudo dos meios de comunicação a partir de suas pesquisas na área de economia política. Buscando um fundamento para as transformações sociais e para as diferenças entre sociedades e civilizações, percebeu que os fatores políticos e econômicos precisaram ser completados por um terceiro, os meios de comunicação principais de uma sociedade.

A ideia central é que o meio de comunicação principal usado em cada período da história por uma sociedade está diretamente vinculado ao modo como essa sociedade se organiza em termos políticos, econômicos e culturais.

Essa afirmação parte de uma premissa relativamente simples: os meios de comunicação são responsáveis pela organização, gestão e disseminação do conhecimento nas sociedades. Sem eles não há cultura, e as relações sociais estariam seriamente comprometidas. Portanto, os meios usados para disseminar as informações são responsáveis pela forma de distribuição do conhecimento na vida social, em particular, pela formação de monopólios ou oligopólios de informação.

Cada meio, no singular, tem suas próprias características que, por sua vez, relacionam-se com a organização das informações em cada sociedade.

Alguns meios, para Innis, favorecem a concentração do conhecimento nas mãos de poucos, o que garante a perpetuação e a existência dessas informações durante longos períodos de tempo; outros meios facilitam a divulgação de informações em grandes territórios, o que permite, por seu turno, que uma mesma informação chegue a um número considerável de pessoas. Dessa maneira, a postura de cada sociedade em relação ao conhecimento está relacionada com o meio utilizado para divulgá-lo.

Nas culturas orais, que têm como principal meio de comunicação a voz, a cultura tende a ser predominantemente baseada na memória e na tradição, sendo passada de geração a geração. A partir do momento que surge a escrita, o meio (e aqui Innis parece se referir até mesmo ao meio físico) usado para comunicar as mensagens tem considerável influência sobre o modo como cada sociedade compreende a si mesma.

Os meios de comunicação mais duráveis, como as inscrições em pedra, argila e pergaminho, são típicos de civilizações nas quais se pode localizar uma ênfase no monopólio do conhecimento. Afinal, esses meios não são fáceis de transportar de um lado para outro e, portanto, de difícil difusão. Em compensação, são consideravelmente duráveis, e permitem que as informações registradas sobrevivam ao tempo.

Já meios de comunicação mais leves, como o papiro e o papel, no caso da escrita, ou o cinema e o rádio, facilitam a difusão de informações através de grandes territórios. A facilidade de transporte desses materiais, ou mesmo a possibilidade da mensagem ser literalmente lançada no ar, no caso do rádio, facilitam a difusão no espaço. Mas não no tempo: o impresso, bem como a celulose do cinema, se não forem bem conservados, se deterioram; a mensagem do rádio se perde no momento seguinte à audição. Assim, esses meios tendem à superficialidade e se caracterizam sobretudo por serem efêmeros.

Nesse ponto, o diagnóstico de Innis sobre nossa época se torna relativamente sombrio.

A disseminação cada vez maior de dados, produzidos por indústrias da informação, gera uma torrente ininterrupta que chega potencialmente a todos os cantos do planeta. Não há barreiras espaciais para a informação.

No entanto, o preço a pagar por essa velocidade de divulgação é alto: abrir mão da qualidade da informação, que tende, por conta da rapidez, a se concentrar nas informações que podem atrair a atenção em um momento e ser descartadas no outro.

A lógica da indústria da informação é produzir um máximo de informações que precisam ser consumidas imediatamente, porque no momento seguinte já não terão importância nenhuma. O tempo é comprimido ao máximo, tornando um eterno agora. Há uma urgência em saber o que está acontecendo, naquele momento, a todo momento, porque no instante seguinte outra informação já estará em seu lugar.

E, como não há preocupação de que essas informações durem no tempo, não há hierarquia de importância. São apresentadas como igualmente relevantes. O que, invertendo a lógica, pode significar que são todas igualmente irrelevantes.

Se vale uma aproximação com uma situação do início do século XXI, as tecnologias que permitem a conexão à internet em qualquer lugar derrubaram a barreira do espaço, e qualquer ponto se torna um espaço para a troca de informações. Mas é possível questionar qual a relevância das informações trocadas a toda hora, se é necessário fazer isso o tempo todo e por quanto tempo elas terão algum interesse.

Essa lógica se aplica, vale lembrar, a todos os meios utilizados para a divulgação de informações, incluindo, nessa gama, os *best-sellers*, o rádio e o cinema, por exemplo. A disseminação em massa tende a minar o conhecimento, tornando-o superficial e efêmero.

* * *

No entanto, talvez a contribuição mais ousada de Innis tenha sido seu último livro, *Empire and Communication*.

Esta obra tenta criar nada menos do que uma teoria da história baseada no desenvolvimento e nas transformações das relações e dos meios de comunicação entre os seres humanos sob uma perspectiva política. A partir da análise das formas principais de transmissão e compartilhamento de mensagens em quatro impérios distintos ao longo da história (os egípcios, o império de Alexandre, o romano e o bizantino), Innis postula que algumas das razões de sua ascensão e queda estão relacionados, em boa medida, com a forma de comunicação utilizada para a transmissão de informações nesses Estados.

A teoria está fundamentada em uma perspectiva relativamente simples: grandes espaços territoriais, como os de um império, precisam de um sistema administrativo baseado em uma ampla troca de informações entre a capital e as províncias distantes. É a única maneira do poder central saber o que está acontecendo e, a partir daí, tomar as necessárias decisões administrativas.

Nos impérios da Antiguidade, caso estudado por Innis, esse tipo de conhecimento era particularmente crucial para a própria sobrevivência desses estados: a presença de inimigos na fronteira, o anúncio de uma invasão ou de uma revolta popular precisavam ser informados de maneira rápida e correta à metrópole.

É justamente aí que entram em cena os meios de comunicação: a garantia de que a mensagem seria entregue em tempo hábil e de maneira correta era fundamental para que a rede de tomada de decisões fosse estabelecida. Em particular, a mídia utilizada estava ligada diretamente a esse processo.

A ausência de informações significa que o Estado está deixando de ver alguma coisa. Se não está relatado, descrito em um relatório ou informe, não chega ao poder central e, como consequência, não existe em termos políticos. Um caminho de terra sem nome, por exemplo, é invisível ao Estado porque não há informações disponíveis sobre ele. Se o Estado quer torná-lo visível, precisa dar um nome, transformá-lo em rua, colocar números nas casas.

Quando a sobrevivência do país depende de conseguir olhar todos os cantos de seu território, esse tipo de invisibilidade pode custar muito caro.

É o que Innis defende como sendo uma das causas do declínio de Roma: por conta da falta de papiro, largas áreas do império se tornaram praticamente invisíveis, provocando atrasos, por exemplo, no envio de tropas para conter invasões ou para organizar as atividades militares.

Uma crítica comum a Innis é que *Empire and Communication* flerta com o determinismo tecnológico, isto é, a ideia de que as tecnologias de comunicação em si são responsáveis pelas mudanças sociais. No entanto, como o autor menciona no início do livro, todo processo político é, em essência, multifatorial, e não é possível reduzi-lo a um ou outro fator, nem mesmo à Economia ou à Política.

Antes, trata-se de um processo consideravelmente mais amplo, no qual a mídia tem uma atuação fundamental, mas não determinante. Innis deixa no horizonte a perspectiva de que os sistemas políticos não podem ser pensados sem que se leve em conta os sistemas de comunicação.

◎ *Para começar*

INNIS, H. *O viés da comunicação*. Petrópolis: Vozes, 2010.

3
McLuhan: a vida eletrônica em uma aldeia global

"Uma rede mundial de computadores tornará acessível, em alguns minutos, todo o tipo de conhecimento aos estudantes do mundo inteiro." A frase está lá, na p. 49 de *Mutations 1990*, pequeno livro de Marshall McLuhan publicado em 1969 pela editora francesa Mame. Na época o autor já era conhecido no mundo acadêmico por seus livros anteriores, em especial *A Galáxia de Gutemberg*, de 1962, e *Understanding Media*, de 1964, editado no Brasil como *Os meios de comunicação*.

Na época, as perspectivas expostas por McLuhan em seus livros, como redes de computadores, conexão digital entre as pessoas, ligações entre seres humanos e máquinas pareciam próximo de um episódio de *Star Trek*. *Mutations 1990* ficou relativamente despercebido. Até que a realidade deu razão a McLuhan – ironicamente, nos anos de 1990.

Formado em Literatura com doutorado em Filosofia, McLuhan foi um dos primeiros, junto com seu professor Harold Innis, a construir uma teoria focada nos *media*, isto é, na tecnologia de informações.

As práticas de comunicação, para McLuhan, se estruturam em torno do eixo formado pelas mídias disponíveis para o estabelecimento das relações entre as pessoas, o que faz da mídia a protagonista dos atos de comunicação, ao redor da qual gravitam os outros elementos, articulando-se conforme a tecnologia da informação disponível no momento.

Ao longo da história, e aí há um vínculo com Innis, alterações sociais tiveram em sua origem algum tipo de modificação na maneira como as pessoas se comunicavam, isto é, nas condições disponíveis para a interação social mediada por alguma tecnologia. McLuhan sugere que a história da humanidade pode ser pensada, de maneira alternativa, como a história da interação entre o indivíduo e a sociedade a partir da mediação da técnica. O foco de análise dele parece ser, em alguma medida, o modo como as sociedades se relacionam com as mídias disponíveis e, mais ainda, como as alterações nessas mídias mudam igualmente a relação entre as pessoas.

Da galáxia de Gutenberg à aldeia global: a formação do ser humano

Uma das preocupações da Teoria da Mídia de McLuhan é compreender como os meios de comunicação interferem em nossa sensibilidade, isto é, em nossos sentidos e na maneira como percebemos a realidade ao redor. Ao longo do tempo, diferentes tecnologias da informação privilegiaram um ou outro sentido dos seres humanos.

Na Idade Média, por exemplo, antes da invenção da imprensa, a aprendizagem era sobretudo auditiva, oral e visual. Uma catedral gótica, por exemplo, oferecia ao público medieval uma experiência próxima do que seria atualmente um mergulho na realidade virtual: vitrais provocavam jogos de iluminação ao longo do dia; imagens e pinturas narravam episódios da vida religiosa e cotidiana, um coral e instrumentos musicais formavam a paisagem sonora enquanto incenso provocava uma experiência olfativa – o indivíduo era atingido por diversos estímulos.

A invenção da tipografia por Gutenberg, por volta de 1450, altera consideravelmente esse panorama. O modo de aprender perde, em alguma medida, seu apelo multissensorial, concentrando-se em um único sentido, a visão. A experiência da leitura se torna *a* maneira de aprender. O próprio conceito de "cultura" passa a ser ligado à "leitura": saber significa ler o que está nos livros, que se tornam, por sua vez, *o* objeto que representa a aprendizagem.

A cultura oralizada perde espaço para uma cultura mais e mais baseada na palavra escrita, o que, por sua vez, exige o implemento de novas técnicas de produção de papel, o suporte para o novo meio, e também gera uma nova demanda por um conhecimento específico, o alfabeto, para a compreensão da mensagem.

A sociedade passa a se organizar em torno do documento escrito e a palavra impressa se consagra como o meio principal de conhecimento, tirando o lugar de qualquer outro tipo de narrativa. Isso gera uma demanda por um tipo de educação centrada na palavra, na preparação para o uso, produção e compreensão da palavra escrita, elevada à forma principal de conhecimento – em alguns casos, o único conhecimento legitimado pelo uso.

Em *A galáxia de Gutenberg*, McLuhan faz um diagnóstico negativo desse panorama: preso ao sentido da visão, o *homo typographicus*, "homem tipográfico", em alusão ao *homo sapiens*, deixou de lado os outros sentidos e a experiência de aprender por outros meios, como imagens, sons, cheiros e sabores. Não se trata de uma crítica destrutiva das letras, mas do fato de que, em muitos aspectos, o saber foi reduzido à leitura – e uma parte do modelo escolar atual ainda mostra isso.

Como lembra o colunista Ronaldo Lemos em um *podcast* publicado em abril de 2012 no *site* Folha.com: "se Santo Tomás de Aquino reaparecesse hoje vindo da Idade Média, ficaria surpreso ao ver um hospital ou um prédio em construção. Mas se sentiria em casa ao ver uma escola" (http://folha.com/no1078932).

Em várias de suas obras McLuhan critica esse modelo. Seja em artigos menos conhecidos publicados na revista *Explorations*, ainda nos anos de 1950, no livro *Revolução na Comunicação* ou mesmo em *Mutations 1990*, o autor se preocupa com as relações entre tecnologia e inteligência. Uma de suas preocupações pode ser resumida em um paradoxo: de um lado, alunos mergulhados no universo dos pixels na tela; do outro, uma escola na qual a escrita é a principal tecnologia disponível.

O conhecimento das extensões do homem

Os meios eletrônicos, para McLuhan, ampliam as possibilidades de conhecimento e interação com a realidade. A comunicação eletrônica e as mídias digitais permitem uma troca quase instantânea de informações na forma de textos, sons e imagens ao redor do planeta, aumentando as possibilidades de contato e troca – não por acaso, na p. 55 de *A galáxia de Gutenberg*, o autor afirma que "a nova interdependência eletrônica recria o mundo à imagem de uma aldeia global".

Na aldeia global, a alfabetização pelos signos da escrita é substituída pela preparação audiovisual para os meios eletrônicos. O fluxo de imagens e sons de certa maneira marca um retorno da narrativa oral, agora mediada pela eletrônica e tornada audiovisual e sensorial. A sensibilidade humana desloca-se novamente para os ouvidos e para os olhos, bem como para a voz. A leitura perde espaço diante da imagem e o signo escrito perde espaço para os signos audiovisuais.

Isso, igualmente, muda a maneira como se aprende. Um filme ou um programa de televisão, lidando com vários sentidos de uma só vez, oferecem uma experiência de aprendizagem a ser aproveitada. Os meios de comunicação expandem a sensibilidade e permitem ao ser humano conhecer a realidade de maneiras diferentes. *A galáxia de Gutemberg* desaparece no momento em que os meios eletrônicos reconstroem o mundo a partir de seus *bits, bytes* e *pixels*.

Não é por acaso que em *Os meios de comunicação* McLuhan propõe que "os meios de comunicação são extensões do homem", isto é, amplificam os sentidos humanos em seu contato com a realidade. Nos exemplos do autor, o telefone é uma extensão do ouvido assim como a roda é uma extensão dos pés. Nessa noção ampliada de "mídia", o contato do ser humano com a realidade é transformado pelos meios acoplados a ele – o que, por sua vez, muda a maneira como se vivencia essa experiência.

Aliás, em certa medida, a noção de interatividade está ligada de alguma forma à ideia de que os meios são extensões do homem. Interagir, no caso, é utilizar instrumentos digitais para existir virtualmente em lugar nenhum. A interação, pensando nos termos de McLuhan, é a ligação entre os seres humanos via extensões tecnológicas responsáveis por formar um corpo de pixels acoplado ao corpo biológico.

O modo como se ouve música pode ser um exemplo.

A gravação de sons, ainda no final do século XIX, mudou o modo como se ouve e vive a experiência musical. Antes dessa invenção o acesso à música era restrito ao "ao vivo", e o repertório das pessoas era condicionado pelas chances de ouvir música. Após a invenção do disco, ouvir música não era mais questão de sorte. O tamanho dos aparelhos de som provocou um deslocamento da experiência auditivo-sonora da sala de concertos, das praças ou igrejas para a sala de estar. A experiência pública deixava de ser a única possível e passava a concorrer com a presença mais íntima da tecnologia do som em casa.

A partir da invenção do *walkman*, nos anos de 1980, o modo de ouvir música novamente mudou. Do espaço coletivo da esfera familiar, a música se concentrou diretamente no indivíduo. Com o fone de ouvido a experiência auditiva torna-se particular, mesmo quando algumas pessoas insistem em colocar o volume alto o suficiente para todo mundo ao redor ouvir. As alterações na tecnologia transformaram o modo como se ouve música.

Meios e mensagens

É nesse sentido que McLuhan afirma, em *Os meios de comunicação*, que "o meio é a mensagem". As características intrínsecas de cada meio implicam alterações na produção e na recepção da mensagem. As mudanças em nossa relação com a mensagem são provocadas pelo meio de comunicação ao qual nos ligamos para ter acesso à mensagem. A rigor, não existe "transposição" ou "adaptação" da mensagem: cada meio produz uma mensagem completamente nova a partir das informações.

O meio altera a mensagem e pode torná-la mais ou menos complicada, exigindo um tempo diferente de atenção e dedicação do indivíduo para compreendê-la. Quanto mais um determinado meio exige concentração para se compreender a mensagem mais difícil ele será. Por outro lado, há meios nos quais a mensagem necessariamente precisa ser mais simples, rápida e direta – e, com isso, até mesmo o tema mais complicado deve obrigatoriamente ser condensado em aspectos essenciais.

Nesse aspecto, McLuhan fala de meios "quentes" e "frios". Um meio "quente" geralmente é dirigido a um único sentido. O livro exige apenas o olho, enquanto o rádio dirige-se à audição, o cinema e a televisão requerem mais de um sentido e a interação via computador, na medida em que requer também o tato, pelo menos no uso de uma tela ou de um teclado, são meios "frios". Em uma espécie de sinestesia, os meios "frios" apelam para vários sentidos ao mesmo tempo.

McLuhan foi um dos poucos pensadores que viram suas ideias ultrapassarem os muros das universidades e alcançarem um público geral – em 1977, chegou a fazer uma ponta no filme *Noivo neurótico, noiva nervosa*, de Woody Allen. Os desenvolvimentos tecnológicos mostraram o acerto de suas ideias, às vezes com décadas de antecedência. A realidade, pelo visto, nem sempre acertou o compasso em relação a McLuhan.

◎ *Leituras iniciais*

BASTOS, M. "Ex-crever?" In: SANTAELLA, L. & NÖTH, W. (orgs.). *Palavra e imagem nas mídias*. Belém: UFPA, 2008.

LIMA, L.O. *Mutações em educação segundo McLuhan*. Petrópolis: Vozes, 1973.

McLUHAN, M. *Os meios de comunicação*. São Paulo: Cultrix, 1975.

_____. *A galáxia de Gutemberg*. Rio de Janeiro: Companhia Editora Nacional, 1972.

PEREIRA, V. *Estendendo McLuhan*. Porto Alegre: Sulina, 2011.

4

Ambiente, canal, linguagem: as mídias para Joshua Meyrowitz

A maneira como os meios de comunicação se articulam com o cotidiano dos indivíduos é uma das principais preocupações da chamada "segunda geração" da Teoria dos Meios, representada, entre outros, pelo pesquisador britânico Joshua Meyrowitz. Em *No sense of place*, publicado em 1986, retoma o legado de outros pesquisadores da mídia, mas adiciona uma questão sobre o modo como os meios podem alterar o comportamento dos indivíduos e suas relações sociais.

A pergunta não se dirige às mensagens dos meios, mas aos meios em si, procurando compreender de que maneira as tecnologias de comunicação redefinem nossas percepções do mundo social, sobre relacionamentos pessoais e sobre nós mesmos em um cotidiano no qual identidades passam pelas mídias.

Em linhas gerais, Meyrowitz propõe que as diversas mídias são centrais para a compreensão dos processos sociais, políticos e históricos de uma época. Os meios de comunicação têm propriedades específicas que devem ser pensadas em suas articulações com outras práticas sociais, interferindo direta ou indiretamente na maneira não só como as pessoas se relacionam e interagem com o mundo ao seu redor.

O meio não se reduz a um suporte para a mensagem, mas interfere diretamente no conteúdo. Meyrowitz cita como exemplo as transformações no cenário religioso provocadas quando a *Bíblia* passou a ser impressa em vez de manuscrita, no final da Idade Média. A mesma mensagem, em dois meios diversos, provocou transformações diferentes. A definição de *mídia*, nesse sentido, ultrapassa a noção comum que entende "meios de comunicação" como um "canal".

Canal, ambiente, linguagem: as metáforas da mídia na Teoria dos Meios

A definição de mídia de Meyrowitz tem três elementos: pensar os meios de comunicação como *canais* para levar informações de um ponto a outro, mas também como uma *linguagem* específica derivada de suas características e, finalmente, como um *ambiente* no qual estamos imersos o tempo todo.

(1) Pensada como *canal*, a mídia tende a ser vista como um instrumento que leva informações entre dois pontos. Essa definição tende a privilegiar as características específicas relacionadas à estrutura física dos meios. De fato, quando se pensa em "mídia", em geral vem à mente algum tipo de instrumento — um jornal, um aparelho de televisão ou mesmo um computador. Essa primeira definição em geral relega a mídia a um mero coadjuvante da mensagem, carregando informações de um lugar para outro.

Assim, entende-se que uma mensagem poderia ser a mesma no rádio, na televisão ou em um *site*, com poucos problemas de adaptação. O exemplo dado pelo próprio Meyrowitz são as adaptações de obras da literatura para o cinema: não é raro ouvir reclamações de que a transposição não foi "fiel ao original", como se fosse possível simplesmente transplantar uma mensagem entre meios sem levar em consideração as características específicas de cada mídia.

(2) Isso conduz à segunda metáfora, a mídia como *linguagem*. Essa perspectiva leva em consideração as características específicas de cada meio de comunicação e procura compreender de que maneira esses elementos constituem uma *gramática*, ou seja, cada meio tem características exclusivas que interferem diretamente na mensagem.

Uma conversa por telefone, por exemplo, exige dos envolvidos o conhecimento da sua linguagem. Há regras para iniciar a conversa, para mantê-la e para encerrá-la, diferentes, digamos, de uma conversa pessoal ou por mensagens de texto. Do mesmo modo, a leitura de um *blog* acontece em uma tela, o que cria algumas regras para o tamanho e estilo da fonte, disposição de imagens e outros elementos, enquanto na mídia impressa a diagramação, as cores e mesmo a qualidade do papel fazem parte dessa linguagem.

Assim, espera-se que um filme, de acordo com o que se considera a "linguagem do cinema", tenha cortes e edições de imagem, *close-ups*, planos diversos, *fade-outs* e outras características virtualmente impossíveis de encontrar, por exemplo, em um livro, uma foto ou uma peça de teatro.

(3) A compreensão dessa gramática está relacionada com a terceira metáfora, a mídia como *ambiente*. Nessa perspectiva, procura-se entender de que maneira as mídias se inserem o tempo todo no cotidiano das relações sociais, e, do mesmo modo, como a vida social se articula com a presença dos meios de comunicação. Cada meio tem suas próprias limitações e características, e oferece experiências sensoriais, psicológicas e sociais completamente diferentes.

Mandar uma mensagem de texto via celular é uma atividade completamente diferente de telefonar para alguém: ainda que o conteúdo seja o mesmo, digamos, fazer um convite, na medida em que o *canal* muda a *linguagem* também muda, criando entre as pessoas que participam daquele ato de comunicação um *ambiente* particular decorrente do uso de uma mídia ou de outra.

As características de cada uma das mídias, como a velocidade da informação, o tempo de resposta e as possibilidades de compartilhamento alteram o ambiente de comunicação no qual se está inserido. A possibilidade de troca de mensagens instantâneas via celular, por exemplo, afeta diretamente os relacionamentos humanos – ao mesmo tempo em que é possível estar metaforicamente com a pessoa com quem se está trocando mensagens, é possível estar ausente do ambiente no qual se está fisicamente, ignorando as pessoas ao redor.

Grupos, hierarquias e socialização

Meyrowitz propõe que a vida social seja compreendida, em essência, como um complexo sistema de troca de informações a partir do qual são formadas identidades pessoais e de grupo, relações sociais e estruturas de poder. O cotidiano é construído a partir de, e nas, relações de comunicação. A definição dos papéis sociais, nesse sentido, está diretamente ligada às relações de comunicação de um indivíduo.

A definição da identidade parece se formar à medida que fluxos de informações envolvem os indivíduos e são por eles compreendidos. Mais do que as informações em si, o *acesso às informações* é um fator crucial para a definição das fronteiras sociais entre os indivíduos, mostrando a cada um qual é seu espaço e, portanto, indicando em alguma medida quem se é.

No mundo da família, por exemplo, crianças em geral não têm acesso a uma boa parte das informações que circulam no universo de seus pais. Segredos familiares, tema amplamente explorado na ficção, garantem relações de poder entre os que têm e os que não têm acesso à informação. O acesso à informação é determinante para a definição dos papéis sociais: para usar um exemplo do próprio Meyrowitz, pacientes de um hospital dificilmente podem participar das reuniões de médicos e funcionários, assim como os clientes de um restaurante não costumam ter informações detalhadas sobre o que acontece na cozinha – para sorte de todos, em alguns casos.

A constituição das identidades de grupo, a socialização humana e a criação de hierarquias estão vinculadas diretamente ao acesso que se tem a um determinado tipo de informação.

Nos *grupos*, por exemplo, informações são *compartilhadas* entre os membros, mas são mantidas como segredo diante dos participantes de outro grupo, algo fundamental para definir quem pertence ou não pertence àquele grupo. O técnico de futebol que decide fazer um treino fechado antes da final de um campeonato para evitar que o adversário conheça sua estratégia, por exemplo, está trabalhando ao mesmo tempo com a divulgação e a retenção de informações.

No mesmo sentido, a *socialização* dos seres humanos pode ser compreendida como o *acesso controlado* do indivíduo às informações, em um processo que começa na infância, com um baixo fluxo de dados, e vai progressivamente se expandindo até a idade adulta.

A construção de *hierarquias*, para Meyrowitz, pode ser entendida como um *processo não recíproco* de fluxos de informações, definidas por um grupo ou indivíduo que, a partir do controle das informações, controla também as situações sem receber resposta alguma. No espaço de uma indústria, por exemplo, geralmente apenas setores mais altos nas hierarquias têm acesso a todas as informações; segmentos médios e baixos têm, quando muito, acesso a informações parciais a respeito do que está acontecendo. As informações que chegam dos escalões mais altos tendem a ser apenas recebidas, sem a possibilidade, em muitos casos, de algum tipo de contrafluxo.

Meios, identidades e sistemas de informação

No micronível das relações pessoais afetivas a constituição dos espaços se vincula ao acesso à informação mútua permitido entre duas pessoas. As pessoas no metrô, por exemplo, têm um limite bastante claro e definido no que diz respeito às informações umas das outras, bem menor do que o de um casal de namorados.

Um "lugar", nessa perspectiva, não é apenas um espaço físico delimitado por algum tipo de borda, mas é um sistema de informações que permite aos indivíduos definirem as situações. Quando se entra pela primeira vez em uma loja, por exemplo, informações dizem ao indivíduo aonde ele está, se é um lugar descontraído, refinado, qual o poder aquisitivo dos frequentadores, quais as especialidades, quanto tempo se espera que o cliente permaneça lá. Os sistemas de informação formam o "senso de lugar" para cada um. Em outras palavras, dizem a cada momento quem se é e qual lugar se ocupa na vida social.

Por conta disso, cada meio de comunicação influi de maneira decisiva no modo como as informações circulam entre as pessoas, permitindo tipos diferentes de interação e modificando o "sentido de lugar" dos indivíduos – não por acaso seu principal livro é intitulado *No sense of place*.

Os meios de comunicação eletrônicos redefinem a maneira como os fluxos de informação circulam na sociedade, modificando uma série considerável de barreiras à divulgação de dados. Isso não significa livre acesso à informação, mas a possibilidade de que alguns dos obstáculos anteriormente existentes fossem eliminados. Se a informação é um elemento fundamental para dizer ao indivíduo qual é seu lugar na sociedade, no momento em que esses controles são radicalmente alterados essa perspectiva tende a se transformar ou mesmo desaparecer – daí o título do livro, a *Falta de sentido de lugar* no que diz respeito a saber quem se é e aonde, em termos sociais, se está.

Mesmo os controles de informações responsáveis pela manutenção dos poderes e hierarquias se transformam de acordo com os meios utilizados. O segredo e a informação de mão única, elementos fundamentais para o controle hierárquico, se estruturam de maneira diferente nas mídias eletrônicas e digitais. No início da década de 2010 foi o *site Wikileaks* que postou milhares de documentos confidenciais de empresas e de vários países, incluindo segredos de Estado, criando uma série de problemas diplomáticos e políticos.

As contribuições de Meyrowitz para a Teoria do Meio abriram outras perspectivas nos caminhos indicados por Innis e McLuhan, agregando às preocupações políticas e históricas de seus antecessores uma variável a respeito do modo como as mídias redefinem as relações sociais e se articulam com o comportamento dos indivíduos, abrindo novas possibilidades de interação, mas também eliminando fronteiras e aumentando a ambiguidade de várias situações. Uma possibilidade para se pensar de que maneira "ser alguém" pode significar "ser alguém conectado".

5

A conexão corpo-tecnologia: Derrick de Kerckhove

Na trilha da paisagem teórica desenhada por McLuhan, o pesquisador canadense Derrick de Kerckhove leva a Teoria da Mídia ao limite de algumas explorações conceituais. Seus estudos, ligados ao de seu antecessor, procuram compreender de que maneira os meios e tecnologias de comunicação se articulam com os seres humanos. A pergunta é semelhante àquela feita por McLuhan e Meyrowitz, mas a resposta oferecida por Kerckhove parece ser mais radical: cada mídia, com suas características específicas, pode interferir diretamente na psicologia humana, moldando a maneira como nos relacionamos com os outros e com a realidade em geral.

O conceito de "mídia" para Kerckhove é bastante amplo, incluindo todos os elementos capazes de transmitir e compartilhar informações, mesmo que não tenham sido feitos exclusivamente para isso. O dinheiro, por exemplo, é uma "mídia" na medida em que carrega em si um volume considerável de dados – informações sobre o país no qual foi feito, o valor que representa, a época em que foi criado e sua utilidade. A "mensagem", nesse caso, não é o principal elemento. Aliás, como acontece em quase todos os autores da Teoria da Mídia, a "mensagem" em si não é o que mais importa na compreensão das relações entre meios de comunicação e seres humanos.

Não por acaso, define sua área de pesquisa como "Tecnopsicologia", isto é, o "estudo das condições psicológicas dos indivíduos sob influência de inovação tecnológica". A tecnologia, especialmente a mídia, não é apenas um instrumento para se transmitir e compartilhar informações. Mais do que um suporte para mensagens, é um elemento decisivo na formação da mente, dos modos de sentir, perceber e compreender a realidade.

A consciência humana, longe de ser algo estritamente natural, é produzida no contexto onde se vive, incluindo aí as tecnologias de comunicação. A televisão, os celulares, o cinema, rádio e computadores formam o ambiente imediato no qual mente se forma e, por conta disso, interferem de maneira direta no modo como as formas de percepção do ser humano se desenvolvem. Em suas palavras, a tecnologia cria "campos tecnoculturais" dentro dos quais se está inserido.

Há uma espécie de teoria do conhecimento, bem como uma teoria da história, vinculada à Tecnopsicologia.

A realidade chega à mente humana pelos sentidos. No entanto, esses sentidos nem sempre operam sozinhos: ao contrário, em boa parte dos casos eles trabalham acoplados a algum outro instrumento que fica entre eles e a realidade – algo que está no meio, portanto, uma "mídia". As roupas intermediam a relação com a temperatura e as condições do ambiente, assim como sapatos, bicicletas e carros são os meios, a "mídia", com a qual as pessoas se relacionam com o espaço e com o movimento. Na medida em que esses elementos intermediam a maneira como a realidade chega à mente, eles também, de alguma maneira, interferem no modo como as informações atingem os sentidos. O resultado é uma interação mediada entre a mente humana e a realidade, transformando as percepções e a cognição conforme o uso específico de cada mídia.

Se McLuhan havia dito que "os meios de comunicação são extensões do homem", Kerckhove parece levar essa afirmação às últimas consequências, indicando que as tecnologias de comunicação existem como parte integrada do ser humano, influenciando de maneira direta o modo como se entende a realidade.

Desse modo, as mídias não são concorrentes entre si pelo simples fato de que cada uma delas está ligada a um tipo diferente de relação entre a mente e a realidade. Suas características particulares formatam não só as mensagens de maneira específica, mas também a mente em seu relacionamento com o meio/mensagem. De acordo com suas características próprias, cada mídia requer algo específico da mente humana para ser compreendida e, igualmente, oferece um tipo próprio de experiência aos sentidos. No exemplo do próprio Kerckhove, não há por que imaginar uma suposta competição entre livros e televisão: cada um deles propõe um tipo completamente diferente de relação com o ser humano, e não são equivalentes.

Em cada época, as tecnologias de mídia disponíveis interferem no processo de formação da inteligência, auxiliando na construção das percepções e na maneira como será possível lidar com o mundo ao redor. Em suas palavras, "quando a ênfase em um dado meio tecnológico muda, o todo da cultura se transforma". A passagem dos anos de 1960-1970 para os anos de 1980 foi marcada pela chegada do computador, o que significou também alterações no modo de pensar e produzir cultura:

	1960-1970	1980
Meio dominante	Televisão.	Computador.
Conceito dominante	Cultura de massa; Produção em massa; Estar em todos os lugares ao mesmo tempo.	Cultura da velocidade; Instantâneo; Estar em um lugar quando isso importa.
Modelo de comunicação	Transmissão (direção única): "dar ao povo o que o povo quer".	Rede (mão dupla): "descobrir o que as pessoas querem".
Palavras principais	Mitos, ícones, imagens.	Lógica; inteligência artificial; sistemas peritos.
Fonte principal de metáforas	Corpo – sentidos – toques.	Cérebro; Sistema nervoso central.

Não por acaso, a cada geração as crianças parecem ter uma surpreendente familiaridade com a tecnologia. Trata-se, a rigor, não de uma maior familiaridade delas, mas do descompasso da geração anterior que teve de aprender a lidar com isso já na fase adulta. O senso comum parece ter uma percepção dessas alterações. Algumas pessoas, quando veem um nenê particularmente esperto, costumam dizer que "as novas gerações nascem sabendo de tudo". Na perspectiva de Kerckhove, isso poderia ser entendido por conta do ambiente midiático no qual cada geração é formada.

O corpo conectado

Essa relação não se limita à mente, mas está ligada também ao corpo. Mais do que efeitos sobre a mente, a televisão, para Kerckhove, está ligada a processos de estímulo corporal, provocando em alguns momentos reações quase instintivas.

Isso pode ser percebido, por exemplo, em qualquer ambiente onde tenha uma televisão ligada, como bares, lanchonetes ou mesmo ônibus e metrô de algumas cidades. É muito difícil não olhar para a tela. Aliás, parece quase involuntário lançar olhares constantes, por mais que se queira conversar ou prestar atenção em outra coisa. Isso acontece por conta da relação direta entre as características da televisão e as da mente humana.

Mamíferos estão biologicamente programados, explica Kerckhove, para prestar atenção às menores mudanças no ambiente. Questão de segurança e sobrevivência. Estímulos imediatamente atraem a atenção. Na vida cotidiana, o estímulo provoca uma resposta qualquer e, terminado o ciclo, a questão está encerrada.

Diante da televisão, por outro lado, o fluxo contínuo de estímulos sonoros e visuais criam uma sensação de novidade permanente, de maneira que a mente não tenha tempo de lidar com um estímulo antes do próximo, tendo como principal resposta a atenção constante para saber o que vem a seguir. Não é por acaso que em filmes e telenovelas, mas também em telejornais, as cenas tenham duração cada vez menor.

Nesse sentido, provoca Kerckhove, não é o telespectador que "zapeia" a televisão, mas, ao contrário, a TV zapeia a mente do telespectador antes que ele possa mudar de canal. Independentemente da mensagem, as características do meio estão articuladas com o processo de compreensão da realidade pela mente.

O mundo real, aliás, é transformado e representado conforme a especificidade de cada meio. No caso da televisão, por exemplo, mesmo as notícias e documentários se tornam aparentados com a ficção, independentemente das intenções dos autores, diretores e jornalistas. O meio não apenas interfere na mensagem, mas na compreensão das pessoas em relação à mensagem.

Isso não se resume aos meios eletrônicos.

A organização do alfabeto lembra, em vários aspectos, aquela das mídias digitais. Assim como *bits* e *bytes*, as letras armazenam informações, os sons que representam, mas não funcionam se não estiverem em relação umas com as outras. Além disso, na medida em que formam palavras, ligam-se a um modo específico, desenvolvido pelo cérebro humano, para processar essas informações, decifrando o alfabeto a partir da ligação entre as letras e as palavras. "Aprender a ler e escrever" não é apenas saber codificar e decodificar mensagens, mas é estabelecer um modo completamente diferente de relacionamento entre a mente, o corpo e o mundo ao redor.

Kerckhove compara o alfabeto como um programa, altamente sofisticado e poderoso, responsável por boa parte da operação do mais poderoso instrumento existente, o ser humano. Essa programação formata a relação com a realidade e dá indicações preciosas de como o cérebro deve funcionar. Não só o cérebro, aliás: a leitura e a escrita são processos que envolvem não só a mente, mas também o corpo, tanto no movimento dos olhos e da cabeça quando se lê quanto na coordenação motora para se segurar um lápis ou uma caneta. Nos adultos esse processo está muitas vezes tão integrado com o cotidiano que raramente nos damos conta de todos os fatores envolvidos, mas basta voltar aos primeiros anos de vida, durante o processo de alfabetização, para recordar que aprender a ler e a escrever não foi nada fácil. Não se tratou apenas de decorar um código, mas de instalar no corpo – mantendo a metáfora de Kerckhove – um programa completamente com instruções de ação.

As consequências sociais e políticas da constituição da mídia como "pele da cultura" não escapam ao autor. Em especial, por conta da mistura entre os espaços públicos e privados causados pelas mídias. "A eletricidade acelerou o espaço público, via TV, e o espaço privado, via computadores e redes", explica. A convergência desses meios significa igualmente a convergência dos espaços, e, nesse sentido, as mídias digitais provocam um apagamento progressivo das fronteiras entre o público e o privado, alterando o sentido e as possibilidades da democracia, em especial na complexidade das redes da internet.

Representante do que poderia ser uma "terceira geração" da Teoria dos Meios, Kerckhove leva algumas concepções de Innis e McLuhan às fronteiras externas, procurando enquadrar elementos sociais, políticos, culturais e psicológicos da vida humana dentro do contexto das mídias digitais. Uma proposta de compreensão da realidade que, se não pode ser tomada essencialmente ao pé da letra, desafia a pensar na integração entre os meios – ou pelo menos o quanto seu olho está se movimentando na relação com estas letras.

◎ *Para tocar no assunto*

KERCKHOVE, D. *A pele da cultura*. São Paulo: Annablume, 2011.

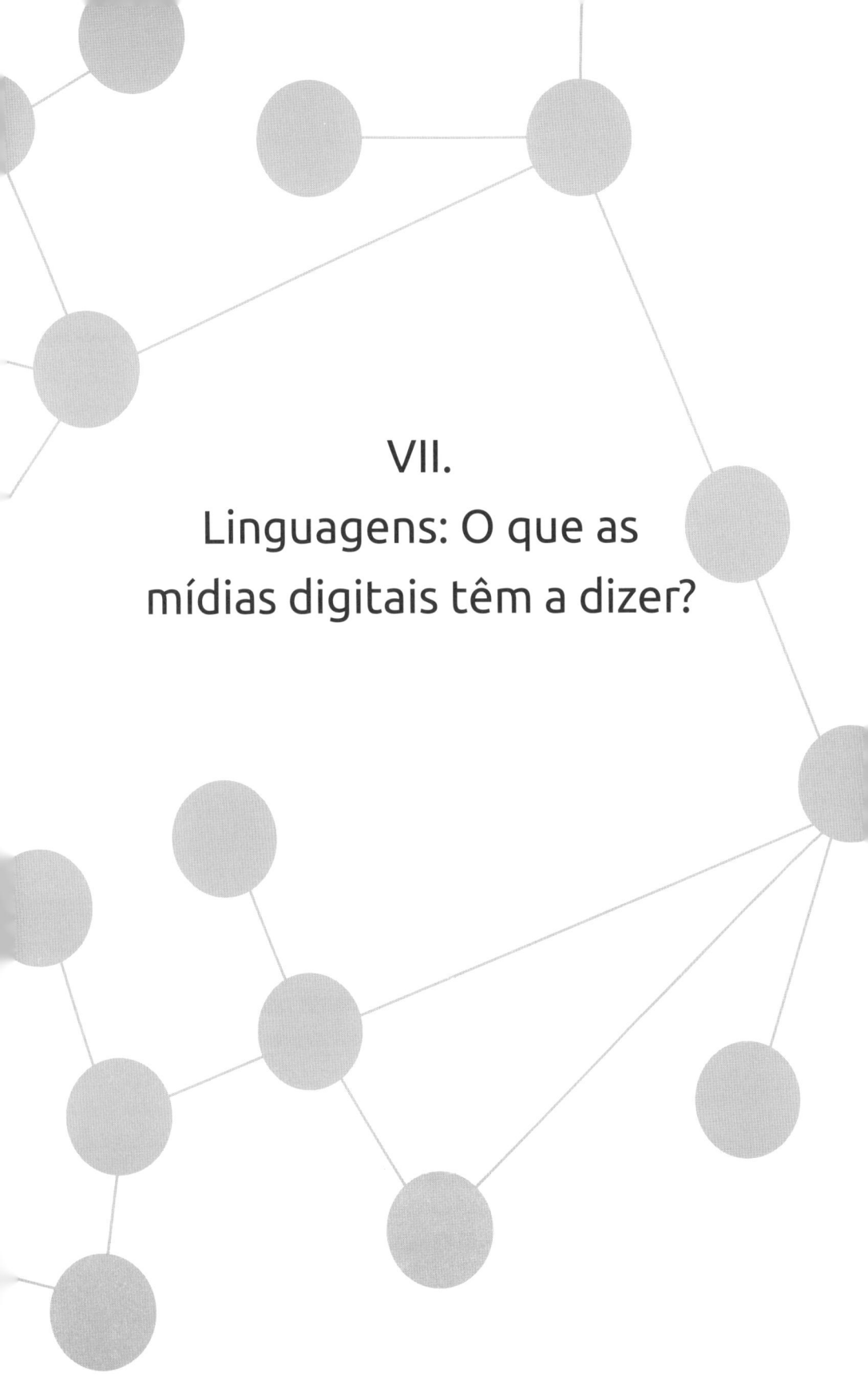

VII.
Linguagens: O que as mídias digitais têm a dizer?

1
As linguagens das mídias digitais em Lev Manovich

Quando se fala em "novas mídias", palavras como "interatividade", "multimeios", "convergência" e outras tantas expressões próximas em significado e abrangência logo aparecem na conversa, como se fossem características, às vezes *as* características, do termo.

Para Lev Manovich, nenhuma dessas palavras define os principais elementos das novas mídias – no máximo, dizem alguma coisa sobre seus elementos superficiais. Em seu livro *The Language of New Media* procura ir além dessas características e mergulhar no que pode, de fato, definir o que elas têm de específico.

E, para isso, seu primeiro passo é limpar o terreno: em vez de perguntar o que as novas mídias podem fazer e ficar descrevendo essas capacidades, busca encontrar os pontos comuns para definir o que é, de fato, uma "mídia nova". Em primeiro lugar, não podem ser reduzidas a um único objeto. Trata-se de uma pluralidade de aparelhos, ferramentas, dispositivos e acessórios, fixos ou móveis, acoplados ou não diretamente aos seres humanos.

O ponto comum do qual resultam as outras características das novas mídias é a intersecção de duas áreas até diferentes, os meios de comunicação e os computadores. Embora atualmente seja praticamente impossível pensar em um sem o outro, até bem pouco tempo atrás esses dois domínios estavam relativamente distantes um do outro.

Basta lembrar que o primeiro filme com cenários totalmente feitos por computador foi *Tron*, de 1983. Até então, cinema era feito com câmeras. Por seu turno, uma das primeiras gravações comerciais de sucesso utilizando apenas instrumentos eletrônicos foi o álbum *Switched-on Bach*, de Walter Carlos, gravado em 1967, no qual obras do compositor alemão J.S. Bach são recriadas em um sintetizador. Antes disso, com exceção de algumas experiências isoladas ao longo do século XX, música era feita com instrumentos e seres humanos, e os exemplos poderiam seguir.

A origem das novas mídias é a intersecção entre os antigos meios de comunicação, da escrita à televisão, passando, evidentemente, pela imprensa, a fotografia, o rádio e o cinema, e sofisticadas máquinas de calcular capazes de lidar com milhares de variáveis e operações ao mesmo tempo, o computador. Essa junção é a raiz das novas mídias.

A aplicação das potencialidades matemáticas do computador às características de produção e à linguagem dos meios de comunicação teve como resultado uma alteração nesses dois domínios, reunindo-os em um só – a nova mídia.

O espaço cada vez maior ocupado pelos computadores na sociedade desde a segunda metade do século XX foi resultado de vários processos simultâneos, dentre os quais a diminuição de seu tamanho, a queda nos preços de fabricação e a facilidade de operação. Isso permitiu sua aplicação a domínios cada vez mais diversos – no início, eram usados principalmente para a realização de operações matemáticas e cálculos com dados.

A partir dessa expansão, o uso em outras áreas, das artes à indústria, aumentou exponencialmente. Isso evidentemente não alterou apenas o modo como se faziam as coisas em um nível técnico, mas mudou também a maneira de se pensar a respeito delas – nas palavras de Manovich, a "computadorização da cultura" não apenas cria novas "formas culturais", como a cibercultura, os *games* e a realidade virtual, mas "redefine as já existentes, como a fotografia e o cinema". As atividades mais corriqueiras, como ver as horas no relógio, fazer uma ligação telefônica ou até mesmo fazer um pedido em uma lanchonete podem depender, em alguma medida, de um computador.

Vale aqui uma ressalva. Em geral, quando se fala de "computador", é possível lembrar de um aparelho com uma tela, um *mouse* e um teclado, um *notebook* ou um *netbook*. Posteriormente, *tablets* e *smartphones* também poderiam caber nessa definição. No entanto, as características externas desses aparelhos, bem como suas diferenças, escondem um ponto comum: no fundo, todos não deixam de ser calculadoras. Extremamente poderosas, mas calculadoras.

Tudo o que se vê nas telas desses instrumentos é o resultado de operações matemáticas que definem o que deve aparecer em cada coordenada, aonde, quando, como e por quê. São programas com instruções a respeito do que fazer em cada situação, de maneira que, diante de um comando, seja possível calcular o que fazer em seguida. Esses cálculos permitem à máquina tomar decisões, exibir resultados e, se necessário, lidar com esses resultados novamente, dando início a outra rodada de operações matemáticas.

Quando se pressiona uma letra no teclado de um computador, os impulsos elétricos recebidos serão decodificados na forma de operações matemáticas e convertidos em cálculos para definir o que fazer, em um quase infinito jogo de "sim" e "não" para cada variável. No caso, ao apertar uma tecla, digamos "L", o processador do computador vai calcular uma série de variáveis – quantas vezes a tecla foi apertada, por quanto tempo, durante a utilização de qual programa, com ou sem a tecla *shift* junto – para definir o que fazer, isto é, ordenar que a tela, escurecendo determinados *pixels*, exiba o caráter "L" nas coordenadas x e y definidas.

Essa estrutura invisível de cálculos é a estrutura da linguagem da nova mídia.

Em uma música digitalizada, por exemplo, cada som corresponde a uma série de cálculos que instruirão o aparelho a produzir um som com o timbre x, na altura y, com a duração z no ritmo w. Cada mínimo som reproduzido exige um cálculo desses. Imagine-se, em uma canção qualquer, o número de instruções que deve ser processada ao mesmo tempo para colocar, na ordem certa, cada momento da voz e cada um dos instrumentos. Um fluxo ininterrupto de cálculos altamente complexos é necessário para manter a música tocando. E, se há uma coisa para a qual computadores servem, é para fazer contas.

Histórias paralelas

Manovich lembra que um dos ancestrais mais antigos do computador foi desenvolvido em 1833 pelo inglês Charles Babbage, chamada de "Máquina Analítica". A máquina tinha várias características do que viria adiante: era alimentada com informações a partir de cartões perfurados, tinha uma memória com instruções específicas do que fazer e como interpretar cada informação, exibindo os resultados em forma impressa em seguida. Receber *inputs*, processar esses dados, interpretá-los, tomar decisões e exibi-las: os princípios do computador.

Esses princípios receberam vários impulsos posteriores, notoriamente por parte de outro matemático britânico, Alan Touring, responsável, entre outras coisas, por projetar o que denominou "Máquina Universal" capaz não só de executar operações matemáticas, mas também seguir instruções em um *loop* contínuo e, portanto, capaz de permanecer operando diante de novas informações. Os desenvolvimentos seguintes levaram, ainda no final dos anos de 1970, às primeiras tentativas de se criarem computadores pequenos e acessíveis, os "PCs" ou "Personal Computers", dentre os quais o Macintosh, criado por Steve Jobs e Wozniak, foi um dos primeiros a alcançar espaço comercial.

Mas essa é só metade da história contada por Manovich. A outra parte também começa na década de 1830.

Em 1839, em Paris, Louis Daguerre exibiu pela primeira vez um aparelho que permitia o registro de imagens, intitulado "daguerreotipo", ancestral da fotografia. Pela primeira vez era possível armazenar imagens da realidade sem a intermediação da pintura ou do desenho. Uma nova mídia, a fotografia, tornava isso possível. Seu suporte material era a chapa fotográfica, o aparelho, uma câmera. O ano de 1895 testemunhou a criação de mais uma mídia, o cinema. Nas películas era possível armazenar imagens que criavam, no conjunto, a ilusão do movimento.

A mesma década de 1890 viu o surgimento das primeiras gravações de áudio. Cilindros de cobre, e posteriormente discos de cobre, acetato e finalmente vinil eram gravados com sulcos resultantes das vibrações do som. Quando esses sulcos eram percorridos por uma agulha os sons eram reproduzidos.

O aparecimento desses meios de comunicação permitiu uma expansão sem precedentes na maneira como informações eram produzidas e armazenadas. Pela primeira vez na história, imagens, fixas ou em movimento, e sons de qualquer tipo poderiam ser armazenados e reproduzidos quantas vezes se quisesse. Para se ter uma ideia do que isso significou na época, vale lembrar que uma das poucas mídias disponíveis para o registro de qualquer ideia, fosse ela relativa à linguagem verbal, sonora, visual ou de qualquer outro tipo, era a escrita.

Cada uma dessas mídias tinha suas próprias características. Cada uma tinha seu suporte material, por exemplo. As chapas fotográficas tinham muito pouco a ver com as películas de filmes, que por sua vez usavam um processo distante da gravação de sons. A produção de mensagens no rádio utilizava ondas eletromagnéticas, enquanto, na televisão, sinais analógicos captados por uma câmera eram convertidos em imagens por um tubo de raios catódicos nos aparelhos receptores – a "televisão" no sentido eletrodoméstico do termo.

Em outras palavras, o suporte material de cada meio de comunicação era, em geral, diferente de todos os outros, mesmo quando guardavam alguma proximidade. Isso levou, em alguma medida, ao desenvolvimento de linguagens específicas para cada um desses meios, isto é, maneiras diferentes de utilizar um ou outro conforme suas possibilidades. Se, por um lado, as possibilidades eram muitas, por outro o fato de serem elementos materiais, físicos, criavam limitações.

O filme *Festim diabólico*, de Alfred Hitchcock, é um exemplo. A história toda é contada em um único *take*, isto é, não há cortes entre as cenas. No entanto, o diretor tinha um problema: os rolos de filme tinham tamanho limitado. Sua solução foi, em determinados momentos, aproximar a câmera de alguma superfície escura, como uma toalha ou uma cortina, e trocar o rolo, dando continuidade à filmagem. O gênio precisou dar conta das limitações dos meios à sua disposição.

A segunda metade do século XX é o momento em que essas duas histórias se encontram.

Meios de comunicação e os computadores mesclam suas potencialidades. Acontece, nesse encontro, o que o autor define como tradução das informações existentes nos meios de comunicação em dados numéricos; "gráficos, imagens em movimento, sons, formas, espaços e textos podem ser computados", tornam-se um conjunto de dados.

A integração entre o computador e os meios de comunicação alterou radicalmente a maneira como ambos se articulam com um processo mais amplo, a cultura. As transformações resultantes dessa junção se espalharam, com velocidade cada vez maior, pelas tramas do cotidiano, ocupando mais e mais espaços. A nova mídia tornou-se parte da vida, e, por conta dessa proximidade, nem sempre suas características vêm à tona. O resultado desse encontro, para Manovich, é simples: "a mídia se torna nova mídia".

Os princípios da nova mídia

As novas mídias, por diferentes que sejam entre si, têm algumas características comuns relativas à maneira como elaboram suas produções. Esse substrato é responsável, entre outras coisas, pelas inúmeras possibilidades de aplicação, daí a preocupação de Manovich em encontrar princípios comuns a todas elas em vez de ficar descrevendo aplicativos, equipamentos ou programas. Esses cinco princípios dizem respeito à natureza das novas mídias:

1) Representação numérica

Todos os elementos das novas mídias são, em última análise, parte de um código digital, uma representação numérica baseada em uma sequência de 0s e 1s. Quando uma fotografia é digitalizada, todos os seus elementos são convertidos em um código numérico de 0s e 1s que, combinados, formam a versão digital da foto. Quando essa foto é exibida na tela, o que vemos é uma imagem formada por *pixels*; no entanto, cada um desses *pixels* mostrados é o resultado de uma sequência de cálculos feitos pelo computador.

Se usamos um programa de edição para alterar essa imagem, o que vemos na tela é mais ou menos nitidez, uma cor alterada ou um efeito qualquer; para além da tela, estamos a rigor introduzindo cálculos sobre a posição e as qualidades de cada *pixel*. A consequência imediata disso é que a mídia se torna manipulável – nas palavras de Manovich, *programável*.

2) Modularidade

Uma segunda característica das novas mídias é o fato de elas serem compostas de partes relativamente separadas, ou separáveis, entre si. Seus componentes podem ser desmontados e reorganizados em um número aparentemente infinito de combinações. Para cada elemento utilizado existe um código binário que a identifica, uma espécie de DNA do componente. No momento que objetos são criados nas novas mídias, esses códigos são combinados em códigos maiores, formando aquilo que é visto, lido e ouvido.

Por exemplo, há um código na memória do computador que manda o *pixel* no centro da tela ficar preto. Vários programas e aplicativos usam esse código, cada um combinando-o com outros códigos. Quando se usa um processador de texto esse *pixel* fará parte de uma letra; ao usar um editor de imagens, será componente de uma foto, e assim por diante. Essa característica permite às novas mídias terem uma capacidade *combinatória* de elementos relativamente alta – inserir uma imagem em um documento de texto, por exemplo.

Embora combinados, cada elemento é um "módulo" no documento, mantém suas próprias características e pode ser editado isoladamente. Isso permite, por exemplo, em programas de edição de áudio, corrigir a linha da voz do cantor sem mexer nos instrumentos de acompanhamento ou, nos programas de edição de imagens, mexer com cada camada (*layer*) da imagem separadamente. Ao mesmo tempo, permite inserir uma parte dessa gravação em um *site* com textos, imagens e fotografias.

Um portal de notícias, por exemplo, é formado de um número considerável de partes, cada uma delas com um tempo de exibição diferente e, em alguns casos, fontes diferentes. Uma notícia pode ficar, eventualmente, horas a fio na capa, enquanto os anúncios publicitários tendem a mudar a cada atualização da página.

3) Automação

A combinação numérica binária e a modularidade das estruturas da nova mídia permitem que tarefas sejam executadas automaticamente pela máquina a partir de suas próprias decisões, tomadas de acordo com as informações oferecidas pelo usuário. Um exemplo de Manovich são os *games*: a estrutura modular permite que, a cada nova partida, o jogador faça escolhas completamente diferentes. O computador, por sua vez, fará os cálculos a partir da movimentação do jogador e decidirá, a partir disso, qual módulo usar.

A automação das novas mídias lhes permite, em alguns casos, trabalhar à frente do indivíduo, antecipando algumas de suas ações futuras a partir da análise de suas atuações recentes. Em *sites* de compras, por exemplo, é comum que o cliente receba ofertas relacionadas com suas últimas aquisições. De todos os produtos do *site*, um programa seleciona (*tomada de decisão*) e organiza (*modularidade*) ofertas específicas para o cliente com base em informações anteriores.

A automação permite, entre outros fatores, algum tipo de personalização dos conteúdos, selecionados dentro de uma gama mais ou menos ampla de possibilidades. Na medida em que os processadores respondem quase imediatamente às decisões dos usuários, o sentido da interação torna-se praticamente automático. Isso conduz ao próximo item.

4) Variabilidade

Uma das características das novas mídias é a possibilidade de mudança constante e imediata.

A primeira página de um jornal impresso, por exemplo, é um produto fechado e invariável. Se, ao longo do dia, uma das chamadas de capa subitamente perder a importância, não há nada a fazer, exceto esperar o dia seguinte para publicar uma nova informação. Na capa de um *site* de notícias, ao contrário, a atualização é constante de acordo com critérios de importância das notícias variando, evidentemente, de acordo com seu estilo e linha editorial.

No mesmo sentido, se, por uma eventualidade, alguma enciclopédia publicasse um erro factual em um artigo, seria necessário esperar uma nova edição para corrigir. Nas enciclopédias e dicionários *online*, criados por milhares de colaboradores voluntários mundo afora, qualquer erro pode ser alterado imediatamente.

A variabilidade, qualidade fundamental das novas mídias, significa que nada está fixo e acabado. Tudo está potencialmente aberto a mudanças, às vezes, por qualquer pessoa. As criações nas novas mídias se definem também, segundo Manovich, pela possibilidade de criar "infinitas versões de si mesma" a partir de alguns pontos principais.

Essa variabilidade se manifesta na facilidade de criar reproduções mais ou menos semelhantes de um mesmo objeto, variando em pequenos detalhes. As várias versões de um texto ou de tratamento de uma imagem, por exemplo, se tornam objetos independentes e, de alguma maneira, autônomos. Versões novas e alternativas de qualquer produto da nova mídia, de *softwares* a músicas e filmes, são feitas a qualquer momento.

Essas possibilidades de escolha e personalização das interações nas novas mídias significa, entre outras coisas, a substituição da noção de "permanência" pela de "fluxo". Em termos políticos e sociais, recorda Manovich, esse tipo de linguagem casa-se perfeitamente com uma sociedade pós-industrial, na qual os produtos de massa tendem a ser substituídos pelo produto "personalizado" – ou pelo menos é o que o *marketing* nas novas mídias procura sublinhar.

5) Transcodificação

Manovich trabalha essa característica das novas mídias a partir de um quase paradoxo resultante da "computadorização da mídia", isto é, da transformação das mensagens da mídia em dados de computador.

De um lado, o "lado cultural", estão os elementos reconhecíveis por seres humanos: imagens, letras, sons, figuras, interfaces baseadas em objetos reais (a "lixeira" do computador é parecida com uma lixeira física) e assim por diante.

De outro lado, essas informações são armazenadas e trabalhadas a partir da lógica matemática do processador (o "lado do computador"). Cada objeto visível ou audível gerado por computador segue uma detalhada linha de instruções com informações a respeito de duas características, como seu tipo, tamanho, uso e assim por diante.

A linguagem da cultura humana é traduzida e organizada de acordo com a linguagem da máquina, e os resultados dessa intersecção nem sempre são fáceis de entender para os usuários.

Quando, usando o lado cultural, se quer dar uma ordem ao computador ("abrir um arquivo", por exemplo), o usuário vai interagir com uma interface gráfica apropriada para ser reconhecida a partir de objetos e elementos cotidianos.

Cada comando é traduzido em uma sequência de instruções lógicas na camada computacional. Se uma delas falhar, por qualquer motivo, a ordem não será cumprida – o computador falha, mas o usuário nem sempre consegue ver o que acontece: a camada do computador não é visível no lado cultural. (Talvez venha daí a sensação de frustração quando o aparelho trava: as ordens do lado cultural estavam certas e não dá para saber o que acontece no lado do processador.)

Manovich vai mais longe em sua comparação. Na medida em que essas duas dimensões trabalham ao mesmo tempo, é possível esperar influências recíprocas. Em particular, a lógica das operações de *software* e do computador, sua organização de dados em listas, instruções, ordens e outros elementos tende a influenciar em alguma medida as produções culturais das novas mídias.

Apresentações feitas nos programas como o *Keynote* ou o *PowerPoint*, para usar um único exemplo, por mais criativas que sejam, seguem em alguma medida a lógica do programa e as possibilidades abertas por ele, mas também as suas características lógico-matemáticas de organização das informações.

Essa influência mútua entre os códigos culturais e os códigos do computador ultrapassa as barreiras de qualquer tela, alterando também a cultura humana. A incorporação de expressões decorrentes do jargão dos computadores, como "programar", "deletar", "baixar", seria um exemplo apenas superficial. Em um nível talvez mais profundo, a dependência das atividades humanas em relação aos processadores pode alterar algumas noções básicas como o tempo – algo fácil de verificar, na prática, quando alguém olha para você e diz: "o sistema caiu".

MANOVICH, L. "Novas mídias como tecnologia e ideia". In: LEÃO, L. *O chip e o caleidoscópio*. São Paulo: Senac, 2010.

_____. "Quem é o autor? – Sampleamento / mixagem / código aberto". In: BRASIL, A. et al. (orgs.) *Cultura em fluxo*: novas mediações em rede. Belo Horizonte: PUC-MG, 2004.

_____. "Visualização de dados como uma nova abstração e antissublime". In: LEÃO, L. (org.). *Derivas*: cartografias do ciberespaço. São Paulo: Annablume, 2004.

2
A Teoria da Remediação de Bolter e Grusin

No ambiente midiático contemporâneo, a "realidade" é um dos produtos mais valiosos. Filmes em várias dimensões prometem ao espectador uma experiência "real" das cenas, *reality shows* dizem mostrar a "realidade" das situações, enquanto as mídias móveis e os aplicativos garantem uma interação "real" entre as pessoas.

No entanto, essas promessas se acomodam sobre um curioso paradoxo: quanto mais as mídias prometem aproximar a "realidade" das pessoas, mais distante ela fica. Isso acontece porque a reprodução da realidade pelos meios de comunicação só é possível a partir de um complexo aparato tecnológico que, ao mesmo tempo em que *mostra* a realidade, também a *transforma* de acordo com suas próprias características. Quanto mais se procura mostrar fielmente a realidade, mais ela é modificada pelas mídias por onde passa.

Esse paradoxo é um dos principais elementos do que os pesquisadores Jay David Bolter e Richard Grusin chamam de "Remediação" (*remediation*). Na palavra, o prefixo "re" significa "dupla", enquanto a "mediação" pode ser entendida como a "ação da mídia" ao transformar a realidade em uma apresentação.

A ideia de "remediação" está ligada a essa dupla lógica, ou "ambivalência", como denominam os autores, da mídia contemporânea. Ao mesmo tempo em que as mídias buscam se tornar "transparentes", isto é, representar tão bem a realidade a ponto de não serem notadas, a própria representação dessa realidade exige aparatos de mídia mais complexos e desenvolvidos.

Em outras palavras, trata-se de um paradoxo entre a onipresença e a invisibilidade das mídias contemporâneas. Cada uma das partes desses processos é explorado pelos autores.

Imediação

A ideia da mídia como algo "invisível" é denominada *imediacy*, ou, em tradução livre, "imediação" ou "não mediação". De certo modo, seria possível dizer que o processo de imediação significa a crescente tendência do meio desaparecer em relação ao seu próprio conteúdo. Quando se assiste a um filme, por exemplo, espera-se que o público seja atraído pelas imagens, sons e narrativas. Os elementos técnicos do cinema em si, embora sejam o componente básico para se fazer um filme, desaparecem em relação ao que se vê, ouve e, eventualmente, sente. Do mesmo modo, quando se assiste televisão, o conteúdo de um programa tende a tornar invisível as possibilidades e limitações do meio. Finalmente, quando se fala com alguém via celular, há recursos para aproximar as pessoas: além da voz, fotos e imagens – nas videochamadas – podem contribuir para que o meio, isto é, o telefone em si, não seja notado. O meio, embora seja parte do código da mensagem, não é percebido – a mensagem é notada quase "imediada", daí a perspectiva de "imediação".

Isso, no entanto, não é um fenômeno novo: desde o Renascimento, com a adoção da perspectiva na pintura, há uma tentativa de tornar o suporte – isto é, a tela – invisível para ressaltar o conteúdo, isto é, a imagem. Quando se olha um quadro, por exemplo, geralmente a atenção é atraída, em primeiro lugar, pela imagem daquilo que está sendo representado. E, em geral, quanto mais fiel a representação, maior a chance de o observador esquecer que, no fundo, está olhando para pigmentos coloridos espalhados sobre um tecido. Em termos mais precisos, embora entre a imagem e o observador exista o quadro, uma *mídia*, a impressão que se tem, no primeiro momento, é que essa mídia não existe – o que se vê é a imagem.

Hipermediação

O processo de imediação, pelo qual o meio se torna transparente em relação à mensagem, tornou-se cada vez mais complexo com a invenção de meios técnicos e, posteriormente, digitais. Ao se olhar para uma pintura, a "mídia", isto é, o tecido e os pigmentos, permite apenas a criação de uma imagem fixa em duas dimensões. Por mais fiel que seja, há limites muito claros para a representação da realidade em um quadro. Na fotografia, por sua vez, a realidade está mais próxima: um retrato, ao menos à primeira vista, é uma representação mais direta da realidade. Um quadro pode ser pintado ao longo de anos, mas uma foto precisa capturar o instante real (e, vale lembrar, isso é ponto de discussão na teoria fotográfica). A foto, portanto, é mais "real" do que a pintura. Mas, para isso, precisa de um aparato técnico maior. Do mesmo modo, o cinema é mais "real" – sempre entre aspas – do que a foto, porque o movimento da tela permite reproduzir os movimentos da realidade. E o aparato técnico é igualmente mais complexo do que o de uma foto. Finalmente, as mídias digitais abrem a possibilidade de reproduções e recriações bastante fiéis da realidade: no caso de imagens criadas por computador ou da "realidade virtual", um aparato de altíssima complexidade, capaz de utilizar mídias diversas como imagens, sons e textos, é utilizado para mostrar a "realidade". Daí o conceito de hipermediação (*hypermediacy*), segundo o qual a multiplicação de mídias e sua utilização em conjunto é uma das características contemporâneas.

Remediação

Um ambiente saturado de mídias que buscam se tornar invisíveis em relação à realidade que tentam representar: essa é a lógica da dupla mediação – ou, nas palavras de Bolter e Grusin, a "remediação".

A remediação acontece, entre outros momentos, quando elementos característicos de uma mídia se articulam em outro. Uma imagem digital da *Mona Lisa* encontrado na internet pode ser um exemplo de remediação: a imagem em uma mídia, o quadro, é representado em outro meio, o digital. A realidade em si é mediada duas vezes, a primeira na tela do quadro, a segunda na tela do computador.

Uma das características das mídias digitais, segundo os autores, é sua capacidade de "remediar" praticamente todos os elementos de mídias anteriores, transformando igualmente a experiência que se tem dessas mídias a partir de um duplo processo de *aproximação* e *distanciamento*.

Mantendo o exemplo da pintura de Leonardo DaVinci, a aproximação acontece porque, graças à digitalização, a *Mona Lisa* é visível para qualquer pessoa com uma conexão à *web*; distanciamento porque, digitalizada, o quadro é deslocado de seu suporte original (a tela, a moldura) e representado em outra mídia. Quanto mais próximo e visível o quadro está de nós, maior a quantidade de transformações pelas quais ele tem que passar – os pigmentos da pintura se transformam em *pixels* em uma tela fazendo, ao mesmo tempo, que se tenha a sensação de estar mais próximo do original.

Em termos contemporâneos, os autores sugerem que o aumento na quantidade de mídias – por exemplo, câmeras em diversos ângulos, som espalhado pelo ambiente, imagens em várias dimensões, dispositivos que emitem perfumes ou simulam a movimentação procuram tornar a experiência da "realidade" mais próximas dos indivíduos.

A remediação ocorre quando, na tentativa de aproximar os indivíduos da realidade, uma mídia faz uso de várias outras. No caso específico da mídia digital, a dupla mediação está na possibilidade de aglutinar imagens, fotos, filmes, textos, sons e outras linguagens em uma outra mídia. É uma representação da representação, de onde o conceito de "re-mediação".

Nos *games*, por exemplo, a perspectiva de visão em primeira pessoa, bem como da manipulação de controles em formatos específicos, sejam armas ou instrumentos musicais, por exemplo, podem ser entendidas como parte da remediação. Jogos baseados em filmes, por exemplo, usam essa dupla mediação da linguagem digital transformando os elementos de uma mídia, o cinema, em outra, o *game*. Quando, em outro tipo de jogo, o objetivo é tocar instrumentos musicais, a lógica da remediação parece ficar mais clara: usa-se um aparato tecnológico considerável (*hipermediação*) para ter a sensação de que se está tocando de verdade (*imediação*).

Outro exemplo do conceito de remediação talvez venha do universo ficcional. Em *Star Trek – A nova geração*, a Enterprise tem um *holodeck*, espécie de simulador altamente refinado que, a partir de projeções, recria qualquer lugar no espaço e no tempo, permitindo à tripulação da nave ter a sensação da realidade. No *holodeck* a ilusão só pode ser mantida se os geradores de imagens, sons e movimentos forem invisíveis – algo semelhante à noção da hipermediação utilizada para criar a ilusão da imediação. No aparato digital do *holodeck*, as mídias anteriores: sons, imagens paradas e em movimento, são recombinadas para a formação de um ambiente midiático ao mesmo tempo onipresente e invisível. Não de todo distante, aliás, da realidade contemporânea.

O paradoxo das articulações entre essas duas categorias, na tentativa de tornar a representação da realidade tão ou mais real do que a própria realidade, é visto pelos autores como uma das características principais da linguagem das mídias digitais. Uma perspectiva que possibilita entender a razão das inúmeras possibilidades de trabalho na associação de linguagens diferentes dos meios digitais.

◎ *Em termos relativamente próximos*

PIMENTA, F.J.P. "O *e-mail*, o verbal e a interatividade: perspectivas de um novo meio de comunicação". In: LAHNI, C.R. & PINHEIRO, M.A. (orgs.). *Sociedade e comunicação*: perspectivas contemporâneas. Rio de Janeiro: Mauad X, 2008.

SANTOS, R.E. "Histórias em quadrinhos na cultura digital: linguagem, hibridização e novas possibilidades estéticas e mercadológicas". In: SANTOS, R.E.; VARGAS, H. & CARDOSO, J.B. (orgs.) *Mutações da cultura midiática*. São Paulo: Paulinas, 2009.

3
Interfaces: ver, ouvir, sentir a linguagem digital

Analisando de maneira bastante fria, uma boa parte da vida contemporânea é gasta olhando para telas. Outra parte, igualmente considerável, é usada apertando botões – em boa medida para interagir com o que está acontecendo na tela. Essas duas atividades estão no centro de uma reunião de elementos fundamentais para que as mídias digitais pudessem se tornar presentes em todos os momentos do cotidiano, as *interfaces*.

Em uma primeira definição, interfaces são os elementos de ligação entre as máquinas e os seres humanos que as operam. Permitem a interação praticamente imediata entre ambos, de maneira que os seres humanos façam o que precisam e as máquinas o que devem fazer. O processador da máquina e o cérebro humano são, em termos de composição, diferentes (pelo menos até agora), e é necessário um elemento intermediário para sua interação, algo que permita que ambos, metaforicamente, "conversem" – e essa é a utilidade básica de uma interface.

É o ponto de contato entre humanos e máquinas no qual, *de fato*, ocorre a única interação entre ambos. Fora isso, todo o resto do processo acontece em espaços inacessíveis entre si, os neurônios, de um lado, e os *chips*, do outro. Em uma cultura na qual as mídias digitais ocupam um lugar privilegiado, as interfaces estão o tempo todo ao redor dos indivíduos, intermediando sua relação com as mensagens.

De alguma maneira, seria possível dizer que os sentidos humanos são as "interfaces" do cérebro em relação ao mundo exterior: o que se chama de "realidade", em alguma medida, é o que esses sentidos conseguem captar dos sinais externos, transformar em impulsos elétricos e enviar, via rede nervosa, ao cérebro.

As interfaces, lembram Nicholas Gane e David Beer em seu livro *New Media*, são pontos de contato entre sistemas diferentes. Uma de suas características fundamentais é justamente permitir o intercâmbio de informações entre eles, estabelecendo contatos e permitindo, portanto, algum tipo de interação. Com isso, as interfaces garantem que elementos, sistemas ou pontos de uma rede possam se relacionar com outros, permitindo, por exemplo, a criação de novos vínculos e contatos.

Uma característica das interfaces contemporâneas é o que alguns autores, como Bolter e Grusin no livro *Remediation*, chamam de "transparência" ou mesmo "invisibilidade": elas permitem uma interação de tal maneira rápida e dinâmica com os equipamentos digitais que os usuários não reparam na sua existência, mas se concentram nas mensagens e nos conteúdos que chegam a partir das interfaces.

Quando uma pessoa desliza o dedo sobre uma tela *touchscreen* de um celular procurando um número de telefone, os elementos na tela (palavras, fotos) se movem na velocidade do movimento físico; ícones se movimentam, palavras se movem e as informações procuradas são rapidamente encontradas. A facilidade dessa operação é fruto do bom trabalho da interface: quando alguém faz isso, a principal preocupação em sua mente é "encontrar-número-de-telefone", não "passar-dedo-em-uma-tela". A atenção não é na interface, mas no outro sistema com o qual se entra em contato *através* da interface.

Como lembra Sherry Turkle em seu livro *Life on Screen*, a interface "esconde" o sistema do computador. Se fosse possível aos olhos humanos verificar o que está por trás da tela, veria um número altíssimo de impulsos elétricos se transformando em 0s e 1s do código binário. No entanto, o que se vê na tela não são códigos nem *pixels* isolados, mas palavras, imagens, fotos, mensagens de pessoas queridas, vídeos de amigos, e assim por diante. O processador do computador continua fazendo o que sempre faz, enquanto a interface torna isso acessível aos seres humanos.

Mas nem sempre foi assim. E nem sempre nos lembramos que o sucesso das mídias digitais na sociedade está ligado às interfaces usadas.

Atualmente todos os sistemas populares, de computadores a *tablets* e celulares, usam "interfaces gráficas", ou "graphical user interface", GUI. Essas interfaces são baseadas em ícones e imagens, além do controle desses itens por uma seta comandada por um *mouse* operado pelo usuário. O desenvolvimento dessas foi fundamental para tornar o uso de computadores mais simples e, portanto, facilitar o acesso a parcelas maiores de usuários.

As interfaces tornaram o ambiente digital mais familiar na medida em que reproduzem, nas devidas proporções, ambientes físicos. Até meados dos anos de 1990, por exemplo, quem quisesse usar um computador precisava aprender ao menos alguns rudimentos de alguma "linguagem de programação", isto é, um conjunto de instruções, o programa, que faria o computador executar alguma ação.

Essas linguagens de programação quase nunca são conhecidas pelo usuário final do computador, a pessoa que vai simplesmente usar os recursos da máquina sem necessariamente entender seu funcionamento. Para esse tipo de usuário, aparentemente a maioria, uma boa interface é fundamental para usar o computador. Em vez de um monte de instruções digitadas em uma linguagem cifrada, basta clicar nos ícones e os programas são executados. Mais ainda, essas interfaces são facilmente reconhecidas.

A relação dos seres humanos com as mídias digitais depende em boa medida das interfaces disponíveis para isso. O desenvolvimento dos *games* e sua popularização, por exemplo, é em boa parte fruto das melhorias nas interfaces disponíveis para os jogos. Não só os gráficos nas telas são cada vez mais detalhados e nítidos como também os controles permitem uma interação mais e mais próxima entre jogador, outros jogadores e os aparelhos. No console *Atari*, nos anos de 1980, o jogo *Futebol* mostrava uma série de figuras humanas estilizadas movendo-se lentamente por uma tela enquanto disputavam uma bola quadrada. Não havia laterais, escanteios ou goleiros autônomos. A simplicidade da interface não se compara, por exemplo, a qualquer *game* recente, nos quais a interface, muito mais atraente, permite interações muito próximas de um jogo de futebol real, incluindo não apenas o respeito às regras do jogo, mas até mesmo à presença de um narrador da partida. (Evidentemente os processadores ficaram muito mais poderosos, mas a tarefa das interfaces é justamente *esconder* isso.)

As telas digitais estão entre as principais interfaces contemporâneas, e uma boa parte do que se entende por "informações", "dados" e mesmo, em alguma medida, "vida pessoal" e "conhecimento", é recebida através delas. É na superfície das telas que acontecem algumas das principais formas de interação – para a maior parte das pessoas, a presença no ciberespaço acontece *a partir* de uma tela digital *a partir* da qual se interage com outros indivíduos, igualmente conectados *a partir* de teclados e telas. Em alguns casos, fones de ouvido e microfones.

Em última análise, um indivíduo conectado no ciberespaço está, de fato, olhando para uma tela digital plana na qual ícones, caracteres, imagens, fotos e vídeos são construídos por uma interface gráfica altamente sofisticada, interagindo com pessoas que estão em algum outro ponto do planeta também olhando para uma tela, apertando teclas (físicas, em um teclado, ou digitais, na própria tela) e veiculando o que há em suas mentes. Levando isso às últimas consequências, Gane e Beer, em *New Media*, não têm medo de indicar que as interfaces usadas pelas pessoas para entrar em contato com as mídias digitais – telas planas, teclados virtuais, fones de ouvido, óculos 3D e microfones – criam um contato entre máquina e ser humano muito próximo da integração – o caminho para se pensar, por exemplo, o *cyborg*, no qual interfaces permitem uma interação imediata entre o sistema do corpo biológico do ser humano e o sistema integrado de peças do computador.

Enquanto escrevo, um festival de cores e formas povoam a tela do computador. Do outro lado da tela, um *chip* bastante poderoso está transformando os impulsos elétricos provocados quando meus dedos pressionam as teclas em caracteres na tela. Ao mesmo tempo, outros ícones de programas estão visíveis no *desktop*, no qual há "pastas", como as físicas, e uma "lixeira", como a que está no outro canto desta sala.

A interface torna o ambiente digital familiar, permitindo uma interação mais rápida e dinâmica. Ponto de contato entre dois sistemas é o espaço no qual, de fato, acontece a articulação entre ser humano e máquina. Pelo menos enquanto houver uma diferença entre os dois.

◎ *Interfaces de letras*

JOHNSON, S. *Cultura da interface*. Rio de Janeiro: Zahar, 2010.

MANOVICH, L. "Novas mídias como tecnologia e ideia". In: LEÃO, L. *O chip e o caleidoscópio*. São Paulo: Senac, 2010.

VERAS, S.B. "Interfaces e convergência digital". In: SANTAELLA, L. & ARANTES, P. (orgs.). *Estéticas tecnológicas*: novos modos de sentir. São Paulo: Educ, 2011.

4
Ler as linguagens digitais: um caminho da *media literacy**

Não existe uma tradução exata para a expressão *media literacy*. O uso do termo em inglês poderia parecer algum tipo de esnobismo intelectual ao não traduzir a expressão para a língua portuguesa, sobretudo quando se sabe que os termos têm tradução – *media* rapidamente se torna "mídia" e *literacy* poderia ser traduzido como "letramento". O problema é que não se trata de traduzir palavras, mas um conceito – o que certamente complica as coisas, porque "letramento para a mídia" não parece ajudar muito. E, no entanto, é um dos conceitos fundamentais para se compreender as mídias digitais. Nesse sentido, vale buscar a expressão não em um dicionário, mas tentar compreender como ela se relaciona com os estudos de comunicação.

A reunião desses dois elementos, *media* e *literacy*, poderia ser entendido dentro de duas perspectivas contrastantes conforme a tradução que se proponha.

Uma primeira perspectiva seria a tradução direta como "alfabetização para os meios". Em que pese os elementos apontados nos parágrafos anteriores, essa noção parece implicar, necessariamente, que o indivíduo seja "alfabetizado" para *receber* uma mensagem que virá *dos* meios de comunicação *para* um receptor; mais do que isso, sugere uma postura redutora no sentido de preparar o indivíduo para lidar com os meios de comunicação em um sentido instrumental, vendo-os como uma ferramenta a ser utilizada – quando não, como uma ameaça potencial. O mesmo se aplicaria à "educação para os meios" ou "educação para a mídia". Em todos esses casos, desenha-se no horizonte uma postura que coloca os meios de comunicação como um instrumental técnico.

---

* Uma versão consideravelmente desenvolvida e modificada deste texto foi publicada na Revista *Líbero*, em colaboração com José Eugenio Menezes.

Uma outra perspectiva, não livre de críticas, mas que pode se apresentar como mais propositiva, é a tradução de *media literacy* como "competência midiática", proposta pelos pesquisadores espanhóis Ferrés e Pistolli. A noção de "competência" é tomada aqui no sentido de "entender", mais do que "saber usar".

A noção de competência midiática, nesse caso, apontaria para essa direção crítica de um ambiente midiático no qual os meios se articulam com as experiências cotidianas.

Ao que tudo indica, esta segunda dimensão de *media literacy* é ao mesmo tempo mais trabalhosa, no sentido de que é construída a longo prazo a partir de uma contínua reflexão, e mais adequada aos processos de comunicação nos quais o indivíduo está inserido. É também a partir dessa perspectiva que é possível pontuar algumas das propostas do pesquisador alemão Thomas Bauer.

Bauer delineia a noção de "comunicação" e *media literacy* tendo como ponto de partida a onipresença da comunicação em todos os espaços sociais contemporâneos. No entanto, procura diferenciar o que é uma simples presença, entendida como a existência do instrumento físico da mídia como, por exemplo, as telas de TV espalhadas em locais públicos, da efetiva participação dessas mídias no cotidiano dos indivíduos.

A presença, por si, poderia evidentemente ser responsável por algum tipo de alteração, mas a *media literacy*, na proposta de Bauer, parece observar a maneira como as mídias *ganham sentido* a partir de sua inserção na vida cotidiana. Não existe processo de comunicação, neste caso, que não esteja vinculado a algum tipo de mídia.

A sociedade, para Bauer, não permite mais a separação das mensagens, dos significados e das práticas cotidianas em compartimentos fechados. Isso significa que é necessário pensar em como desenvolver elementos cognitivos e culturais que levem em conta as mudanças nas formas de percepção e apropriação da cultura, bem como de sua produção, que se testemunham na atualidade. Mais do que o desenvolvimento de estratégias para lidar com os meios, a proposta parece caminhar na direção do estabelecimento de outras formas de entender e interagir com a mídia, modos de percepção e ação dentro da realidade e na relação com os outros.

Bauer compreende a realidade como um espaço de comunicação construído nas relações sociais, no qual a cultura, portanto, tem uma atuação preponderante como espaço de construção de hegemonias e contra-hegemonias. Bauer retoma a perspectiva de que a cultura não existe enquanto estrutura autônoma, desligada de práticas sociais – um "texto", isto é, uma "mensagem", não existe sem o "contexto" – e o exame das culturas não pode prescindir a análise da sociedade em si: não é possível pensar as relações de comunicação como algo separado dos espaços nos quais elas acontecem.

Essa relação dialética é uma das premissas da *media literacy*: trata-se do desenvolvimento de competências não para *usar* dispositivos midiáticos, mas para *compreender* o fluxo de sentidos dentro de um ambiente midiático. O processo não é de educação específica para os meios, mas de educação dialógica dos sentidos, das percepções e das práticas para uma sociedade que *inclui* os meios, seja em sua dimensão como tecnologia, como produtor/reprodutor de discursos ou como mediador da experiência relacional humana.

Nesse ponto, o desenvolvimento de competências midiáticas, na proposta de *media literacy* de Bauer, não se propõe a oferecer o conhecimento técnico de funcionamento e utilização de um meio, mas de compreender o indivíduo dentro do ambiente midiático no qual ele está inserido. Isso significa buscar a formação de um repertório que permita a decodificação, apreensão, reconstrução e uso não apenas de mensagens direcionadas, vindas desta ou daquela mídia, mas de todo um modo de ser do espaço social no qual as mediações simbólicas acontecem *na* e *a partir da* comunicação.

A *media literacy*, nesse sentido, reveste-se assim dos contornos de uma proposta de apropriação dos meios de comunicação dentro de um contexto educacional não específico para o estudo das mídias, mas as inclui entre seus temas. Não se trata, portanto, de um estudo crítico dos meios de comunicação, mas de pensar criticamente os meios em sua relação com a cultura e, ao mesmo tempo, levar em conta o uso que se faz dessas mídias nas múltiplas dimensões da experiência. Viver em uma sociedade midiática demanda o domínio de competências, em primeiro lugar, para o próprio reconhecimento dessa "cultura da(s) mídia(s)" como o espaço no qual outras instituições e práticas se articulam.

◎ *Para ler*

FERRÉS, J. & PISTELLI, F. "La competencia mediática: propuesta articulada de dimensiones e indicadores". *Comunicar*, vol. XIX, n. 38, 2012, p. 75-82.

VIII.
Mediação e mediatização da sociedade

1
Mediações e mediatização: explorando o terreno conceitual

As teorias, assim como os conceitos, têm uma história. Não foram criados da noite para o dia, mas, em geral, em longos processos de elaboração pelos autores. Em seguida, são discutidos e comentados por outros pesquisadores de uma área. Refazer essa trajetória ajuda a conhecer a história de um conceito, entender como ganhou os contornos atuais e quais são suas ideias básicas.

As palavras "mediação" e "mediatização" vêm ocupando um lugar de destaque nos estudos de Comunicação. Aqui a ideia não é fazer uma definição fechada, mas delinear esses conceitos para deixar um pouco mais claro qual é o campo da experiência humana que eles definem.

Mediatização

O conceito de "mediatização" foi incorporado com força nos estudos de comunicação a partir dos anos de 2000, mas o fenômeno ao qual o conceito se refere já acontecia há tempos. Não há consenso entre os vários autores a respeito de quando se pode falar de uma sociedade "mediatizada" ou "em mediatização", mas certamente isso tem a ver com o fato das mídias ocuparem um lugar central nas experiências cotidianas. Em muitas teorias da mediatização o elemento comum é justamente o fato das mídias serem o ponto de contato entre várias dimensões da vida humana. Nesta breve genealogia, sigo pistas do livro de Knut Lundby intitulado *Mediatization*, ainda sem edição em português.

Aparentemente, um dos usos mais antigos – e mais radical – foi fcito pelo francês filósofo Jean Baudrillard, em 1976. Na p. 83 de seu livro *A troca simbólica e a morte*, o filósofo usa a palavra "mediatização" no contexto de uma discussão sobre a realidade e os meios de comunicação. Baudrillard identifica uma divisão entre o mundo que seria "real", que se torna praticamente invisível diante do que ele denomina "informação mediatizada", isto é, retrabalhada pelos meios de comunicação. Há uma diferença radical entre essas duas dimensões – a informação mediatizada, longe de garantir o acesso ao mundo real que ela deveria representar, torna a realidade cada vez mais opaca e difícil de ser compreendida fora desses meios. O conceito, portanto, tem conotações fortemente negativas.

O ponto de vista negativo também está presente no uso desse conceito feito pelo filósofo alemão Jürgen Habermas. O termo aparece no segundo volume de seu livro *Teoria da Ação Comunicativa*, de 1980. Seu uso do conceito, no entanto, não tem muito a ver com "mídia": em linhas muito gerais, Habermas se refere ao fato de que todas as atividades cotidianas, que acontecem no que ele denomina "mundo da vida", isto é, o mundo da experiência cotidiana, são "mediadas"pelo que ele chama de "sistema" – de certa maneira, as regras e normas, escritas e não escritas, de uma sociedade capitalista. Uma sociedade "mediatizada" é, portanto, uma sociedade na qual as relações sociais se pautam pelas regras burocrático-administrativas e de mercado do sistema.

Estudando as transformações sociais da Modernidade sobretudo a partir das mudanças provocadas pelos – ou relacionadas aos – meios de comunicação, o sociólogo britânico John P. Thompson menciona, em seu livro *A mídia e a modernidade*, de 1990, que o surgimento e a posterior expansão dos meios de comunicação, do jornal do século XVIII até a televisão, gerou uma sociedade progressivamente "medializada" ("medialization"), isto é, no qual a presença dos meios era constante. A "medialização" da sociedade pode ser notada na medida em que o espaço público é progressivamente compartilhado pelos cidadãos que discutem as informações recebidas pela mídia.

Um uso mais próximo da concepção moderna é feito por G. Mazzoleni e Winfried Schutz em um artigo de 1999 intitulado *A "mediatização" da política: um desafio à democracia?* no qual discutem como alguns aspectos da política mudam por conta de seu vínculo com os meios de comunicação, entendidos como parte integrante das características do sistema político. Essa perspectiva, com algumas diferenças, será mantida em vários outros trabalhos sobre o tema.

Como pode ser visto, o conceito tem vários sentidos – algo que se complica no conceito de "mediações".

As mediações: um problema da tradução

A palavra "mídia", na Língua Portuguesa, é uma adaptação para a grafia da pronúncia da palavra latina *media*, utilizada nos países anglo-saxônicos como plural de *medium*, que significa "meio". Alguns livros de comunicação portugueses preferem a palavra *media*, sempre usada no plural ("os *media* são..."). Assim, no universo de língua inglesa a palavra "mediatização", grafada *mediatization*, compartilha a mesma raiz com outro conceito usado às vezes para descrever a mesma coisa, *mediation*, em português, "mediação".

Isso cria um problema para pesquisadores de comunicação latino-americanos. Aqui, "mediações" refere-se geralmente à "Teoria das Mediações", desenvolvida em 1987 pelo pesquisador espanhol Jesus Martin-Barbero em seu livro *Dos meios às mediações*. A Teoria das Mediações parte do princípio de que as mensagens dos meios de comunicação são "mediadas" pelos receptores, isto é, são entendidas em um processo cultural complexo de negociação de sentido entre produtores e receptores de uma mensagem.

Bem longe da ideia de "manipulação", para a Teoria das Mediações a comunicação não é troca de informações, mas uma contínua articulação entre os significados propostos pelas mensagens da mídia e sua incorporação no cotidiano dos indivíduos. O processo é sobretudo cultural, mas com forte dimensão política quando se pensa que os receptores são agentes ativos do processo e, portanto, podem resistir, alterar e contestar os significados em circulação por uma sociedade.

O pesquisador mexicano Guillermo Orozco Gomez, em vários textos, desenvolve as ideias de Martin-Barbero. No texto *A audiência diante da tela*, Orozco mostra que há múltiplas mediações no ato de ver televisão, atividade além de qualquer passividade. "Ver televisão" é um processo que tem início antes e termina depois do indivíduo se posicionar diante da tela. A pessoa escolheu ver aquele programa, assiste, comenta.

Enquanto essa trama conceitual é desenvolvida dentro do contexto latino-americano de pesquisa, na Europa e Estados Unidos a noção de *mediation* identifica em geral o uso da mídia por uma instituição – ela está "mediada" nesse sentido.

Mediação e mediatização

Alguns autores, como Sonia Livingstone e Stig Hjarvard, propõem uma separação entre os conceitos de mediatização e de mediação – pensado no sentido inglês do termo. A mediação seria a conexão de um indivíduo ou uma pessoa a um determinado meio de comunicação e a realização de atividades diversas através desse meio; a mediatização seria um processo mais amplo, no qual essas atividades são reorganizadas no contexto de instituições sociais alteradas pelo, e progressivamente dependente dos, meios de comunicação. Há, para esses autores, diferenças significativas entre os conceitos.

Essas diferenças, no entanto, estão longe de ser consenso, e as duas palavras vêm sendo usadas no contexto de pesquisas anglo-saxãs como intercambiáveis em alguns casos.

De qualquer modo, um mérito do conceito está em destacar o espaço central ocupado pelos meios de comunicação na sociedade contemporânea. Conseguir perceber de fato as distinções entre "mediação" e "mediatização" requer do pesquisador o cuidado de verificar, no contexto, qual é a prática associada a ela. É uma tentativa de compreender a cultura contemporânea entendendo a mídia como parte integrante de um conjunto social mais amplo – longe de pensar "mídia e sociedade" como se fossem dois elementos separados, falar em "mediatização da sociedade" significa pensar que a ligação entre os dois não pode ser desfeita.

◎ *Leituras midiatizadas*

FAUSTO NETO, A.; FERREIRA, J.; BRAGA, J.L. & GOMES, P.G. *Midiatização e processos sociais*. Santa Cruz do Sul: Edunisc, 2010.

FAUSTO NETO, A.; GOMES, P.G.; BRAGA, J.L. & FERREIRA, J. *Midiatização e processos sociais na América Latina*. São Paulo: Paulus, 2008.

GOMES, P.G. *Filosofia e ética da comunicação na midiatização da sociedade*. São Leopoldo: Unisinos, 2006.

HJARVARD, S. "Midiatização: teorizando a mídia como agente de mudança social e cultural". *Matrizes*, vol. 5, n. 2, jan.-jun./2012, p. 53-91.

2
A Teoria da Mediatização de Stig Hjarvard

A cena é relativamente comum em qualquer restaurante: pessoas se reúnem para almoçar juntas, mas, assim que se sentam à mesa, pegam seus celulares ou *smartphones* e começam a trocar mensagens com quem não está lá. Às vezes alguém ri e comenta a mensagem. Na maior parte das ocasiões, permanecem em silêncio enquanto teclam alguma coisa. Nos casos mais sérios, alguém ainda puxa um fone de ouvido e começa a escutar música ou falar em uma ligação. Estão juntos, mas separados.

Seria fácil culpar o celular por isso. No entanto, comportamento é uma característica humana, e, se há alguém ignorando os colegas da mesa, não é o celular, mas o indivíduo que, a partir de sua relação com uma mídia, altera suas práticas. Em linhas gerais, é o que se denomina *mediatização*, como proposta pelo pesquisador Stig Hjarvard em várias de suas obras, em particular no *The Mediatization of Culture and Society*.

Em uma primeira definição, mediatização é o processo pelo qual relações humanas e práticas sociais se articulam com as mídias, resultando em alterações nessas atividades. É um conjunto de fenômenos que, espalhados pela vida cotidiana, tornam-se parte das atividades rotineiras de maneira tão intrincada que muitas vezes, por conta da proximidade, se tornam invisíveis – ou, pelo menos, deixam de chamar a atenção.

Hjarvard foi um dos primeiros a sistematizar as principais questões sobre mediatização em um texto chamado, aliás, "A mediatização da sociedade". Para ele, o conceito refere-se ao processo pelo qual a sociedade vai se tornando progressivamente dependente da lógica da mídia, na medida em que elas estão cada vez mais integradas nas operações de todas as instituições sociais. A mídia ocupa um lugar de destaque, redefinindo o modo como as coisas são feitas no cotidiano.

Falar ao celular em um ônibus, por exemplo, chamava muito a atenção no final dos anos de 1990, quando aparelhos eram raros. Quando o acesso começou a ficar maior, a partir dos anos de 2000, o que era exceção virou regra e o estranhamento acabou. A interação pessoal torna-se mediatizada.

Essa relação pode ser encontrada também entre indivíduos, mídias e instituições. No caso das religiões ocidentais, por exemplo, quando algumas denominações passaram a utilizar as mídias no contato com seus praticantes a relação mudou; a religião não está apenas no espaço dedicado às atividades religiosas, mas está espalhada na televisão, no rádio e nos aplicativos de celulares. Do mesmo modo, a política e as relações pessoais não podem ser pensadas hoje em dia fora de sua atuação com a mídia.

A adaptação à lógica da mídia, no entanto, não significa que as instituições ou os indivíduos percam suas características próprias. Como lembra Hjarvard, a política ainda é, em boa medida, feita no interior de um campo político, com regras e práticas específicas. No entanto, se um político pretende atingir o público, digamos, durante uma campanha eleitoral, precisa adaptar algumas de suas práticas à lógica da mídia – alterar seu modo de vestir, de falar, cuidar da aparência, adéque suas propostas e concepções. Não é, portanto, um processo simples de *uso* dos meios de comunicação, mas de alterações no modelo das práticas institucionais.

Hjarvard lembra que o uso da mídia não é o elemento central do processo de mediatização. Usar a mídia para uma atividade a torna "mediada", isto é, "feita através da mídia". O conceito de mediatização vai mais longe e procura entender como a "mediação" de algo interfere na maneira como as coisas acontecem no momento em que se articula com as práticas. Trata-se de um processo a longo prazo que não se confunde com o emprego dos meios de comunicação como ferramentas – daí a mediatização ser um fenômeno recente.

Isso também não significa dizer que a mídia tenha, em si, algum "efeito" sobre a sociedade. Uma sociedade mediatizada não é uma sociedade controlada pela mídia. O processo não é de mão única, no sentido de que a mídia possa ter "efeitos" sobre as pessoas ou as instituições. O conceito de mediatização não trabalha em uma perspectiva *causal*, como "o que a mídia faz com as pessoas", mas a partir de um ponto de vista *relacional*, no sentido de "como as pessoas relacionam suas práticas cotidianas com as possibilidades abertas pelas mídias", em um processo contínuo, sem começo nem final, que possam ser facilmente estabelecidos.

Para compreender melhor isso é necessário examinar alguns fundamentos do processo de mediatização da sociedade.

Em primeiro lugar, parte-se da premissa de que não há separação entre "mídia" e "sociedade" na medida em que os meios de comunicação são parte integrante da sociedade. As mídias existem dentro de um contexto social e histórico, e são feitas pelas mesmas pessoas que, em outros momentos, recebem informações. Um roteirista de telenovelas, um publicitário ou o editor de um *blog* não vivem fora da sociedade: eles vão ao cinema, assistem televisão, mergulham nos espaços da internet. Assim, não seria possível falar de "efeitos" da mídia na sociedade – a parte teria efeitos no todo.

Isso leva à segunda premissa: o conceito de "mídia" é pensado de maneira complexa. É uma *tecnologia*, com características específicas e que, por isso mesmo, exige que a mensagem seja organizada conforme uma *linguagem* – o texto de uma mensagem via celular tende a ser mais curto do que o de um *blog* – e, finalmente, são empresas que se pautam na lógica de mercado.

Em terceiro lugar, é preciso levar em conta a *ubiquidade* das mídias, isto é, à sua presença espalhada por todos os lugares, seja na forma de dispositivos móveis, como celulares e *players*, seja nas telas eletrônicas, cartazes, *outdoors*, marcas e logotipos presentes em todos os espaços. Nas grandes cidades é difícil encontrar um lugar completamente desconectado.

Isso torna a mídia um *ambiente* no qual os seres humanos estão inseridos, da mesma maneira em que se está inserido no espaço natural do clima e dos espaços. Assim como não é possível viver separado do ambiente físico no qual se está, é muito difícil ficar fora do ambiente constituído pelas mídias.

O processo de mediatização não ocorre de maneira igual em todas as sociedades. Trata-se de um fenômeno histórico e social vinculado a uma série de condições econômicas, políticas e tecnológicas.

Hjarvard, aliás, faz uma separação entre dois tipos de mediatização.

Em primeiro lugar, a *mediatização direta* (ou *forte*), que acontece quando situações independentes de qualquer mídia ganham novos contornos e passam a ser feitas a partir da utilização de mídias. Um jogo de xadrez, por exemplo, era uma atividade realizada em um espaço físico e mediatizada para o computador. Para fazer uma operação no banco a pessoa precisava ir até a agência; nos caixas eletrônicos ou via internet a noção de "ir ao banco" muda. Não se trata, portanto, de começar as práticas do zero, mas de indicar como práticas já existentes são completamente transformadas ao se reportarem ao espaço virtual.

A *mediatização indireta*, ou *fraca*, refere-se a processos mais sutis, e por isso mesmo mais difíceis de serem detectados. Uma visita a uma loja de brinquedos ou de material escolar, por exemplo, faz com que o consumidor se sinta dentro de um programa de televisão – uma boa parte dos brinquedos, cadernos e estojos são estampados com personagens de filmes, desenhos animados ou séries de TV. Uma visita ao McDonald's ou ao Burger King, para citar a ilustração de Hjarvard, é uma experiência mediatizada: enquanto come, a pessoa é cercada por personagens do sucesso mais recente do cinema ou da televisão, desde a toalha de papel que cobre a bandeja até os brindes que vêm com alguns sanduíches.

O conceito de mediatização tem o mérito de explicar as transformações no modo de viver contemporâneo ultrapassando qualquer dualidade entre "mídia" e "sociedade" em favor de uma articulação complexa e contraditória entre esses elementos, pensando que o fenômeno está presente o tempo todo, em todos os lugares – inclusive no celular que, provavelmente, esteve próximo durante a leitura deste texto.

HJARVARD, S. "Midiatização: teorizando a mídia como agente de mudança social e cultural". *Matrizes*, vol. 5, n. 2, jan.-jun./2012, p. 53-91.

3
A vida mediada: Sonia Livingstone e "a mediação de tudo"

Até meados dos anos de 1990, qualquer pesquisador interessado em compreender os meios de comunicação encontraria textos e artigos com títulos parecidos com "Comunicação de massa e sociedade", "Televisão e política" ou "Mídia e religião". A partir do início do século XXI, no entanto, começaram a aparecer títulos como "democracia midiática", "política mediada" e "a mediatização da política". Foi uma mudança no mundo ou em nossa maneira de ver o mundo? A questão é colocada pela pesquisadora britânica Sonia Livingstone em seu texto "Sobre a mediação de tudo", de 2008.

No caso dos meios de comunicação, a principal transformação foi sua integração cada vez maior com as práticas sociais, isto é, com a maneira como as pessoas vivem em seu cotidiano.

Se até meados dos anos de 1990 era possível falar nos "Meios de Comunicação de Massa" como uma instituição social que, como a Política e a Religião, trabalhava com certa *independência*, a partir do final do século XX nota-se uma *interdependência* entre as mídias digitais e as instituições sociais.

A ideia de mediação refere-se ao processo segundo o qual as instituições sociais são transformadas a partir de sua articulação com as mídias. Sc, por um lado, os meios de comunicação de massa continuam atuantes e mantêm seu *status* de instituição social, por outro lado a noção de mídia foi radicalmente expandida nas últimas décadas, e a circulação de mensagens, seja no nível individual ou institucional, passou largamente a acontecer a partir de outras mídias além da televisão e do cinema, por exemplo.

Se é possível jogar com as palavras, com o risco que isso traz, valeria a pena pensar "mediação" não como "algo que fica no meio", mas como "ação dos *media*", lembrando que, no mundo acadêmico anglo-saxônico, *media* é o que geralmente aqui se refere por *mídia*. Assim, neste sentido, a mediação da sociedade seria a ação da mídia sobre as instituições sociais, articulando-se com suas práticas e abrindo caminho para modelos diferentes de interação entre elas e mesmo entre seus participantes.

O jogo de palavras, aliás, é mais do que uma simples questão de terminologia.

Nas últimas décadas, o conceito de mediação, bem como o de mediatização, receberam inúmeras definições e vêm sendo objeto de várias discussões. Aparentemente, o que um pesquisador chama de "mediação", no sentido exposto no parágrafo acima, é chamado de "mediatização", "medialização", "mediazação", "virada midiática" e assim por diante. Para aumentar o problema, nas discussões acadêmicas internacionais, a palavra "mediação" (em inglês, *mediation*) nem sempre significa algo relacionado especificamente aos meios de comunicação, mas a qualquer coisa que esteja "no meio" de uma situação – em polonês, por exemplo, o termo se refere a questões judiciais, enquanto em tibetano o "mediador" é a pessoa responsável por apresentar futuros casais.

Livingstone propõe, para desembaraçar esses fios de texto, pensar a ação da mídia sobre outras instituições sociais como parte de um conceito de "mediação". Assim, mediação refere-se às alterações provocadas pela ação das mídias sobre práticas e instituições sociais que passam a se reorganizar a partir da presença ubíqua dos meios de comunicação, sobretudo os digitais.

Um elemento importante a destacar é a questão de "ação" nesse conceito. A ideia é de que as mídias efetivamente *agem* sobre as instituições sociais, exigindo delas uma readaptação para seus conceitos, práticas e ações. A mediação não é um processo unilateral, mas implica uma reorganização das práticas institucionais de maneira a não abrir mão de suas características específicas, mas, ao mesmo tempo, criar uma conexão com as mídias.

Não se trata, no entanto, de pensar em algum tipo de determinismo tecnológico, isto é, de imaginar que o simples fato das tecnologias de comunicação existirem e serem usadas é o suficiente para provocar alterações na sociedade. Essas mudanças, quando acontecem, decorrem da maneira como os indivíduos usam esses meios de comunicação nas suas práticas cotidianas para articular novas maneiras de realizar as atividades que já faziam. Um exemplo corriqueiro pode ilustrar a situação.

Se este texto estivesse sendo escrito em 1980, meu ambiente de trabalho seria composto de uma pilha de papel sulfite, uma borracha, lápis e uma máquina de escrever. Antes de datilografar uma página, teria feito um rascunho manuscrito do texto. Um erro ou uma mudança de ideia no meio do último parágrafo da página significava reescrever tudo. Atualmente, ao escrever este texto, a única preocupação é se a energia elétrica por acaso acabar ou se subitamente o computador parar de funcionar. Houve certamente uma mudança na mídia usada, mas o que caracteriza a mediação propriamente dita é uma mudança na *cultura* do ato de escrever.

Mas isso acontece também, em certa medida, com práticas sociais mais amplas. No caso do futebol, por exemplo, "assistir a um jogo" significa, em boa parte dos casos, se colocar diante de uma tela eletrônica e olhar fixamente para ela durante 90 minutos. O enquadramento do jogo depende do que é mostrado – nosso olho é o olho do diretor do programa. Mas o processo não acaba aí: os significados do jogo se espalham em outras mídias, como ter o hino do time como toque de celular ou o símbolo como papel de parede no telefone ou no computador.

Nesse sentido, Livingstone identifica alguns elementos principais do processo de mediação.

A mediação implica uma contínua negociação de significados entre as mensagens da mídia e sua presença no "mundo real" dos indivíduos. A vida cotidiana e as mídias estão em uma relação constante, com influências e interferências mútuas – a criança que joga um *videogame* pode, minutos depois, representar as personagens do jogo em uma interação real com outras crianças.

Em segundo lugar, vale lembrar que essa interação é mais sutil e mais presente do que se imagina. A ação da mídia está mais ou menos visível no modo como os indivíduos falam, se vestem, conversam usando frases de filmes ou bordões de novela, se referem a fatos e personagens da ficção como exemplos em situações reais. A pessoa que, digamos, coloca a personagem de um filme ou de um desenho animado como a foto de seu perfil em uma rede social na internet está, de alguma maneira, utilizando-se de significados provenientes da mídia para representar algumas de suas próprias características – o significado, reconstruído, volta para o ambiente da mídia, aonde vai se articular com outros e dar origem a outros signos e significados.

A presença da mídia, nesse sentido, "transborda" os meios e se articula com as práticas sociais.

Essa reconstrução dos significados não é isenta de conflitos e negociações. Assim, o processo de mediação perpassa todas as atividades do cotidiano, alterando o modo como são praticadas e aumentando as potencialidades de interação – mas também deixando no horizonte a perspectiva de lutas e conflitos pela definição de significados, agora circulando como estilhaços em várias frestas da vida cotidiana.

4

Bem-vindo a Mediapolis

Imagine uma realidade intermediada por telas digitais, responsáveis por formar a imagem do mundo. Essas imagens povoam a cultura e a imaginação das pessoas, construindo as concepções que terão de si mesmas e dos outros. A política se desenvolve com base nessas imagens que permeiam todos os momentos, do cotidiano mais banal à relação entre países. Se essa é a realidade na qual se vive, o conceito para defini-la foi proposto em 2007 pelo pesquisador britânico Roger Silverstone. A vida em Mediapolis.

O nome deriva de uma concepção conhecida. Na Grécia, por volta dos séculos V e IV a.C., a vida política da *polis*, a cidade, dependia em boa parte da comunicação pública entre indivíduos e grupos. Para um assunto ser debatido, era fundamental que ele ganhasse *visibilidade pública*, isto é, fosse trazido para discussão na *polis*. Nos debates, a fala era a principal mídia: quem tivesse a melhor retórica, fazendo uso de exemplos e imagens, ganhava. Nem todos os cidadãos participavam dessas discussões: a rigor, uma elite geralmente tomava as decisões, com pouca ou nenhuma intervenção dos outros.

Em uma tradução imediata, "mediapolis" poderia significar a "cidade da mídia", uma metáfora para descrever a presença constante, contínua, ubíqua, dos meios de comunicação. No entanto, Silverstone parece ir em outro sentido: "mediapolis" seria a "*polis* da mídia": no mundo contemporâneo, o espaço da política, das tomadas de decisões e definição de regras é construída nas mídias e a partir delas.

Se é possível misturar as traduções, a metáfora da "cidade da mídia" pode auxiliar a compreender a ideia de que as relações políticas e pessoais são vividas, em boa parte, nas telas digitais.

A realidade mediada

Os meios de comunicação são um dos principais, senão o principal, intermediário entre os indivíduos e o mundo.

Sem dúvida as relações sociais podem muito bem existir sem nenhuma interferência da mídia. No entanto, uma boa parte do que se sabe a respeito do mundo chega até os indivíduos pelas telas de computadores, *smartphones*, *tablets* e da televisão. Mesmo no âmbito das relações pessoais, as mídias digitais e a interação a partir de telas é comum, de modo que essas práticas também se articulam, de alguma maneira, com as mídias.

Intermediadas por telas digitais, a relação das pessoas com a realidade se torna, de alguma maneira, um vínculo com imagens e aparências. A tela, aliás, é o espaço da aparência: nas redes sociais, o "eu" mostrado aos outros não deixa de ser uma construção, feita a partir de escolhas para conseguir uma imagem de si mesmo de acordo com aquilo que se pretende mostrar. A mediação de si mesmo, assim como a mediação da realidade, faz com que o mundo compartilhado nas telas digitais se torne um espaço de troca de imagens e aparências. O mundo que aparece, e Silverstone joga com as palavras, é o mundo da aparência.

Isso poderia não ser mais do que um diagnóstico apocalíptico se não fossem suas consequências políticas e sociais. Em um mundo construído a partir de aparências, o que se sabe realmente sobre o outro? A contínua exposição de imagens repetidas de determinadas situações tende a reforçar clichês – imagens que se perpetuam com força em todas as mídias, da televisão às redes sociais. Se o mundo mediado é construído a partir de aparências, é com essas aparências que vão se desenrolar as relações políticas e se vai compreender o outro.

Representações, desigualdade e poder

Se as discussões na *polis* grega eram feitas entre pessoas em condições de igualdade entre os cidadãos, isso não acontece na *polis* midiática. A desigualdade nas representações, em termos quantitativos e qualitativos, é um dos principais pontos de conflito na mediapolis.

Alguns países, por exemplo, estão presentes quase todos os dias no noticiário, enquanto outros raramente aparecem. Mais ainda, alguns povos tendem a ser representados, a partir de pontos de vista negativos, como agressivos, bélicos ou potencialmente perigosos para todos os outros. Essas representações, por menos relações que mantenham com a realidade, constituem a realidade mediada a partir da qual se conhece o mundo. Como afirma Silverstone na p. 37 de *Media and morality*, o desafio é pensar "a desigualdade de representações e a persistência de exclusões que marca a mediapolis como um espaço de exercício do poder da mídia, tanto pelo capital quanto pelo Estado".

Narrar o outro

Silverstone destaca um fator adicional de poder na *polis* mediática: as narrativas.

Narrativas são um elemento fundamental para se entender a realidade. Contando histórias é possível aprender sobre o passado e se criar perspectivas para o futuro, da mesma maneira que se é informado a respeito de quem se é e de quem os outros são. Ao narrar uma história, uma versão sempre ganha das outras, definindo quem são os heróis e seus méritos, bem como as qualidades negativas dos opositores. Narrar vai muito além de se contar alguma coisa, mas influencia diretamente no modo como os acontecimentos serão interpretados. Em outras palavras, uma narração não é apenas uma *descrição* da realidade, mas também sua *construção*.

O potencial político do ato de narrar, na *polis* mediática, é explorado em seu potencial. "A narração", lembra Silverstone na p. 53, "está no coração da política, oferecendo a possibilidade de se compartilhar uma cultura e as bases para o entendimento comum, para se fazer sentido". Mais importante, narrativas competem entre si por espaço. A narrativa "correta" de uma época pode ser desafiada e contraditada em outras.

Espaço de debates, conflitos e articulações entre representações mediadas, a noção de uma *polis* midiática proposta por Silverstone abre espaço para a interpretação não apenas da vida cotidiana, mas das repercussões políticas e sociais que a troca simbólica de imagens e aparências cria a respeito de si mesmo e do outro – seja na esfera das relações interpessoais, seja na política mundial.

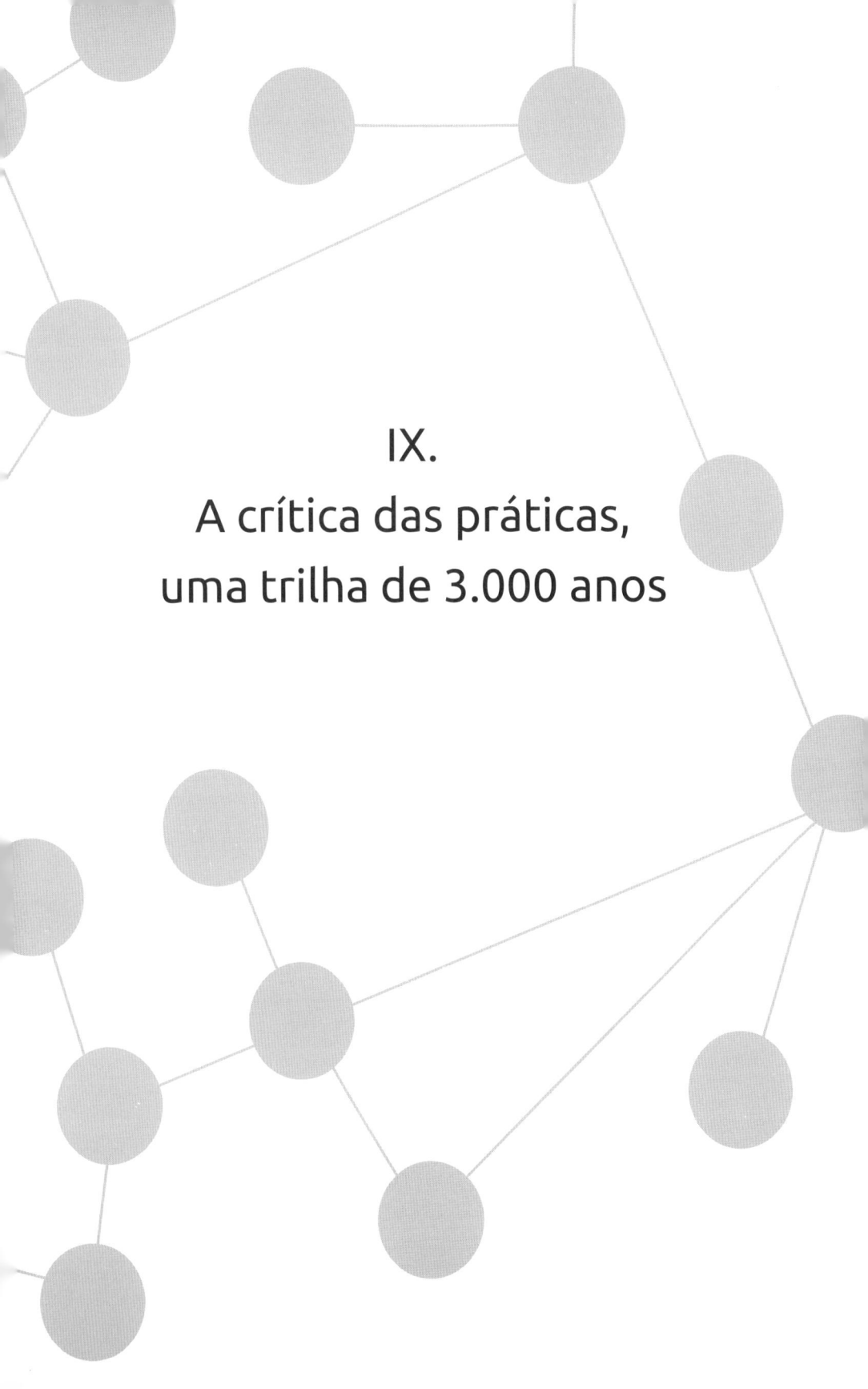

IX.
A crítica das práticas, uma trilha de 3.000 anos

1
Platão e os limites da tecnologia de comunicação

Havia no Egito Antigo um sábio chamado Theuth. Certo dia ele foi mostrar ao Faraó Thamus várias de suas invenções e, conforme as apresentava, o rei fazia seus comentários. A certa altura, Theuth mostrou o alfabeto, explicando ao rei:

"Majestade, aqui está uma coisa que, uma vez aprendida, vai deixar os egípcios mais sábios e melhorar sua memória: a escrita".

O Rei Thamus, porém, respondeu:

"Vai acontecer o contrário do que você está dizendo. A escrita vai trazer o esquecimento para a mente de quem a aprender. Ninguém mais vai treinar sua memória porque vão todos confiar na escrita, que é externa e depende de sinais que pertencem aos outros, em vez de lembrar a partir de dentro, por sua conta. Você não encontrou um remédio para a memória, mas apenas para a lembrança."

E continuou:

"A escrita oferece às pessoas apenas a aparência do saber, não sua realidade. As pessoas vão ouvir muitas coisas sem, de fato, aprenderem, e vão ficar acreditando que sabem muito quando na verdade não sabem nada."

Esse mito sobre a origem da escrita é contado por Sócrates no diálogo *Fedro*, escrito por seu discípulo Platão. É, até onde se sabe, uma das mais antigas críticas a uma tecnologia. No caso, a escrita. Para Sócrates, o ato de escrever vai contra um dos princípios fundamentais da razão, o conhecimento que nasce a partir do diálogo – para usar a expressão consagrada, a *dialética*.

Na visão do filósofo, o discurso escrito elimina qualquer chance de diálogo. Afinal, não há como efetivamente conversar com o texto, por mais que isso seja dito metaforicamente. O texto escrito, ao contrário do oral, é inerte, desgarrado de seu momento de produção e, por isso mesmo, incapaz de ser moldado a partir da interlocução com os outros.

Sócrates vai ainda mais longe em sua crítica da escrita. Para ele, a escrita não serve senão para oferecer uma ligeira lembrança sobre algum assunto, mas nunca seria efetivamente capaz de gerar conhecimento. Imaginar que seria possível aprender de um livro, explica Sócrates, é ingenuidade: o ato de aprender acontece no diálogo entre seres humanos, enquanto a escrita é inerte. O filósofo compara a escrita com a pintura no sentido de que ambos pretendem ser uma representação fiel da realidade quando, de fato, são um retrato inerte, com o qual não é possível nenhum tipo de interação – característica fundamental do aprendizado.

O filósofo francês Jacques Derrida nota que a palavra empregada para qualificar a escrita é *farmakon*, de onde "farmácia". O significado da palavra, no entanto, é ambíguo: *farmakon* pode significar tanto "remédio" quanto "veneno", mais ou menos o que a palavra "droga", como medicamento ou como entorpecente, ainda tem. A escrita, para Theuth, seria um remédio para a memória, enquanto Thamus, o rei, a entende como um veneno.

Por conta de sua integração com o cotidiano, muitas vezes esquecemos que a escrita é uma das mais elaboradas tecnologias de informação, e sua invenção alterou de maneira radical a relação dos seres humanos com o conhecimento, com a sociedade e com o mundo ao seu redor.

No entanto, escrevendo há cerca de 2.500 anos, as mudanças causadas no conhecimento decorrentes da escrita ainda não haviam sido avaliadas – se é que foram até hoje. Assim como no caso da internet e das mídias digitais, a invenção da escrita alterou o significado do ambiente cognitivo das sociedades. Em outras palavras, não se tratou apenas da invenção de uma ferramenta, mas de uma nova maneira de as pessoas se relacionarem com o saber. Para pensadores como Marshall McLuhan e Eric Hovelock, por exemplo, a escrita possibilitou uma passagem da *cultura oral* à *cultura escrita*.

Os modos de aprender e de entender o mundo, bem como os modos de convivência, foram fundamentalmente afetados pela mudança do modelo oral para o escrito. Algumas noções básicas da vida social, como "comunidade" e "história", por exemplo, parecem ter sido profundamente afetadas por essa passagem. Não por acaso, é a invenção da escrita um dos marcos da passagem da "Pré-História" à "História": as civilizações mais antigas, como egípcios e assírios, deixaram registros escritos que permitem a reconstrução dos acontecimentos de sua época.

É curioso observar que algumas das críticas de Sócrates à escrita são as mesmas feitas atualmente à internet e às mídias digitais. No argumento de alguns críticos, a internet tende a deixar as gerações mais jovens menos inteligentes. Afinal, em vez de treinar a memória com o estudo sério, tudo está à disposição no *Google* ou na *Wikipedia*.

A relação da mente com o saber, as relações humanas e, de modo geral, a experiência da realidade parece ter sido alterada a partir do uso de uma tecnologia cognitiva, como a escrita, para intermediar essa interação. Algo que foi visto com desconfiança na análise crítica de Platão – ironicamente, em belos textos escritos.

MARCONDES FILHO, C. *Fascinação e miséria da comunicação na cibercultura*. Porto Alegre: Sulina, 2012.

MARCONDES FILHO, C. (org.). *Vivências eletrônicas*. São Paulo: NTC, 1996.

2
Rastros, vigilância, controles: entre o público e o privado

Durante muito tempo a ficção imaginou sistemas políticos totalitários, nos quais informações sobre a população eram controladas por um governo central. Em *1984*, de George Orwell, ou *Admirável Mundo Novo*, de Aldous Huxley, as informações permitiam não apenas controlar as ações do presente, mas também rastrear o passado e, com isso, prever comportamentos futuros. Nas distopias, informação e poder não se separam.

O que a ficção parece não ter imaginado é que, com as mídias digitais, mesmo nas democracias as pessoas entregariam voluntária e gratuitamente uma quantidade incalculável de informações a respeito de si mesmas a outros indivíduos, organizações e governos, abrindo a chance de um conhecimento completo de suas vidas.

Como lembra James C. Scott em seu livro *Seeing like a State*, ter informações a respeito de alguém ou de um lugar é a primeira maneira de controle instituída pelos Estados modernos. Um terreno baldio, por exemplo, está fora do olhar do Estado. Existe fisicamente, mas não como uma "informação". Quando ganha nome de rua, número e registro, o lugar passa a constar de arquivos e listas como uma informação: o Estado *vê* o terreno transformado em dados arquivados. Os documentos pessoais, da mesma maneira, garantem que o indivíduo seja reconhecido pelo Estado a partir de seus dados.

As mídias digitais abriram horizontes diferentes para se pensar essas questões. A multiplicação das fontes de informação, a possibilidade de compartilhamento instantâneo e a velocidade de circulação de dados reconfigurou o que se imaginava como "controle". A noção de "público" e "privado" se transformou, bem como as ideias de "vigilância" e "transparência". Se, em algum momento, as fronteiras entre esses conceitos eram fixas, sua característica atual parece ser a mobilidade.

Rastros e transparências

Assim como o volume de informações em circulação por segundo na internet é inimaginável para padrões humanos, as instâncias de controle e vigilância também se multiplicam além de qualquer metacontrole.

O simples ato de ligar um computador a uma rede, por exemplo, permite potencialmente que a máquina seja rastreada. As atividades desenvolvidas no computador ficam armazenadas por um período indefinido de tempo. Arquivos deletados, por exemplo, tendem a continuar até que outro seja alocado naquele espaço.

Nas mídias digitais, rastros são deixados em todos os momentos. Toda e qualquer operação deixa algum tipo de registro, que pode ser recuperado e utilizado para fins muito diferentes dos originais.

Ao fazer uma compra, por exemplo, usando um cartão de crédito, todos os elementos da transação – hora, local e valor da compra, produtos comprados, forma de pagamento – são imediatamente disponíveis não apenas para a loja, mas também para a operadora de cartão de crédito, permitindo traçar o perfil de qualquer indivíduo e grupos a partir da observação de padrões de ação.

Os rastros deixados pelos indivíduos em suas atividades nas mídias digitais tendem a ficar armazenados para sempre nos servidores de internet, permitindo a recuperação de dados a qualquer instante. Quando se faz alguma compra *online* é comum receber a oferta de itens similares.

A exposição voluntária

Se o volume de dados obtidos à revelia dos indivíduos é enorme, a distribuição voluntária e gratuita de informações acontece em proporção semelhante. Em qualquer cadastro, seja *online* ou *offline*, há uma relação de troca: o usuário, cliente ou consumidor preenche uma ficha com seus dados para obter algum tipo de benefício, de descontos em produtos em um supermercado à participação em jogos *online*.

O que está em jogo é a relação custo/benefício: informações pessoais estão entre os bens mais valiosos da atualidade, e a exigência de sua divulgação ou compartilhamento para a obtenção de algum benefício nem sempre é feita nos mesmos termos.

Mais ainda, nas redes sociais conectadas a exposição voluntária ultrapassa a fronteira dos dados pessoais e se amplia para toda a gama de atividades de uma pessoa: aonde está, o que comprou recentemente, seus amigos e conhecidos, atividades cotidianas e qualquer outro tipo de ação, deixados gratuitamente à disposição de quem estiver interessado.

Aprisionamento tecnológico

Jaron Lanier, um dos primeiros pesquisadores da realidade virtual, chama a atenção para o que denomina "aprisionamento tecnológico", que pode ser definido como a dependência dos usuários comuns em relação às escolhas feitas pelos criadores de *softwares*.

Para usar um de seus exemplos, os corretores ortográficos de mensagens ou processadores de texto demonstram que alguém, em algum momento, instruiu o aplicativo para completar uma palavra com base em algo já digitado ou armazenado em sua memória, sem levar em conta a necessidade real disso.

Em um nível mais desenvolvido, o aprisionamento tecnológico se refere aos códigos criados por programas e aplicativos que, uma vez estabelecidos, se tornam o padrão para todos os outros desenvolvimentos. Toda a variedade criativa do pensamento humano é enquadrada nas estruturas fixas do aplicativo: o que a pessoa *quer* fazer está engessado nos parâmetros do que um *software* qualquer *pode* fazer.

Essa dependência é vista por Lanier sob uma luz bastante negativa na medida em que delimita, em horizontes bastante estreitos, aquilo que pode ser criado. Além disso, em sua visão, na medida em que os programas e aplicativos são dotados de recursos automáticos, a atividade dos usuários, mesmo em suas tarefas mais comuns, não deixam de ser igualmente automatizadas. Embora esses recursos tenham sido orginalmente imaginados para poupar o tempo dos usuários, o fato de não levarem em consideração a variedade de possibilidades de ação acaba, paradoxalmente, fazendo com que os indivíduos percam tempo ao tentar desativar esses recursos – cada vez que um programa de texto cria listas automáticas, corrige palavras ou recuos de parágrafo, para seguir no exemplo de Lanier, é fácil verificar esse fenômeno.

A visibilidade paradoxal

Em *Privacy*, um estudo introdutório sobre o tema, Raymond Wacks chama a atenção para um paradoxo: a presença rotineira de câmeras de vigilância, controles de radiofrequência, circuitos de segurança, rastreamento de

conexões e outros dispositivos de controle na paisagem cotidiana fazem com que não se preste mais atenção neles.

Isso leva a um dilema aparentemente insolúvel: dispositivos de controle são pensados originalmente para garantir a segurança, mas, ao mesmo tempo desafiam as liberdades individuais, um dos pré-requisitos da democracia.

A transparência total é o resultado paradoxal de uma vigilância total. Os mecanismos de geolocalização permitem rastrear os sinais de usuários e localizá-los. Isso significa que desaparecer é virtualmente impossível, exceto nos lugares aonde essa cobertura por acaso falhe. Espaços invisíveis em um tempo de visibilidade total.

◎ *Para explorar mais*

BRUNO, F. *Máquinas de ver, modos de ser*. Porto Alegre: Sulina, 2014.

LEMOS, A. "Mídias locativas e vigilância". In: BRUNO, F. et al. *Vigilância e visibilidade*. Porto Alegre: Sulina, 2010.

3
O simulacro do real antes do virtual

Anos atrás, em São Paulo, na época do Natal, a associação de lojistas de uma rua de alto padrão instalou uma série de máquinas na rua que lançavam espuma. O objetivo, fazer "nevar" na cidade. Acionadas em momentos determinados, espalhavam flocos de espuma brancos e brilhantes. Era neve, Natal tem neve, lá tinha neve. O fato de se estar em pleno verão, com temperaturas médias de trinta graus, não era obstáculo. A realidade não era problema para a simulação. Reduzida a coadjuvante, tornava-se um deserto. O deserto do real.

Poucos filósofos levaram a crítica à sociedade a um ponto mais crítico do que Jean Baudrillard. Sua proposta, em linhas gerais, é simples: a realidade desapareceu e vivemos um mundo hiper-real gerado pela combinação entre tecnologias de comunicação e sociedade de consumo. Esse "hiper-real" não é a "realidade", nem pretende isso; trata-se de uma gigantesca simulação, estimulada a cada minuto, de algo há muito tempo perdido, o real. Ou, como define Baudrillard em seu livro *Simulacros e Simulações*, "o deserto do real".

Fãs do filme *Matrix* não devem ter problemas em reconhecer esta última frase. É o que a personagem Morpheus diz ao protagonista, Neo, ao lhe mostrar um mundo destruído pelo conflito entre seres humanos e máquinas. No entanto, na mente dos indivíduos, o mundo continua existindo, mas sob a forma de uma gigantesca "simulação interneuronal" criada por computador, a Matrix em si.

Embora Baudrillard tenha negado em vários momentos sua ligação com o filme – e, de fato, as metáforas visuais não possam ser tomadas como exemplo de suas teorias –, por outro lado é possível, com alguns cuidados, pensar algumas relações com sua crítica.

conexões e outros dispositivos de controle na paisagem cotidiana fazem com que não se preste mais atenção neles.

Isso leva a um dilema aparentemente insolúvel: dispositivos de controle são pensados originalmente para garantir a segurança, mas, ao mesmo tempo desafiam as liberdades individuais, um dos pré-requisitos da democracia.

A transparência total é o resultado paradoxal de uma vigilância total. Os mecanismos de geolocalização permitem rastrear os sinais de usuários e localizá-los. Isso significa que desaparecer é virtualmente impossível, exceto nos lugares aonde essa cobertura por acaso falhe. Espaços invisíveis em um tempo de visibilidade total.

◎ *Para explorar mais*

BRUNO, F. *Máquinas de ver, modos de ser*. Porto Alegre: Sulina, 2014.

LEMOS, A. "Mídias locativas e vigilância". In: BRUNO, F. et al. *Vigilância e visibilidade*. Porto Alegre: Sulina, 2010.

3
O simulacro do real antes do virtual

Anos atrás, em São Paulo, na época do Natal, a associação de lojistas de uma rua de alto padrão instalou uma série de máquinas na rua que lançavam espuma. O objetivo, fazer "nevar" na cidade. Acionadas em momentos determinados, espalhavam flocos de espuma brancos e brilhantes. Era neve, Natal tem neve, lá tinha neve. O fato de se estar em pleno verão, com temperaturas médias de trinta graus, não era obstáculo. A realidade não era problema para a simulação. Reduzida a coadjuvante, tornava-se um deserto. O deserto do real.

Poucos filósofos levaram a crítica à sociedade a um ponto mais crítico do que Jean Baudrillard. Sua proposta, em linhas gerais, é simples: a realidade desapareceu e vivemos um mundo hiper-real gerado pela combinação entre tecnologias de comunicação e sociedade de consumo. Esse "hiper-real" não é a "realidade", nem pretende isso; trata-se de uma gigantesca simulação, estimulada a cada minuto, de algo há muito tempo perdido, o real. Ou, como define Baudrillard em seu livro *Simulacros e Simulações*, "o deserto do real".

Fãs do filme *Matrix* não devem ter problemas em reconhecer esta última frase. É o que a personagem Morpheus diz ao protagonista, Neo, ao lhe mostrar um mundo destruído pelo conflito entre seres humanos e máquinas. No entanto, na mente dos indivíduos, o mundo continua existindo, mas sob a forma de uma gigantesca "simulação interneuronal" criada por computador, a Matrix em si.

Embora Baudrillard tenha negado em vários momentos sua ligação com o filme – e, de fato, as metáforas visuais não possam ser tomadas como exemplo de suas teorias –, por outro lado é possível, com alguns cuidados, pensar algumas relações com sua crítica.

De certa maneira, o filósofo parte do princípio de que, de fato, não existe mais algo chamado "realidade" fora das mídias, das tecnologias de comunicação e do consumo. Aliás, esses três fatores estão ligados na medida em que os meios de comunicação não existem fora da sociedade de consumo, da qual não apenas são parte integrante quanto também assumem, muitas vezes, a face de protagonistas.

No simulacro, as imagens do cotidiano não substituem ou representam a realidade, mas se tornam, elas mesmas, a própria referência de algo "real". O simulacro é autorreferente, espécie de representação de si mesmo garantido como sendo o "real" à disposição de quem estiver disposto a adquiri-lo.

A extensão dos territórios do virtual possibilitada pelas mídias digitais era relativamente menor.

A onipresença das mídias não pode ser separada da onipresença do consumo. A "tela total", título, aliás, de outro livro de Baudrillard, é também espaço de venda. Não só de produtos, mas também de imagens. É a desmaterialização do produto transformado em signo, em algo que será adquirido não por seu valor ou sua utilidade, mas simplesmente porque está à venda. O consumo perde o próprio sentido: produtos são comprados porque estão à venda, mesmo que sua utilidade ou propósito não sejam evidentes; a atração por bens de consumo sem utilidade de nenhuma natureza exceto serem "compráveis" implica essa relação.

O simulacro está ligado, nesse sentido, ao virtual. Trata-se da anulação do real substituído por algo mais real ainda, mas criado na imagem tecnológica da simulação. Viver em um dos espaços significa perder, na visão do filósofo, o contato com o outro. A "extensão incondicional do virtual", explica na p. 24 de *Tela total*, "determina a desertificação sem precedentes do espaço real e de tudo o que nos cerca".

Talvez um espaço fundamental para se compreender o conceito seja pensar, por exemplo, em um *shopping center*. Trata-se de um espaço de consumo, no qual quase todos os elementos são controlados artificialmente. Em muitos deles a luz é definida por janelas estrategicamente colocadas de maneira a diminuir, quando não eliminar, a percepção da passagem do dia; o tempo também é controlado a partir da disposição espacial das lojas, que exigem um gasto considerável para serem vistas. Há espaços definidos para comer, a praça de alimentação, na qual os restaurantes oferecem uma variedade de comidas representando origens diversas.

O império da imagem sobre a realidade é que Baudrillard denomina *simulacro*, ou seja, algo parecido com o real, mas, na verdade, uma aparência. O simulacro, em seu esforço para se fingir de real, muitas vezes utiliza recursos para representá-lo não como é, mas como deveria ser, ou como é na imaginação das pessoas – uma imaginação, por sua vez, povoada pelas imagens da mídia e do consumo.

Certamente o senso comum mais elementar poderia simplesmente mostrar que a realidade está aí, ao lado, como sempre esteve. Pode ser tocada, vista, sentida. A crítica de Baudrillard não está dirigida a essa noção de realidade. Os objetos concretos do mundo físico continuam existindo, assim como as pessoas e as outras coisas, mas a relação dos indivíduos com esse mundo não se pauta no real, ancorando-se nas imagens desse real.

Algumas situações do cotidiano podem auxiliar na compreensão. É comum observar na publicidade de supermercados, *shoppings* e de alguns tipos de mercadoria e imagens ao longo de um ano. No inverno, a imagem de "aconchegante" é associada aos signos da lareira, chocolate quente, um chalé nas montanhas, frio, companhia agradável; verão implica praia, férias, alegria, bebidas geladas; Natal significa neve, bonecos de neve, vida em família e reciprocidade. Esses elementos ideais, no sentido de que só existem dessa maneira tão perfeita como ideias, são transformados em "realidade" na simulação. Daí a necessidade do exagero para convencer que se trata da realidade – e, mais ainda, tornar essa "realidade" um elemento de consumo.

Baudrillard formulava algumas de suas principais ideias, nos anos de 1970 e 1990. Suas críticas nem sempre estão diretamente endereçadas às mídias digitais, mas têm como alvo o conjunto das mídias – palavra entendida em sentido amplo, como os meios de comunicação, mas também como as empresas – e das modalidades da sociedade de consumo.

Se algumas de suas proposições são claramente provocadoras (como, por exemplo, ao dizer que a Guerra do Golfo, de 1991, não existiu, mas foi um simulacro de guerra exibido pela CNN, no qual real e hiper-real se misturam), a atualidade de suas reflexões ajudam a pensar como as mídias digitais, em alguma medida, contribuem na construção de simulacros – e a perguntar o que sobrou no deserto do real.

◎ *Leituras simuladas*

BAUDRILLARD, J. *Tela total*. Porto Alegre: Sulina, 2001.

_____. *Simulacros e simulações*. Lisboa: Relógio d'Água, s.d.

4
O culto do amador: a perspectiva apocalíptica de Andrew Keen

Anos atrás uma amiga médica estava de plantão em um hospital quando foi atender um jovem no pronto-socorro. Ele se queixava de uma dor de cabeça e cansaço. Ela começou a examiná-lo quando ele interrompeu: "Eu sei o que eu tenho, doutora. É um problema nos Ciclos de Holster". A médica perguntou de onde tinha saído esse diagnóstico, ele explicou: "Fui ver o que eu tinha na internet, achei um *blog* dizendo isso. Me dá um remédio?" – ela talvez desse, se existisse alguma coisa chamada "Ciclo de Holster" no corpo humano.

Esse episódio é uma das consequências da oferta quase infinita, e sem filtro algum, de informações disponíveis na internet. Alguém que não sabia do que estava falando postou uma informação que, acessada por outra pessoa, ganhou contornos de verdade.

Esse é o cenário abordado pelo historiador britânico Andrew Keen, autor de *O culto do amador*. O subtítulo do livro oferece uma premissa fundamental do autor – "Como *blogs*, *myspace*, *YouTube* e o conteúdo gerado por usuários hoje em dia está matando nossa cultura e economia". Quando amadores se misturam com profissionais, o resultado é negativo para todos. O profissional vê seu trabalho perder importância, o amador não se dá conta de suas limitações, o público, sem parâmetros para avaliar o que vê, toma a especulação por verdade e a opinião como fato.

Isso não significa que, em meio ao caos, não possa surgir de tempos em tempos uma criação bem-sucedida, ou mesmo de valor cultural e estético.

Sempre haverá uma probabilidade de isso acontecer, como lembra o autor usando uma imagem: se a um número infinito de macacos fossem dadas máquinas de escrever, e, do mesmo modo, dado um tempo infinito, em algum momento, probabilisticamente, um deles escreveria uma tragédia de

◎ *Leituras simuladas*

BAUDRILLARD, J. *Tela total*. Porto Alegre: Sulina, 2001.

_____. *Simulacros e simulações*. Lisboa: Relógio d'Água, s.d.

4
O culto do amador: a perspectiva apocalíptica de Andrew Keen

Anos atrás uma amiga médica estava de plantão em um hospital quando foi atender um jovem no pronto-socorro. Ele se queixava de uma dor de cabeça e cansaço. Ela começou a examiná-lo quando ele interrompeu: "Eu sei o que eu tenho, doutora. É um problema nos Ciclos de Holster". A médica perguntou de onde tinha saído esse diagnóstico, ele explicou: "Fui ver o que eu tinha na internet, achei um *blog* dizendo isso. Me dá um remédio?" – ela talvez desse, se existisse alguma coisa chamada "Ciclo de Holster" no corpo humano.

Esse episódio é uma das consequências da oferta quase infinita, e sem filtro algum, de informações disponíveis na internet. Alguém que não sabia do que estava falando postou uma informação que, acessada por outra pessoa, ganhou contornos de verdade.

Esse é o cenário abordado pelo historiador britânico Andrew Keen, autor de *O culto do amador*. O subtítulo do livro oferece uma premissa fundamental do autor – "Como *blogs*, *myspace*, *YouTube* e o conteúdo gerado por usuários hoje em dia está matando nossa cultura e economia". Quando amadores se misturam com profissionais, o resultado é negativo para todos. O profissional vê seu trabalho perder importância, o amador não se dá conta de suas limitações, o público, sem parâmetros para avaliar o que vê, toma a especulação por verdade e a opinião como fato.

Isso não significa que, em meio ao caos, não possa surgir de tempos em tempos uma criação bem-sucedida, ou mesmo de valor cultural e estético.

Sempre haverá uma probabilidade de isso acontecer, como lembra o autor usando uma imagem: se a um número infinito de macacos fossem dadas máquinas de escrever, e, do mesmo modo, dado um tempo infinito, em algum momento, probabilisticamente, um deles escreveria uma tragédia de

Shakespeare ou *A divina comédia*, de Dante. Essa imagem se aplica atualmente à internet: um número infinito de usuários, dotados de programas, máquinas e outros dispositivos, com uma somatória de tempo quase infinita. Em algum momento certamente devem surgir algumas obras-primas.

O problema é o que acontece com todo o material restante.

O alvo principal do autor, no entanto, não é a internet como um todo. Sua dimensão instrumental, que permite a troca de informações, *e-mails* e a criação de *sites*, abordada tangencialmente. A crítica dirige-se, sobretudo, contra as implicações e possibilidades envolvidas no conceito de "*Web* 2.0" – e as considerações têm início exatamente desmontando esse conceito.

De acordo com Keen, trata-se de uma marca mais do que propriamente um conceito, na medida em que a produção de conteúdo pelos usuários é uma característica da internet em si, bem como a interatividade e a possibilidade de compartilhar informações – em outras palavras, a "*Web* 2.0" só existe, na melhor das hipóteses, como marca. Na pior, como o sinônimo de uma cultura baseada em uma série de ilusões, como a expectativa de interatividade entre as pessoas, a democratização do conhecimento e o surgimento de novas formas de economia baseadas em formas colaborativas de produção.

Reportar um evento, dar um diagnóstico ou gravar uma música, por exemplo, deixaram de ser atividades específicas de jornalistas, médicos e músicos: qualquer pessoa, com equipamentos adequados e um conhecimento básico sobre seu funcionamento, pode transmitir informações, colocar seu depoimento sobre um remédio ou gravar uma música.

Médicos, músicos e jornalistas profissionais atuantes, além de uma formação teórica e técnica específica, costumam ter a experiência prática cotidiana do que é escrever notícias ou executar músicas. No entanto, nas redes sociais, bem como nos *sites* de busca, é possível encontrar todo o tipo de informação produzida por pessoas sem as credenciais necessárias para dizer o que dizem. Não há filtros, não há parâmetros – é, ou deveria ser, a principal experiência de liberdade que os seres humanos já tiveram.

Os *gatekeepers* e o conhecimento colaborativo

Em linhas gerais, no caso da mídia, o *gatekeeper* é a pessoa, ou grupo de pessoas, responsável pela seleção de informações que chegarão ao público.

Espera-se que o *gatekeeper* seja altamente capacitado para tomar essas decisões, fundamentadas não apenas em critérios pessoais, mas também nas características do próprio acontecimento – ninguém espera que um editor deixe de noticiar a vitória de um candidato nas eleições porque votou em seu adversário, ou que um *site* de esportes não fale nada sobre o Corinthians porque o diretor é torcedor do Figueirense.

Isso não significa, claro, que os critérios de seleção dos *gatekeepers* sejam neutros, objetivos ou isentos de erros. Longe disso, e há toda uma tradição crítica na Teoria da Comunicação que discute esses critérios. No entanto, na pior das hipóteses, *há algum critério*, ainda que discutível. O problema é que na internet *não há critério algum*.

Ilusoriamente, colocaria todas as pessoas em pé de igualdade para discutir qualquer coisa. Para Keen, isso não está muito longe da demagogia: dizer que qualquer um pode falar de tudo pode soar "democrático", mas pode ter consequências graves quando leigos resolvem se envolver em assuntos sérios – não por acaso, o autor se descreve como um "elitista", considerando que as opiniões das pessoas têm valor diferente conforme sua qualificação no assunto em questão.

A ideia de um "conhecimento colaborativo" ou de "conteúdo gerado pelo usuário" parece ficção de mau gosto para Keen. Veja-se, por exemplo, os milhares de *covers* de artistas feitos por leigos e espalhados em *sites* como o *YouTube*. Não que não se possa encontrar material de qualidade, mas, na maior parte dos casos, trata-se no máximo de amadores esforçados dotados de algum equipamento.

Mas – e esse é o ponto de Keen – o fato de alguém gostar de uma música, ter um computador e uma câmera não o transformam em músico, assim como o fato de saber ler e escrever não torna a pessoa automaticamente escritora.

Assim como ninguém tem amigos por estar conectado.

Redes de solidão

A ideia de rede social é outro alvo da crítica de Keen. A noção de um espaço de interação no qual as pessoas podem criar laços, trocar informações e compartilhar suas opiniões sobre a realidade é, no máximo, uma ilusão cultivada para que se tenha a impressão de ter vários relacionamentos, quando, a rigor, trata-se de um espaço no qual a pluralidade de vozes se transforma em cacofonia – característica, aliás, de toda a internet. "Todo mundo está transmitindo, mas ninguém está ouvindo", explica Keen na p. 15 de seu livro.

Essa crítica tem pelo menos duas dimensões. De um lado, a qualidade e a validade dos relacionamentos em rede. Por outro, pergunta-se qual é a relevância dos conteúdos e informações.

O que é, de fato, ter amigos em uma rede social? Quando alguém participa, por exemplo, de um grupo de apreciadores de café dentro de uma rede social, qual é, de fato, o grau de engajamento da pessoa? É um simples apreciador, que resolveu se ligar a esse grupo de maneira casual, ou é um convicto especialista em café, que chegaria à agressão física em nome de um bom café? A pergunta seguinte é mais densa: quem se importa?

Isso leva à segunda parte da questão: qual é a relevância das informações existentes nas redes sociais? Uma parte considerável do que é postado tem importância muito restrita. Quando se posta uma foto de um sorvete, por exemplo, por mais agradável que sejam as qualidades estéticas da foto, isso simplesmente é irrelevante: fora seus amigos, ninguém precisa saber disso. E mesmo os amigos não estão o tempo todo interessados – eles estão igualmente ocupados postando textos, vídeos e fotos que também não interessam a ninguém.

A crítica de Andrew Keen, a princípio, não está amparada em um repertório conceitual e teórico como, por exemplo, as reservas feitas à internet por Manuel Castells ou outros autores. Ao contrário, parece se concentrar na análise dos fenômenos observados acompanhados de alguma elaboração teórica que nem sempre leva em consideração as origens ou implicações dos fatos apresentados. No entanto, se o tom é negativo, vale ao menos para relativizar, ou fazer questionar, algumas promessas e expectativas da internet.

KEEN, A. *O culto do amador*. Rio de Janeiro: Zahar, 2009.

5

Dominique Wolton e os limites da comunicação na internet

Dentro da multifacetada obra do pesquisador francês Dominique Wolton, as discussões sobre comunicação estão muitas vezes ligadas aos problemas das tecnologias de informação e da maneira como elas estão vinculadas ao cotidiano das relações sociais, em uma postura crítica. Em várias de suas obras, o pesquisador francês procura relativizar o entusiasmo com as tecnologias, aparelhos e instrumentos e ressaltar a dimensão propriamente ligada à comunicação, isto é, ao estabelecimento de relações entre seres humanos.

A crítica de Wolton à internet é formulada no contexto de sua concepção de comunicação. Como ponto de partida, propõe uma divisão fundamental entre *informação* e *comunicação*, às vezes empregadas como sinônimas. O autor dá um peso e uma profundidade bem maior à comunicação, e procura diferenciá-la de "informação", colocada em um outro nível.

A informação está relacionada com a troca de dados e mensagens, especialmente aquela feita a partir de meios tecnológicos que procura, fundamentalmente, *transmitir* dados com rapidez, clareza e precisão. A modernidade, período que se estende desde o século XVIII, vem testemunhando um aumento cada vez maior na quantidade de informações produzidas e trocadas entre as pessoas.

Aliás, essa parece ser uma das características mais importantes da informação – ela pode ser quantificada, medida e observada em termos técnicos por conta de sua própria estrutura. Os dados produzidos podem ser transformados em números e, portanto, observados em termos exatos. A informação é o espaço da transmissão e, no máximo, da resposta programada a uma determinada mensagem, espaço de velocidade, dinamismo e superficialidade.

A comunicação, por outro lado, é o complexo processo de estabelecimento de *relações* entre seres humanos, atividade vinculada ao ato de *compartilhar* com outra pessoa algo que permita o estabelecimento de uma relação entre ambos no espaço da chamada "intersubjetividade", isto é, o espaço entre dois indivíduos ou "sujeitos", como denomina. Comunicação é, sobretudo, relação. O espaço da comunicação é a intersubjetividade, relação que só existe na comunicação entre seres humanos dispostos tanto a falar quanto a ouvir. A comunicação requer a compreensão do outro, da *alteridade* – do latim *alter*, "outro".

O entusiasmo com a internet e as mídias digitais pauta-se na perspectiva de que as tecnologias de rede são responsáveis pelo estabelecimento de novas formas de relação entre as pessoas, oferecendo a possibilidade de transformações sociais e históricas. As mudanças podem acontecer, mas não virão das tecnologias de informação. Se é possível mudar algo, isso acontece a partir de relações de comunicação entre seres humanos.

O desafio da comunicação é exatamente esse, compreender o outro – e, não por acaso, daí vem sua dificuldade. As tecnologias de informação podem permitir o *acesso* ao outro, mas isso não significa, necessariamente, construir relações de comunicação com outras pessoas, grupos e povos. Basta lembrar, por exemplo, a quantidade de textos racistas, homofóbicos e misóginos, com os mais variados teores, espalhados pelas redes. A troca de informações permite ver, mas não *compreender*, o outro, um processo ligado à comunicação.

A relação de comunicação requer tempo, profundidade e disposição. O resultado é uma progressiva valorização da informação em detrimento da comunicação, vista como um processo demorado e, em alguns casos, sem propósito definido. Essa valorização, acredita Wolton, se reflete, entre outros fatores, em uma visão positiva das tecnologias de informação e dos meios, deixando de lado o fato de que esses elementos não existem fora do contexto de relações de comunicação.

Isso não significa necessariamente que uma seja melhor, por si, do que a outra. Em alguns momentos simplesmente precisamos de informações rápidas e diretas. Se estou sem relógio na rua e quero saber basta perguntar para alguém "Que horas são?" sem necessariamente engatar imediatamente uma conversa sobre a felicidade e o sentido da vida.

A crítica de Wolton se dirige não tanto contra a internet, mas na direção de relativizar uma postura que encontra na técnica a solução para problemas humanos relacionados com a comunicação, não com a informação. Em outras palavras, seus escritos procuram um olhar crítico sobre a perspectiva de que a conexão em rede e as mídias digitais poderiam solucionar, *pelo fato de serem tecnologias novas*, problemas sociais e econômicos, ou mesmo de abrir novas possibilidades para a democracia.

Mas quem garante que, na internet, o engajamento político seja maior ou melhor? Essa pergunta é endereçada a quem imagina que o potencial democrático da internet derive do fato de mais pessoas terem a possibilidade de expressarem suas opiniões políticas em, por exemplo, *blogs* e redes. No entanto, isso não torna ninguém automaticamente mais ou menos apto a participar do jogo político.

A perspectiva de que uma tecnologia de acesso e troca de informações pode aumentar a participação política dos cidadãos deixa de lado o fator fundamental de que a política é um processo social, desenvolvido a partir dos conflitos e tensões entre seres humanos – e, portanto, não há tecnologia que garanta, por si só, uma maior ou menor participação das pessoas na política. Por que, então, acusar a televisão de "manipular" e a internet de "libertar"? Essa postura decorre de uma perspectiva que coloca na mídia, e não no ser humano, a responsabilidade pelos processos sociais e históricos de sua vida.

A responsabilidade da comunicação na atualidade, para o pesquisador, decorre entre outros elementos dessa atuação política fundamental, criar pontes e vínculos entre as diferenças.

Mais do que uma crítica destrutiva dos meios digitais, Wolton parece buscar um ceticismo que, a seu ver, está faltando nas discussões sobre o tema. O título de um de seus livros dedicados inteiramente ao assunto revela essa postura. *Internet, e depois?* escrito em 2000, procura situar a questão da internet e das mídias digitais no contexto de uma teoria da comunicação desafiando, em primeiro lugar, interpretações que procuram reduzir a comunicação à tecnologia. À espera de que se procure menos dados, números e *bits* e mais compreensão entre seres humanos.

◎ *Leituras críticas*

WOLTON, D. *Informar não é comunicar*. Porto Alegre: Sulina, 2011.

_____. *Internet, e depois?* Porto Alegre: Sulina, 2010.

Conexões finais

Em uma das cenas mais famosas de *2001: Uma odisseia no espaço*, de Stanley Kubrik, um primata, nosso ancestral, encontra um osso e percebe que, com aquela tecnologia acoplada ao movimento de suas mãos e braços, é mais fácil caçar, defender seu território, ter a liderança de seu grupo e alterar sua relação com o meio. A certa altura, em júbilo, lança o osso no ar e, em uma elipse, somos transportados para um imaginário ano 2000, no qual uma nave desce suavemente pelo espaço.

As relações entre cultura, vida cotidiana e tecnologia parecem ter a idade do aparecimento do ser humano na Terra. Dos ossos às ferramentas, aos ábacos, calculadoras manuais, computadores com válvulas que ocupavam uma sala inteira e tinham menos memória do que um relógio de pulso atual, *chips* de computador. As alterações na tecnologia pela ação humana não se separam de sua cultura, de sua história e das sociedades formadas. A relação não é de causa e efeito, mas dialética: tecnologias foram e são formadas pela cultura humana.

As mídias digitais, integradas ao cotidiano, foram apropriadas pelas pessoas, grupos, comunidades e sociedades como parte de suas atividades, de seus relacionamentos, suas vidas. Ligadas ao mundo profissional, ao trabalho, à diversão e mesmo à vida afetiva e íntima, muitas vezes alterando o que eram as barreiras e fronteiras entre esses espaços.

E logo isso se tornou um ponto de interrogação para pesquisadores das mais variadas áreas, da Psicologia à Política, da Tecnologia à Linguística. E, claro, à Comunicação, pelo menos enquanto as tecnologias forem apropriadas, usadas e entendidas nos relacionamentos humanos. Ideias diversas, pontos de vista diferentes, mesmo contraditórios, a respeito do que acontece conosco nessa ligação. Algumas dessas ideias serão confirmadas pelo tempo, outras se tornarão apenas curiosidades na galeria dos conceitos. Mas nossa vontade de saber continua.

Pensar as mídias digitais é tentar entender um capítulo da aventura humana. Este livro tentou narrar alguns desses episódios.

Where now? Who now? When now?
BECKETT. *O inominável.*

Referências

ABERCROMBIE, N. & LONGHURST, B. *Dictionary of Media Studies*. Londres: Penguin, 2008.

AGGER, B. *The virtual self*. Oxford: Blackwell, 2004.

AGHA, A. "Recombinant selves in mass mediated spacetime". *Language & Communication*, 27, 2007, p. 320-335.

ALBUQUERQUE, A. "Os desafios epistemológicos da comunicação mediada por computador". *Revista Fronteiras*, vol. IV, n. 2, dez./2002.

ALMEIDA, A.L. "Mídia, educação e cidadania na aldeia global: Para que mundo estamos educando?" *UNIrevista*, vol. 1, n. 3, jul./2006.

AMARAL, A. "O imaginário gótico da cibercultura: notas randômicas e iniciais sobre o lado obscuro das tecnologias de comunicação". *Sessões do Imaginário*, n. 1, jul./2006. Porto Alegre.

_____. *Visões perigosas*: arquegenealogia do *cyberpunk*. Porto Alegre: Sulina, 2006.

ANDREJEVIC, M. "Watching Television Without Pity: The Productivity of *Online* Fans". *Television New Media*, 9 (24), 2008.

ANTOUN, H. (org.). *Web 2.0*: participação e vigilância. Rio de Janeiro: Mauad, 2008.

ARANTES, P. *Arte e mídia*. São Paulo: Senac, 2010.

_____. "Arte e mídia no Brasil: perspectivas da estética digital". *Revista do Departamento de Artes Plásticas*, ano 3, n. 6, 2005, p. 53-65. São Paulo: ECA/USP.

ASSIS, J.P. *Artes do videogame*. São Paulo: Alameda, 2007.

BAITELLO, N. *A era da iconofagia*. São Paulo: Hackers, 2005.

BAKARDJIEVA, M. *Internet society*. Londres: Sage, 2005.

BAMBAZZI, L. & BASTOS, M. (org.). *Mediações, tecnologia e espaço público*. São Paulo: Conrad, 2010.

BARABÁSI, A.-L. *Linked*: a nova ciência dos *networks*. São Paulo: Leopardo, 2009.

BARAN, P. "On distributed communication networks". *IEEE Transactions of the Technical Group on Communication Systems*, vol. CS-12, mar./1964.

BARNES, J. "Class and commitees in a Norwegian Island Parish". *Human Relations*, n. 7, 1954, p. 38-58.

BARTHES, R. *Oeuvres completes*. Paris: Seuil, 1995.

BASTOS, M. "Ex-crever?" In: SANTAELLA, L. & NÖTH, W. (orgs.). *Palavra e imagem nas mídias*. Belém: UFPA, 2008.

BAUDRILARD, J. *Tela total*. Porto Alegre: Sulina, 2001.

_____. *A sociedade de consumo*. Lisboa: Elfos, [s.d.].

_____. *Simulacros e simulações*. Lisboa: Relógio d'Água, [s.d.].

BAUER, T. *Beyond and after Media Literacy:* Media competence building civil society [Aula inaugural do Mestrado em Comunicação. São Paulo: Faculdade Cásper Líbero, 2012].

BAUMAN, Z. *Vida líquida*. Rio de Janeiro: Zahar, 2011.

_____. *Modernidade e ambivalência*. Rio de Janeiro: Zahar, 2000.

BAYM, N. *Personal connections in the digital age*. Londres: Polity Press, 2010.

BELSEY, C. *Poststructuralism*. Oxford: Oxford University Press, 2007.

BENKLER, Y. *The wealth of networks*. Yale: Yale University Press, 2006.

BICUDO, M.A.V. & ROSA, M. *Realidade e cibermundo*. Canoas: Ulbra, 2008.

BITTENCOURT, A. *iPhone* – O gadget mais desejado na era da convergência midiática [Texto apresentado no III Simpósio da ABCiber. São Paulo, 2009].

BOASE, J. & WELLMAN, B. "Personal relationships: on and off the internet". In: PERLMAN, D. & VANGELISTI, A.L. *The Handbook of Personal Relations*. [s.l.]: Cambridge University Press [Book forthcoming, 2006 – Esta versão, 2004 – Projeto online].

BOLTER, J.D. & GRUSIN, R. *Remediation*. Massachusetts: MIT Press, 2000.

BOURDIEU, P. *Sobre a televisão*. Rio de Janeiro: Zahar, 1998.

_____. *Questões de sociologia*. Rio de Janeiro: Marco Zero, 1983.

BRAGA, A. *Microcelebridades* [Trabalho apresentado ao Grupo de Trabalho "Recepção, Usos e Consumo Midiáticos" do XIX Encontro da Compós. Rio de Janeiro: PUC-Rio, jun./2010.

_____. *Personas materno-eletrônicas*. Porto Alegre: Sulina, 2009.

_____. *Tecnologia e gênero:* questões femininas na internet [Trabalho apresentado em Fazendo Gênero 8 – Corpo, Violência e Poder. Florianópolis, 25-28/08/2008].

BRASIL, A. (org.). *Cultura em fluxo*. Belo Horizonte: PUC-MG, 2005.

BRITTO, R.A. *Cibercultura*: sob o olhar dos Estudos Culturais. São Paulo: Paulinas, 2009.

BRUNI, P. *Poéticas do videogame:* princípios teóricos para análise de interfaces lúdico-narrativas [Texto apresentado no III Simpósio Nacional ABCiber. São Paulo: ESPM, 16-18/11/2009].

BRUNO, F. *Máquinas de ver, modos de ser*. Porto Alegre: Sulina, 2014.

_____. "Monitoramento, classificação e controle nos dispositivos de vigilância digital". In: AUTOUN, H. (orgs.). *Web 2.0*. Rio de Janeiro: Mauad X, 2008.

_____. "Quem está olhando? – Variações do público e do privado em *weblogs, fotologs* e *reality shows*". In: BRUNO, F. & FATORELLI, A. (orgs.). *Limiares da imagem*: tecnologia e estética na cibercultura contemporânea. Rio de Janeiro: Mauad X, 2006.

BRUNO, F. et al. (org.). *Vigilância e visibilidade*. Porto Alegre: Sulina, 2010.

CAMPANELLA, B. *O fã dentro da lógica comercial do* Big Brother. [s.l.]: E-Compós, 2010.

_____. "O *Big Brother* como evento multiplataforma: uma análise dos impasses nos estudos de audiência". In: FREIRE FILHO, J. & HERSCHMANN, M. (orgs.). *Novos rumos da cultura midiática*. Rio de Janeiro: Mauad X, 2007.

CANCLINI, N.G. *Diferentes, desiguais e desconectados*. Rio de Janeiro: Uerj, 2005.

_____. *Culturas híbridas*. São Paulo: Edusp, 1997.

CARLÓN, B. & FAUSTO NETO, A. (org.). *Las políticas de los internautas*. Buenos Aires: La Crujia, 2012.

CASTELLS, M. *Communication Power*. Cambridge (MA): MIT, 2010.

_____. *O poder da identidade*. Rio de Janeiro: Paz & Terra, 2000.

_____. *A sociedade em rede*. Rio de Janeiro: Paz & Terra, 1999.

CASTRO, C. *Por que os* reality shows *conquistam audiências?* São Paulo: Paulus, 2008.

CASTRO, C. & FREITAS, C. "Narrativa audiovisual para multiplataforma". *Bibliocom*, ano 2, n. 7, jan.-abr./2010.

CAZELOTO, E. *Inclusão digital*. São Paulo: Senac, 2010.

CHANDLER, D. & MUNDAY, R. *Dictionary of Media and Communication*. Oxford: OUP, 2010.

CORREA, D. "Estudos sobre comunicação e cibercultura no Brasil". *Razón y Palabra*, n. 53, ano 11, out.-nov./2006.

CORREIA, J.C.; FERREIRA, G. & ESPÍRITO SANTO, P. (orgs.). *Conceitos de Comunicação Política*. Covilhã: LabcomBooks, 2010, p. 33-42.

COSTA, R. "Por um novo conceito de comunidade: redes sociais, comunidades pessoais, inteligências coletivas". In: AUTOUN, H. (orgs.) *Web 2.0*. Rio de Janeiro: Mauad X, 2008.

COTTLE, S. "Mediatized rituals: beyond manufacturing consent". *Media Culture Society* 2006, 28, p. 411.

COULDRY, N. "Reality TV, ou o teatro secreto do neoliberalismo". In: COUTINHO, E.G.; FREIRE FILHO, J. & PAIVA, R. (orgs.). *Mídia e poder*. Rio de Janeiro: Mauad X, 2008.

_____. "Media Consumption and Public Connection: Toward a typology of the dispersed citizen". *The Communication Review*, 8, p. 2005.

_____. "Liveness, 'Reality' and the Mediated Habitus from Television to the Mobile Phone". *The Communication Review*, 7, 2004, p. 353-361.

CRYSTAL, D. *Language and the Internet*. Cambridge: Cambridge University Press, 2006.

CULLER, J. *On deconstruction*. Ithaca: Cornell University Press, 1982.

_____. *The pursuit of signs*. Londres: Routledge, 1981.

DAHLBERG, L. "The Internet as public sphere or culture industry? – From pessimism to hope and back". *International Journal of Media and Cultural Politics*, vol. 1, n. 1, 2001.

_____. "The internet and democratic discourse". *Information, Communication & Society*, vol. 4, n. 4, 2001, p. 615-633.

DAHLGREN, P. "The Internet, Public Spheres, and Political Communication: dispersion and deliberation". *Political Communication*, n. 22, 2005, p. 147-162.

_____. *Television and the Public Sphere*. Londres: Sage, 1997.

DAL BELLO, C. & ROCHA, D.C. *Visibilidade mediatica, vigilância e naturalização do desejo de autoexposição* [Trabalho apresentado no XXI Encontro da Compós. Juiz de Fora: UFJF, 12-15/06/2012].

DALHGREN, P. *Media and political engagement*. Cambridge: Cambridge University Press, 2009.

DAWKINS, R. *O gene egoísta*. São Paulo: Companhia das Letras, 2007.

DEAN, J. "Why the Net is not a Public Sphere". *Constellations*, vol. 10, n. 1, 2003, p. 95-112.

DE KERCKHOVE, D. *The skin of culture*. Toronto: Somerville, 1995 [*A pele da cultura*. São Paulo: Annablume, 2011].

DYER, R. *Only entertainment*. Londres: Routledge, 1992.

ECO, U. *Obra aberta*. São Paulo: Perspectiva, 1996.

_____. *Apocalípticos e integrados*. São Paulo: Perspectiva, 1995.

ELDER, K. "The Public Sphere". *Theory Culture Society*, 23, 2006, p. 607.

EPISTEIN, I. *Cibernética e comunicação*. São Paulo: Cultrix, 1973.

ESTEVES, J.P. "Internet e democracia". *Media & Jornalismo*, 10, 2007, p. 33-42.

EVANS, J. & HESMONDHALGH, D. *Understanding media*: inside celebrity. Maidenhead: Open University Press, 2005.

FACCION, D. "Processos de integração na cultura da convergência". *ComTempo*, vol. 2, n. 2. dez./2010.

FATORELLI, A. "Entre o analógico e o digital". In: BRUNO, F. & FATORELLI, A. (orgs.). *Limiares da imagem*: tecnologia e estética na cibercultura contemporânea. Rio de Janeiro: Mauad X, 2006.

FAUSTO NETO, A.; FERREIRA, J.; BRAGA, J.L. & GOMES, P.G. *Midiatização e processos sociais*. Santa Cruz do Sul: Edunisc, 2010.

FAUSTO NETO, A.; GOMES, P.G.; BRAGA, J.L. & FERREIRA, J. *Midiatização e processos sociais na América Latina*. São Paulo: Paulus, 2008.

FEITOZA, M. "Games e aprendizagem semiótica: novas formas de sentir, pensar, conhecer". In: SANTAELLA, L. & ARANTES, P. (orgs.). *Estéticas tecnológicas*: novos modos de sentir. São Paulo: [s.e.], 2011.

FELINTO, E. *Da Teoria da Comunicação às teorias da mídia* [Texto apresentado ao Grupo de Trabalho "Comunicação e Cibercultura", do XX Encontro da Compós. Porto Alegre: UFRGS, jun./2011].

_____. "Patologias no sistema da comunicação: ou o que fazer quando seu objeto desaparece". In: FERREIRA, G. & MARTINO, L.C. *Teorias da Comunicação*. Salvador: UFBA, 2007.

_____. "Sem mapas para esses territórios – A cibercultura como campo de conhecimento". In: FREIRE FILHO, J. & HERSCHMANN, M. (orgs.). *Novos rumos da cultura midiática*. Rio de Janeiro: Mauad X, 2007.

_____. *A religião das máquinas*. Porto Alegre: Sulina, 2005.

FERNANDES, F. "*Pattern recognition*: William Gibson e a dinâmica das comunidades virtuais". In: LEÃO, L. (org.). *Derivas*: cartografias do ciberespaço. São Paulo: Annablume, 2004.

FERRARI, P. *Jornalismo digital*. São Paulo: Contexto, 2003.

FERRARI, P. (org.). *Hipertexto, hipermídia*. São Paulo: Contexto, 2007.

FERREIRA, C. *A dinâmica dos* reality-shows *na televisão aberta brasileira*. Brasília: Universa, 2010.

FERREIRA, J. *Proposições que circulam sobre a Epistemologia da Comunicação* [Texto apresentado ao Grupo de Trabalho "Epistemologia da Comunicação", do XXI Encontro da Compós. Juiz de Fora: UFJF, jun./2012].

FERRÉS, J. & PISTELLI, F. "La competencia mediática: propuesta articulada de dimensiones e indicadores". *Comunicar*, vol. XIX, n. 38, 2012, p. 75-82.

FEUERSTEIN, M. "Media Literacy in Support of Critical Thinking". *Learning, Media and Technology*, 24 (1), 1999, p. 43-54.

FLEW, T. *New media*: an introduction. Oxford: OUP, 2008.

FRAGOSO, S. & MALDONADO, A.E. *Internet na América Latina*. Porto Alegre: Sulina, 2011.

FRAGOSO, S. & RECUERO, R. (orgs.). *Métodos de pesquisa na internet*. Porto Alegre: Sulina, 2010.

FRANZEN, A. "Does the internet make us lonely?" *European Sociological Review*, 16, 2000, p. 427-438.

FREIRE FILHO, J. "A celebrização do ordinário na TV: democracia radical ou neopopulismo midiático?" In: FREIRE FILHO, J. & HERSCHMANN, M. (orgs.). *Novos rumos da cultura midiática*. Rio de Janeiro: Mauad X, 2007.

FRIEDLAND, L.A. et al. "The networked public sphere". *Javnost-The Public*, vol. 13, n. 4, 2006, p. 5-26.

GAMSON, W. et al. "Media Images and the Social Construction of Reality". *Annual Review of Sociology*, vol. 18, 1992, p. 373-393.

GANE, N. & BEER, D. *New Media*: The Key Concepts. Londres: Bloomsbury, 2008.

GARCIA CANCLINI, N. *Diferentes, desiguais e desconectados*. Rio de Janeiro: UFRJ, 2009.

GIANNETI, C. *Estética digital*. São Paulo: CoM/Arte, 2006.

GIDDENS, A. *As consequências da modernidade*. São Paulo: Unesp, 1996.

GOMES, P.G. *Filosofia e Ética da Comunicação na midiatização da sociedade*. São Leopoldo: Unisinos, 2006.

GOMES, W. "Esfera Pública e os media: com Habermas, contra Habermas". In: RUBIM, A. et al. *Produção e recepção dos sentidos midiáticos*. Petrópolis: Vozes, 1998.

GOMES, W. & MAIA, R. *Comunicação e democracia*. São Paulo: Paulus, 2008.

GOMES, W.; MAIA, R. & MARQUES, F.J. *Internet e política no Brasil*. Porto Alegre: Sulina, 2012.

GOMES, W. et al. "'Politics 2.0': a campanha *online* de Barack Obama em 2008". *Revista de Sociologia e Política*, n. 17 (34), 2009, p. 19-22.

GRANOVETTER, M. "The strenght of weak ties: a network theory revisited". *Sociological Theory*, vol. 1, 1983, p. 201-233.

_____. "The strength of weak ties". *American Journal of Sociology*, vol. 78 (6), mai./1973.

GREEN, J. "Language: Intertextuality". *Critical Quarterly*, vol. 49, n. 3.

GUPTA, C. & SHARMA, M. "Communal constructions: media reality vs real reality". *Race Class*, 38 (1), 1996.

HABERMAS, J. *Teoria da Ação Comunicativa*. São Paulo: Martins Fontes, 2012.

_____. *Direito e democracia*. Vol. 2. Rio de Janeiro: Tempo Brasileiro, 2006.

_____. "Political Communication in Media Society: Does Democracy Still Enjoy an Epistemic Dimension? – The Impact of Normative Theory on Empirical Research". *Communication Theory*, 16, 2006, p. 411-426.

_____. *Mudança estrutural da Esfera Pública*. Rio de Janeiro: Tempo Brasileiro, 1984.

_____. "Modernity versus Postmodernity". *New German Critique*, n. 22, 1981, p. 3-14.

HANSEN, M.B. "Media Theory". *Theory Culture Society*, 23, 2006, p. 297.

HARAWAY, D. "A manifesto for cyborgs". In: JOHNSON, L. (org.). *Feminism/Postmodernism*. Londres: Routledge, 1990.

HARDEY, M. "Life beyond the screen: embodiment and identity through the internet". *The Sociological Review*, 2002.

_____. "Life beyond the screen". *The Sociological Review*, 2002.

HAVELOCK, E. *Preface to Plato*. Harvard: Belknap Press, 1963.

HEIM, M. *The metaphysics of virtual reality*. Oxford: Oxford University Press, 1993.

HERMAN, A. "Critical Theory and Electronic Media". *Theory and Society*, vol. 10, n. 6, nov./1981, p. 869-896.

HJARVARD, S. "Midiatização: teorizando a mídia como agente de mudança social e cultural". *Matrizes*, vol. 5, n. 2, jan.-jun./2012, p. 53-91.

HOHLFELD, A.; MARTINO, L. & FRANÇA, V. (orgs.). *Teorias da comunicação*. Petrópolis: Vozes, 2001.

HOOKWAY, N. "Entering the blogosphere: some strategies for using blogs in social research". *Qualitative Research*, 8 (91), 2008.

INNIS, H.A. *O viés da comunicação*. Petrópolis: Vozes, 2010.

_____. "Technology and Public Opinion in the United States". *The Canadian Journal of Economics and Political Science*, vol. 17, n. 1, fev./1951, p. 1-24.

_____. "Communications and Archaeology". *The Canadian Journal of Economics and Political Science*, vol. 17, n. 2, mai./1951, p. 237-240.

_____. "The Bias of Communication". *The Canadian Journal of Economics and Political Science*, vol. 15, n. 4, nov./1949, p. 457-476.

_____. "On the Economic Significance of Culture". *The Journal of Economic History*, vol. 4, dez./1944, p. 80-97.

_____. "The Newspaper in Economic Development". *The Journal of Economic History*, vol. 2, dez./1942, p. 1-33.

JENKINS, H. *Cultura da convergência*. Rio de Janeiro: Aleph, 2009.

_____. *Fans, bloggers, and gamers*: exploring participatory culture. Nova York: New York University Press, 2006.

JOHNSON, S. *Cultura da interface*. Rio de Janeiro: Zahar, 2010.

JONES, S. *Virtual culture*. Londres: Sage, 1997.

JOST, F. *De que as séries americanas são sintomas?* Porto Alegre: Sulina, 2012.

KADUSHIN, C. *Understanding social networks*. Oxford: Oxford University Press, 2012.

KEEN, A. *O culto do amador*. Rio de Janeiro: Zahar, 2009.

LANIER, J. *Gadget*: você não é um aplicativo. São Paulo: Saraiva, 2010.

LANKSHEAR, C. "The challenge of digital epistemologies". *Education, Communication and Information*, vol. 3, n. 2, jul./2003.

LEÃO, L. "Mapas e territórios: explorando os labirintos da informação no ciberespaço". In: BRASIL, A. et al. *Cultura em fluxo*: novas mediações em rede. Belo Horizonte: PUC-MG, 2004.

_____. *O labirinto da hipermídia*. São Paulo: Iluminuras, 1999.

LEÃO, L. (org.). *O chip e o caleidoscópio*. São Paulo: Senac, 2005.

_____. *Derivas*: cartografias do ciberespaço. São Paulo: Annablume, 2004.

LEMOS, A. "Mídias locativas e vigilância". In: BRUNO, F. et al. *Vigilância e visibilidade*. Porto Alegre: Sulina, 2010.

_____. "Cultura da mobilidade". *Famecos*, n. 40, dez./2009.

_____. "Comunicação e mobilidade: telefones celulares e função pós-massiva". *Matrizes*, ano 1, n. 1, 2007, p. 121-137. São Paulo: USP.

_____. *Ciber-cultura-remix* – Seminário Sentidos e Processos. São Paulo: Itaú Cultural, 2005.

_____. *Cibercultura*. Porto Alegre: Sulina, 2002.

LEMOS, A. (org.). *Comunicação e mobilidade*. Salvador: UFBA, 2007.

LEVY, P. *O que é o virtual*. São Paulo: Ed. 34, 2003.

_____. *Cibercultura*. São Paulo: Ed. 34, 1999.

LIMA, L.O. *Mutações em educação segundo McLuhan*. Petrópolis: Vozes, 1973.

LIMA, V. *Mídia:* teoria e política, São Paulo: Perseu Abramo, 2001.

LINKE, C. "Being a couple in a media world: the mediatization of everyday communication in couple relationships". *Communications*, 36, 2011, p. 91-111.

LIVINGSTONE, S. *On the mediation of everything*. [s.l.]: ICA Presidential Address, 2008.

_____. "The Challenge of Changing Audiences: Or, What is the Audience Researcher to Do in the Age of the Internet?" *European Journal of Communication*, 19, 2004, p. 75.

_____. "Media Literacy and the Challenge of New Information and Communication Technologies". *The Communication Review*, 7 (1), 2004, p. 3-14.

LUIZ, L. *Fan films e cultura participatória* [Trabalho apresentado no XXXII Congresso da Intercom. Curitiba, 2009].

LUNT, P. "Liveness in Reality Television and Factual Broadcasting". *The Communication Review*, 7, 2004, p. 329-335.

MACHADO, A. *Arte e mídia*. Rio de Janeiro: Zahar, 2006.

_____. "Arte e mídia: aproximações e distinções". *E-Compós*, ano 1, n. 1, 2004.

MAIA, R. *Democracia e a internet como Esfera Pública virtual* [Texto apresentado no X Encontro Anual da Compós. Brasília: UnB, 2001.

MAIA, R. et al. (orgs.). *Internet e participação política*. Porto Alegre: Sulina, 2011.

MAIA, R.C.M. "Democracia deliberativa e Tipologia de Esfera Pública". *XV Encontro Anual da Compós*. Bauru, 2006, p. 1-25.

MANOVICH, L. "Novas mídias como tecnologia e ideia". In: LEÃO, L. *O chip e o caleidoscópio*. São Paulo: Senac, 2010.

_____. "Quem é o autor? – Sampleamento / Mixagem / Código Aberto". In: BRASIL, A. et al. (orgs.). *Cultura em Fluxo*: novas mediações em rede. Belo Horizonte: PUC-MG, 2004.

_____. "Visualização de dados como uma nova abstração e antissublime". In: LEÃO, L. (org.). *Derivas*: cartografias do ciberespaço. São Paulo: Annablume, 2004.

_____. *The language of new media*. Massachusetts: MIT Press, 2001.

MARCONDES FILHO, C. *Fascinação e miséria da comunicação na cibercultura*. Porto Alegre: Sulina, 2012.

_____. *O espelho e a máscara*. São Paulo/Ijuí: Discurso Editorial/Ijuí, 2002.

_____. "Haverá vida após a internet?" *Famecos*, n. 16, dez./2001.

MARCONDES FILHO, C. (org.). *Vivências eletrônicas*. São Paulo: NTC, 1996.

MARQUES, A.C.S. *A deliberação* online *como uma das dimensões políticas da comunicação mediada por computador* [Trabalho apresentado no XXXIII Congresso da Intercom. Caxias do Sul, 02-06/09/2010].

MARTINO, L.M.S. *Teoria da Comunicação*. 4. ed. Petrópolis: Vozes, 2013.

_____. *The mediatization of religion*. Londres: Ashgate, 2013.

_____. *A influência de fatores políticos na formação epistemológica do campo da comunicação no Brasil* [Texto apresentado no I Confibercom. São Paulo, ago./2011].

_____. "A ilusão teórica no campo da comunicação". *Revista Famecos*, n. 36, 2008.

_____. *Estética da comunicação*. Petrópolis, Vozes, 2007.

_____. *Comunicação*: troca cultural? São Paulo: Paulus, 2005.

MAZZOLENI, G. & SCHUTZ, W. "'Mediatization' of Politics: A Challenge for Democracy?" *Political Communication*, 16 (3), 1999, p. 247-261.

McLUHAN, M. *Os meios de comunicação*. São Paulo: Cultrix, 1975.

_____. *A galáxia de Gutemberg*. São Paulo: Cia. Editora Nacional, 1974.

_____. *Mutations 1990*. Paris: Mame, 1969 ["Mutações 1990". *Educação Municipal*, 5, 1989].

_____. "Speed of Cultural Change". *College Composition and Communication*, vol. 9, n. 1, fev./1958, p. 16-20.

McQUAIL, D. *Communication*. Londres: Longman, 1975.

_____. *Towards a sociology of mass communications*. Londres: Collier-Macmillan, 1969.

MENDONÇA, R.F. & CAL, D.G. "Quem pode falar no Facebook? – O autocontrole em um grupo sobre o plebiscito acerca da divisão do Estado do Pará". *Debates*, vol. 6, 2012, p. 109-128. Porto Alegre: UFRGS.

MEYROWITZ, J. "Medium theory". In: CROWLEY, D. & MITCHEL, D. *Communication Theory Today*. Standford: Standford University Press, 2000.

_____. "Understandings of media". *Et cetera*, 56, 1999, p. 1.

_____. "Images of Media: hidden ferment – and harmony – in the field". *Journal of Communication*, 43 (3), 1993.

_____. *No sense of place*. Oxford: Oxford University Press, 1985.

MILLER, J.H. "The Ethics of Hypertext". *Diacritics*, vol. 25, n. 3, 1995, p. 26-39.

MONGE, P.R. & CONTRACTOR, N.S. *Theories of Communication Networks*. Oxford: OUP, 2003.

MONTEIRO, C. "Fã-mília #happyrock: 'recomeço' em cores". In: RIBEIRO, J.C.; FALCÃO, T. & SILVA, T. (orgs.). *Mídias sociais*: saberes e representações. Salvador: UFBA, 2012.

MORAGAS, M. "Las ciencias de la comunicación en la 'sociedad de la información'". *Revista Dia-Logos de la Comunicación*, 49, out./1997.

MORIN, E. *Cultura de massas no século XX*. Rio de Janeiro: Forense, 2004.

MULDER, A. "Media". *Theory Culture Society*, 23, 2006, p. 289.

NAYAR, P. *An introduction to new media and cybercultures*. Londres: Wiley-Blackwell, 2010.

NUNES, M.R.F. *A memória na mídia*: a evolução dos memes de afeto. São Paulo: Annablume, 2001.

OIKAWA, E. "Amizades mediadas por *blogs* – Análise qualitativa das interações no gênero pessoal autorreflexivo". In: RIBEIRO, J.C.; FALCÃO, T. & SILVA, T. (orgs.) *Mídias sociais*: saberes e representações. Salvador: UFBA, 2012.

OLIVEIRA, R. "Convergência midiática: três categorias". *Conexões midiáticas*, n. 3, mar.-ago./2010.

OLIVEIRA, R.M.C. *Diários públicos, mundos privados*. Salvador: UFBA, 2008 [Tese de doutorado].

ONG, W. *Orality and Literacy*. Londres: Routledge, 1990.

PAPACHARISSI, Z. *A private sphere*. Londres: Polity Press, 2010.

_____. "The virtual public sphere". *New media and society*, 4 (1), 2002, p. 9-27.

PERANI, L. *Sobre cartas para um território singular* [Trabalho apresentado ao Grupo de Trabalho "Comunicação e Cibercultura" do XIX Encontro da Compós. Rio de Janeiro: PUC-Rio, jun./2010].

_____. *Sobre cartas para um território singular* [Trabalho apresentado no GT Comunicação e Cibercultura do XIX Encontro da Compós. Rio de Janeiro: PUC-RJ, jun./2010].

PEREIRA, V. *Estendendo McLuhan*. Porto Alegre: Sulina, 2011.

PEREIRA, V.A. "Marshall McLuhan: o conceito de determinismo tecnológico e os estudos dos meios de comunicação contemporâneos". *Razón y Palabra*, vol. 52, 2006, p. 52.

PEREZ TORNERO, J.M. "La sociedad multipantallas: retos para la alfabetización mediática". *Revista Comunicar*, vol. 16, n. 31, out./2008, p. 15-25.

PIMENTA, F.J.P. "O *e-mail*, o verbal e a interatividade: perspectivas de um novo meio de comunicação". In: LAHNI, C.R. & PINHEIRO, M.A. (orgs.). *Sociedade e Comunicação*: perspectivas contemporâneas. Rio de Janeiro: Mauad X, 2008.

POTTER, J. *Media literacy*. Londres: Sage, 2008.

PRETTO, N. & SILVEIRA, S.A. (orgs.). *Além das redes de colaboração*. Salvador: UFBA, 2008.

PRIMO, A. "Existem celebridades da e na blogosfera?" *Libero*, vol. 12, n. 24, dez./2009, p. 107-116.

_____. "O aspecto relacional das interações na Web 2.0". In: AUTOUN, H. (orgs.). *Web 2.0*. Rio de Janeiro: Mauad X, 2008.

_____. *Interação mediada por computador*. Porto Alegre: Sulina, 2004.

PRIMO, A. (org.). *Interações em rede*. Porto Alegre: Sulina, 2013.

QUADROS, C.I.; ROSA, A.P. & VIEIRA, J. "*Blogs* e as transformações no jornalismo". *Revista da E-Compós*, 3, ago./2005.

QVORTRUP, L. "Understanding New Digital Media: Medium Theory or Complexity Theory?" *European Journal of Communication*, 21, 2006, p. 345.

RAINIE, L.; HORRIGAN, J.; WELLMAN, B. & BOASE. J. "The strength of internet ties". *Pew Internet & American Life Project*: Washington, 2006 [Disponível em http://www.pewinternet.org/Reports/2006/The-Strength-of-Internet-Ties.aspx].

RANHEL, J. "O conceito de jogo e os jogos computacionais". In: SANTAELLA, L. & FEITOZA, M. *Mapa do jogo* – A diversidade cultural dos games. São Paulo: Cengage, 2009.

RECUERO, R. *A conversação em rede*. Porto Alegre: Sulina, 2012.

_____. *Redes sociais na internet*. Porto Alegre: Sulina, 2008.

_____. "Dinâmica das redes sociais no Orkut e capital social". *Unirevista*, vol. 1, n. 3, jun./2006.

_____. *Memes e dinâmicas sociais em blogs* [Trabalho apresentado no XXIX Intercom. Brasília: UnB, 06-09/09/2006].

_____. "Redes sociais na internet: considerações iniciais". *E-Compós*, vol. 2, 2005.

REJINDERS, S.; ROOIJAKKERS, G. & VAN ZOONEN, L. "Community Spirit and Competition in Idols: Ritual Meanings of a TV Talent Quest". *European Journal of Communication*, 22, 2007, p. 275.

RHEINGOLD, H. *A comunidade virtual*. Lisboa: Gradiva, 1997.

RIBEIRO, J.C. et al. (orgs.). *Mídias sociais*: saberes e representações. Salvador: UFBA, 2012.

ROJEK, C. *Celebridade*. Rio de Janeiro: Rocco, 2011.

ROSAS, R. (org.). *Digitofagia*. São Paulo: Radical Livros, 2009.

ROSENGREN, K.E. *Communication*. Londres: Sage, 2000.

RÜDIGER, F. "A reflexão teórica em cibercultura e a atualidade da polêmica sobre a cultura de massas". *Matrizes*, ano 5, n. 1, jul.-dez./2011.

_____. *As teorias da cibercultura*. Porto Alegre: Sulina, 2011.

_____. *Cibercultura e pós-humanismo*. Porto Alegre: PUCRS, 2007.

_____. *Elementos para uma crítica da cibercultura*. São Paulo: Hacker, 2002.

SÁ, S.P. & ANDRADE, L. "Entretenimento e cibercultura: o que os mundos virtuais Second Life e Star Wars Galaxies nos ensinam sobre a primeira vida?" In: SANTOS, R.E.; VARGAS, H. & CARDOSO, J.B. (orgs.). *Mutações da cultura midiática*. São Paulo: Paulinas, 2009.

SAAD CORREA, E. "Reflexões para uma epistemologia da comunicação digital". *Observatório (OBS) Journal*, 4, 2008, p. 307-320.

SAMPAIO, R.; MAIA, R. & MARQUES, F. "Participação e deliberação na internet". *Opin. Pública*, vol. 16, n. 2, 2010.

SANTAELLA, L. *Linguagens líquidas na era da mobilidade*. São Paulo: Paulus, 2009.

_____. *Culturas e artes do pós-humano*. São Paulo: Paulus, 2007.

_____. *Por que as comunicações e as artes estão convergindo?* São Paulo: Paulus, 2005.

_____. "Da cultura das mídias à cibercultura". *Revista Famecos*, n. 22, dez./2003. Porto Alegre.

_____. *Cultura das mídias*. São Paulo: Experimento, 1995.

SANTAELLA, L. & FEITOZA, M. *O mapa do jogo*. São Paulo: Cengage, 2010.

SANTAELLA, L. & LEMOS, R. *Redes sociais digitais*. São Paulo: Paulus, 2011.

SANTOS, R.E. "Histórias em quadrinhos na cultura digital: linguagem, hibridização e novas possibilidades estéticas e mercadológicas". In: SANTOS, R.E.; VARGAS, H. & CARDOSO, J.B. (orgs.). *Mutações da cultura midiática*. São Paulo: Paulinas, 2009.

SAVIGNY, H. "Public Opinion, political communication and the internet". *Politics*, vol. 22, n. 1, 2002, p. 1-8.

SCHITTINE, D. *Blog*: comunicação e escrita íntima na internet. Rio de Janeiro: Civilização Brasileira, 2004.

SCHUDSON, M. & DOKOUPIL, T. "The Limits of Live". *Columbia Journalism Review*, jan.-fev./2007.

SCOTT, A. & STREET, J. "From media politics to e-protest". *Information, Communication & Society*, 3 (2), 2000.

SHEFRIN, E. "Lord of the Rings, Star Wars, and participatory fandom: mapping new congruencies between the internet and media entertainment culture". *Critical Studies in Media Communication*, 21 (3), 2004, p. 261-281.

SHIFMAN, L. *Memes in digital culture*. Massachusetts: MIT Press, 2014.

SHIRKY, C. *Lá vem todo mundo*. Rio de Janeiro: Zahar, 2012.

_____. *Cultura da participação*. Rio de Janeiro: Zahar, 2011.

SIBILIA, P. "Clique aqui para apagar más lembranças – A digitalização do cérebro em busca da felicidade". In: COUTINHO, E.G.; FREIRE FILHO, J. & PAIVA, R. (orgs.). *Mídia e poder*. Rio de Janeiro: Mauad X, 2008.

_____. *O show do eu*: a intimidade como espetáculo. Rio de Janeiro: Nova Fronteira, 2008.

SIEGEL, G. "Double Vision: Large-Screen Video Display and Live Sports Spectacle". *Television New Media*, 3, 2002, p. 49.

SIEGEL, L. *Being human in the age of the electronic mob*. Nova York: Random House, 2008.

SILVA, S.P. *Configurações empíricas da pesquisa em comunicação e cibercultura* [Trabalho apresentado no GT "Comunicação e Cibercultura" do XVI Encontro da Compós. Curitiba: UTP, jun./2010].

_____. *Configurações empíricas da pesquisa em comunicação e cibercultura* [Trabalho apresentado ao Grupo de Trabalho "Comunicação e Cibercultura", do XVI Encontro da Compós. Curitiba: UTP, jun./2007].

SILVEIRA, S.A. "Convergência digital, diversidade cultural e Esfera Pública". In: SILVEIRA, S.A. & PRETTO, N. (orgs.). *Além das redes de colaboração*. Salvador: UFBA, 2008.

_____. *A des-re-territorialização da experiência na internet:* assistindo e participando de *Lost*. [s.n.t.].

SILVEIRA, S.A. et al. *Comunicação digital e construção de commons*. São Paulo: Perseu Abramo, 2010.

SILVEIRA, S.C. *A cultura da convergência e os fãs de* Star Wars: um estudo sobre o Conselho Jedi RS. Porto Alegre: UFRGS, 2011.

_____. "Resistência e participação: o conceito de subcultura e o estudo de fãs no atual contexto convergente". *Anais do III Simpósio Nacional ABCiber*. [s.l.]: [s.e.], 2009.

SILVEIRINHA, M.J. "Esfera Pública". In: CORREIA, J.C. et al. (orgs.). *Conceitos de comunicação política*. Covilhã: LabcomBooks, 2010.

SODERQVIST, J. *Netocracy*. Londres: Pearson Education, 2002.

SODRÉ, M. *Antropológica do espelho*. Petrópolis: Vozes, 2010.

SOUSA, J. *Teoria do Meio*. Brasília: Universa, 2009.

SPIVAK, G.C. "Introduction". In. DERRIDA, J. *Of grammatology*. Baltimore, Johns Hopkins University Press, 1997.

STEWART, D. & PAVLOU, P. "From Consumer Response to Active Consumer: Measuring the Effectiveness of Interactive Media". *Journal of the Academy of Marketing Science*, 30, 2002, p. 376.

THOMPSON, J.B. "The New Visibility". *Theory Culture Society*, 22, 2005, p. 31.

_____. *A mídia e a modernidade*. Petrópolis: Vozes, 1998.

TOURAINE, A. *Crítica da modernidade*. Petrópolis: Vozes, 1995.

TRIVINHO, E. *A dromocracia cibercultural*. São Paulo: Paulus, 2007.

_____. "Introdução à dromocracia cibercultural". *Revista Famecos*, n. 28, dez./2005, p. 63-78, dez. 2005. Porto Alegre.

_____. *O mal-estar na teoria*. São Paulo: Quartet, 2003.

TRIVINHO, E. (org.). *Flagelos e horizontes do mundo em rede*. Porto Alegre: Sulina, 2007.

TURKLE, S. *Alone together*. Nova York: Basic Books, 2011.

_____. *Life on screen*. Nova York: Basic Books, 1995.

TURNER, G. *Celebrity*. Londres: Sage, 2007.

VAN ZOONEN, L. "Imagining the Fan Democracy". *European Journal of Communication*, 19 (39), 2004.

VERAS, S.B. "Interfaces e convergência digital". In: SANTAELLA, L. & ARANTES, P. (orgs.). *Estéticas tecnológicas*: novos modos de sentir. São Paulo: [s.e.], 2011.

WACKS, R. *Privacy*: a very short introduction. Oxford: OUP, 2010.

WALES, K. "Keywords revisited: media". *Critical Quarterly*, vol. 49, n. 1.

WELLMAN, B. *Digitizing Ozymandias*. Toronto: University of Toronto, 2012 [Publicações NetLab].

_____. "The three ages of internet studies: ten, five and zero years ago". *New Media & Society*, vol. 6 (1), 2005, p. 123-129.

_____. "Computer networks as social networks". *Science*, vol. 293, 2001, p. 2.031-2.034.

_____. "Physical place and cyber place: The rise of personalized networking". *International Journal of Urban and Regional Research*, 25 (2), 2001, p. 227-252.

_____. "Physical Place and Cyberplace: the rise of personalized networking". *International Journal of Urban and Regional Research*, vol. 25 (2), jun./2001.

WELLMAN, B. & RAINIE, L. "If Romeo and Juliet had mobile phones". In: RAINIE, L. & WELLMAN, B. *Networked*: The New Social Operating System. Cambridge, MA: MIT Press, 2012 [Separata].

WENNBERG, T. "Virtual life: self and identity redefined in the New Media Age". *Digital Creativity*, 11 (2), 2000, p. 65-74.

WIENER, N. *Cibernética e sociedade*. São Paulo: Cultrix, 1975.

_____. *Cybernetics*. [s.l.]: Cambridge University Press, 1958.

WILLIAMS, R. *Keywords*. Londres: Fontana, 1976.

WOLTON, D. *Informar não é comunicar*. Porto Alegre: Sulina, 2011.

_____. *Internet, e depois?* Porto Alegre: Sulina, 2010.

COLEÇÃO ÉTICA NAS PROFISSÕES

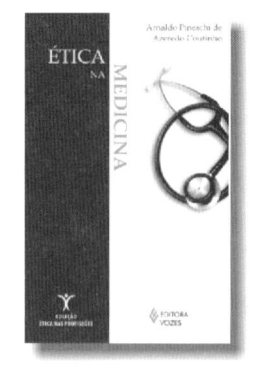

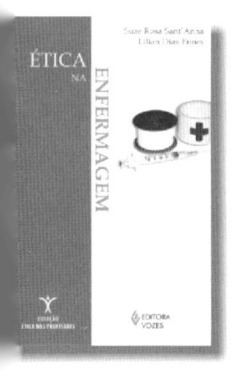

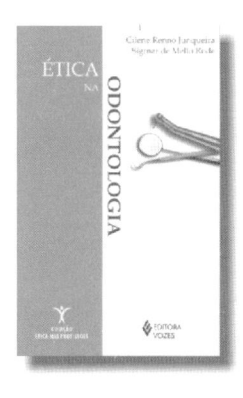

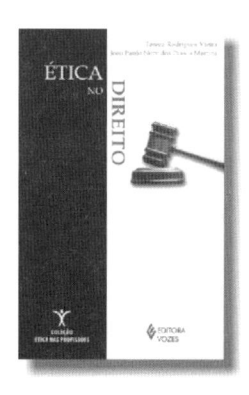

EDITORA VOZES

Conecte-se conosco:

- facebook.com/editoravozes
- @editoravozes
- @editora_vozes
- youtube.com/editoravozes
- +55 24 2233-9033

www.vozes.com.br

Conheça nossas lojas:
www.livrariavozes.com.br

Belo Horizonte – Brasília – Campinas – Cuiabá – Curitiba
Fortaleza – Juiz de Fora – Petrópolis – Recife – São Paulo

EDITORA VOZES

VOZES NOBILIS

Vozes de Bolso

Vozes Acadêmica

EDITORA VOZES LTDA.
Rua Frei Luís, 100 – Centro – Cep 25689-900 – Petrópolis, RJ
Tel.: (24) 2233-9000 – E-mail: vendas@vozes.com.br